MASHLE

MAGIC AND MUSCLES

HAJIME KOMOTO

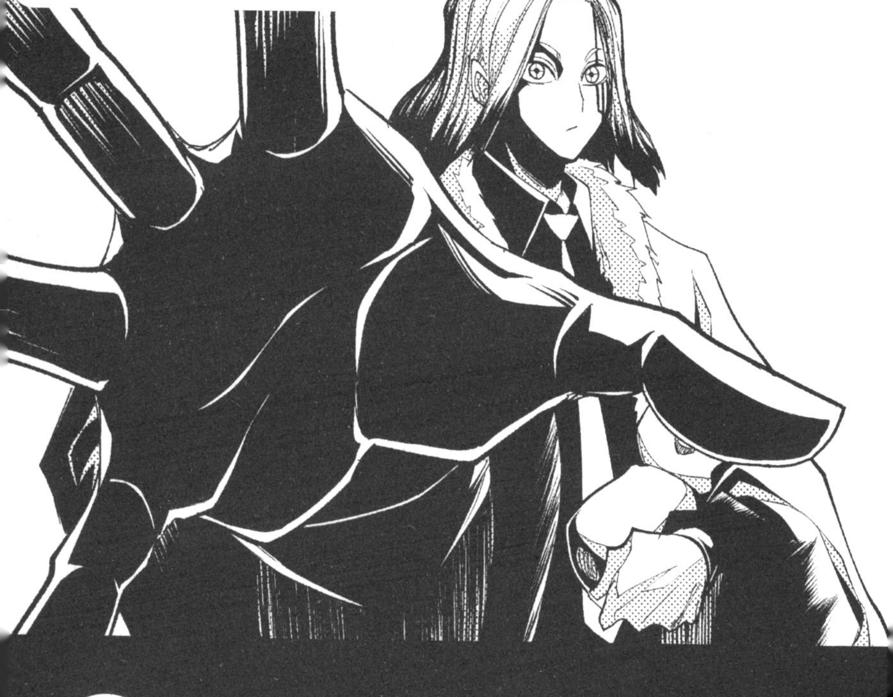

5

Mash Burnedead und der magische Spiegel

CHARAKTERE

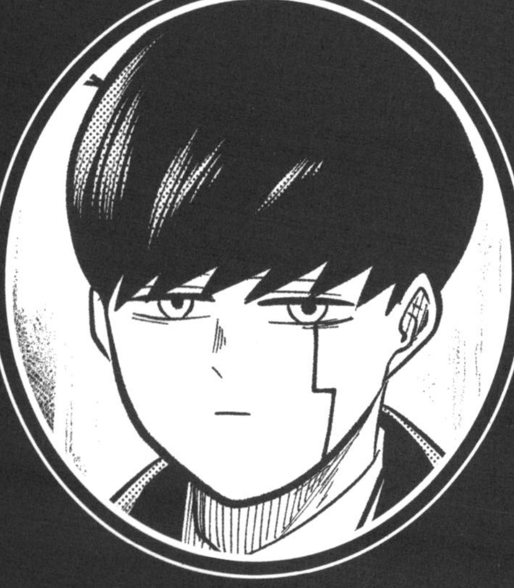

Mash Burnedead

Ein ungewöhnlicher Junge mit muskulösem Körper. Er kann nicht zaubern, stellt sich aber jeglicher Magie. Sein Weltbild ist sehr unkonventionell. Er schätzt Familie und Freunde und liebt Windbeutel. Außerdem hat er Schwierigkeiten, zu erkennen, ob eine Tür aufgezogen oder aufgedrückt werden muss.

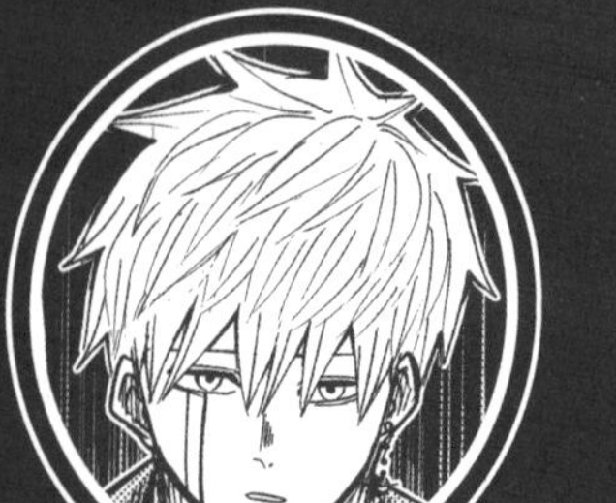

Lance Crown

Ein gut aussehender Junge, der bei der Aufnahmeprüfung die höchste Punktzahl erreicht hat. Er hat einen ausgeprägten Schwesterkomplex.

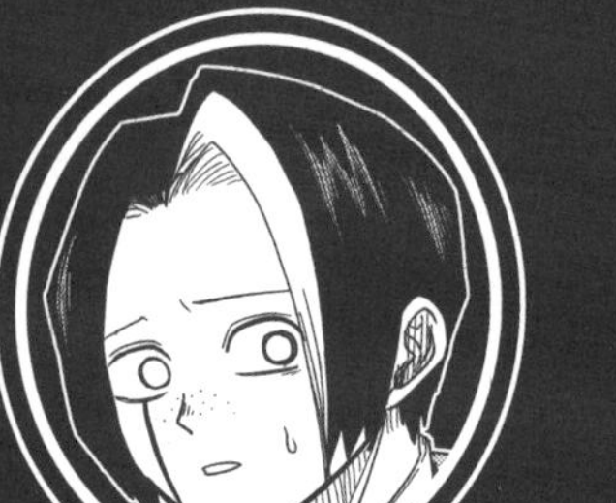

Finn Ames

Mashs lustiger Zimmergenosse und sein allererster Freund

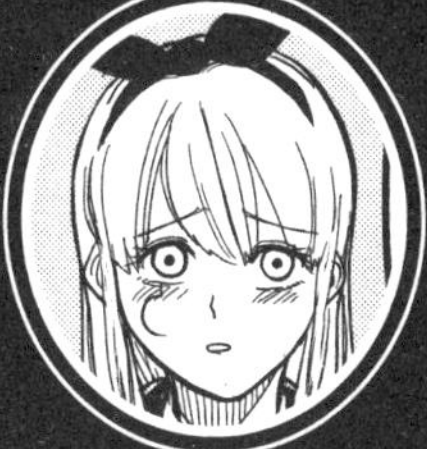

Lemon Irvine

Hat sich bei der Aufnahmeprüfung in Mash verliebt

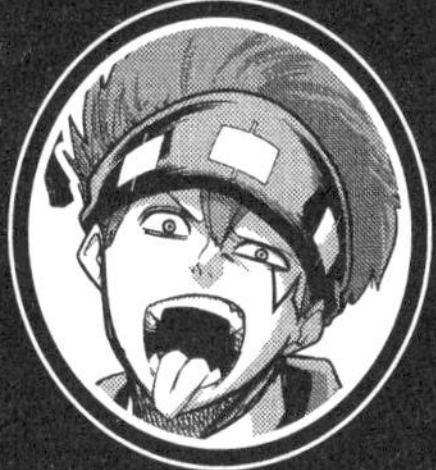

Dot Barrett

Ein direkter und aufbrausender Typ. Er kommt nicht gut bei Mädchen an und hasst gut aussehende Kerle.

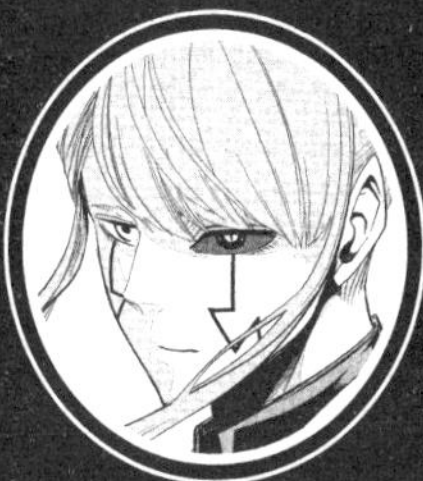

Abyss Razor

Nummer zwei der Magia Lupus Er besitzt das „Evil Eye“, das dem Gegner die Zauberkraft nehmen kann.

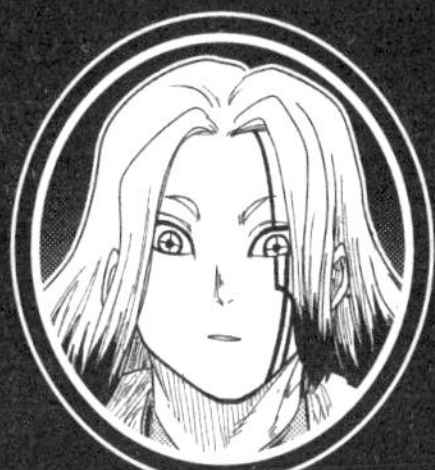

Abel

Anführer von Langs elitärer Magiergruppe Magia Lupus. Er nennt seine Puppe „Mutter“.

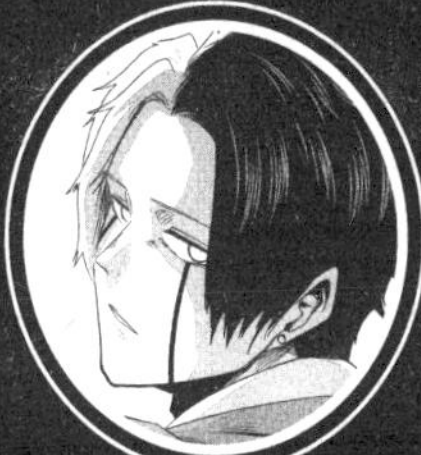

Rayne Ames

Der beste Student im Haus Adler und der diesjährige Gottesseher. Finns älterer Bruder.

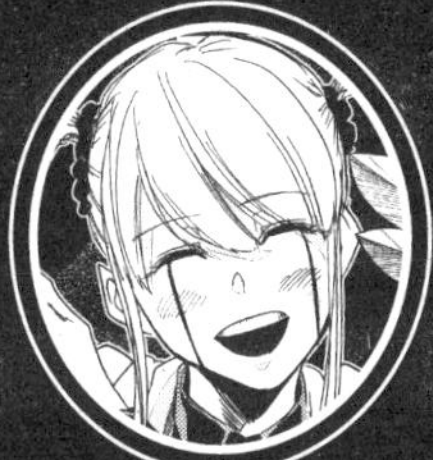

Love

Nummer fünf der Magia Lupus. Ein cleveres, süßes Mädchen mit radikalen Gedanken.

STORY

In dieser Welt bestimmt Magie über alles! Tief im Wald lebt ein Junge namens Mash. Hartes Training hat ihm einen stahlharten Körper beschert, aber er hat ein Geheimnis: Er kann keine Magie anwenden! In der magischen Welt ist das ein Grund zur Vernichtung. Um sein Geheimnis zu wahren, geht Mash auf die Magieschule mit dem Ziel, sich den Titel „Gottesseher“ zu verdienen – jemand, der von den Göttern auserwählt wird. Zum Glück hilft ihm seine außergewöhnliche Stärke dabei, seinen Mangel vor der Welt zu verbergen und die Münzen zu sammeln, die er braucht, um sein Ziel zu erreichen.
Unglücklicherweise kommen die Magia Lupus Mash und seinen Freunden in die Quere. Voneinander getrennt müssen sie es mit starken Feinden aufnehmen. Dot muss seine Freunde vor der Sturmmagierin Love beschützen und verwandelt sich in ein kampfwütiges Wesen mit zwei Malen! Währenddessen freundet sich Mash mit Erzfeind Abyss an, nachdem er von dessen tragischem Schicksal erfährt. Mash macht sich auf zur Basis des Feindes, um seine Freunde zu retten, doch Abels Magie macht ihn zu einer hilflosen Puppe. Getrieben von seinem Instinkt und seiner Liebe für Windbeutel kann er einen entscheidenden Treffer landen. Doch als Mash und seine Freunde gerade den Sieg feiern wollen, droht schon die nächste Gefahr…

Inhalt

36. Kapitel Mash Burnedead und die Windbeutelparty

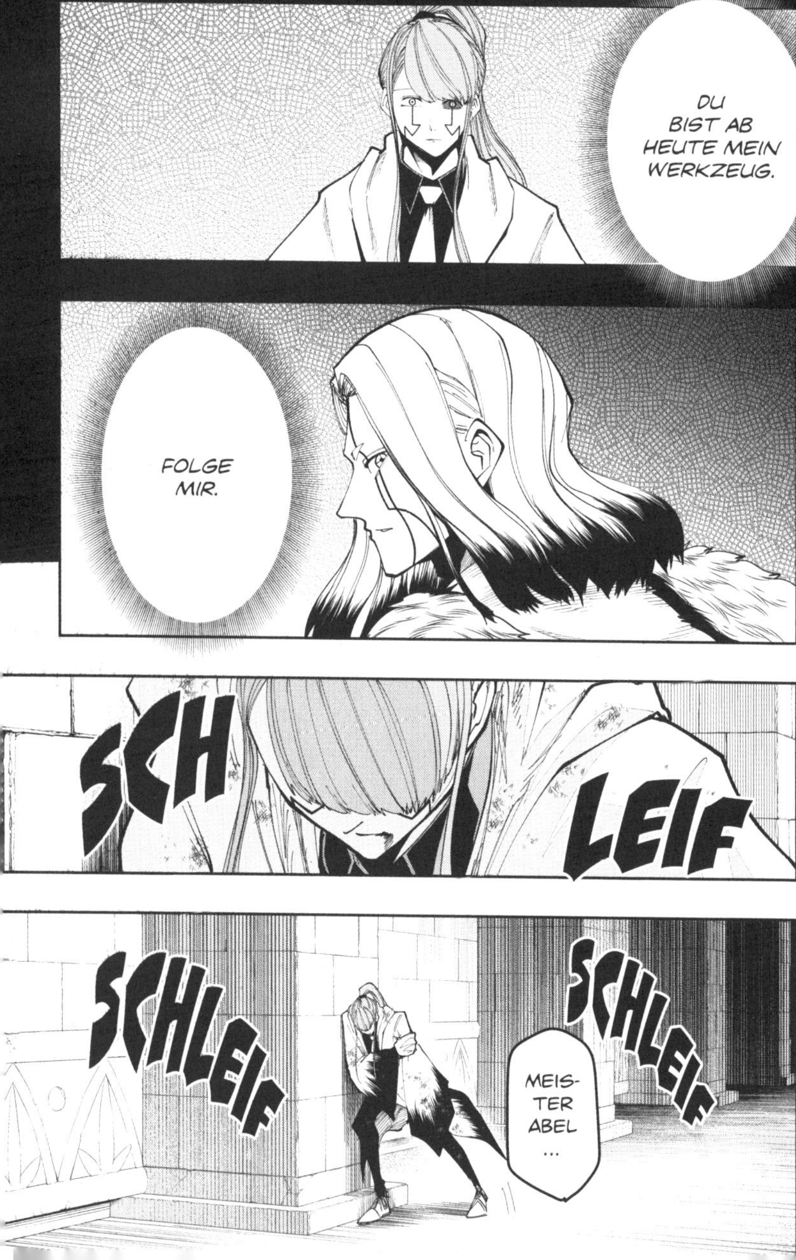

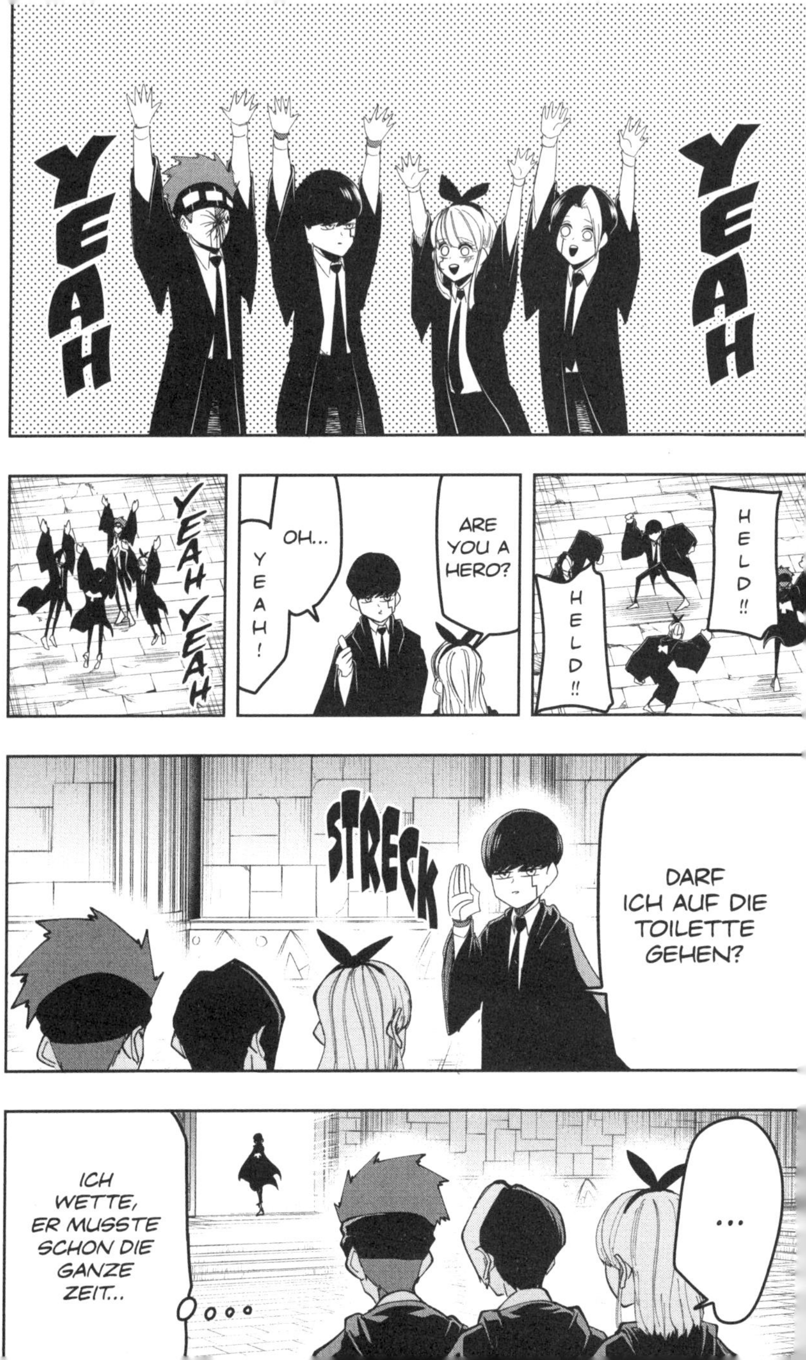
YEAH
YEAH
HELD!!
HELD!!
ARE YOU A HERO?
OH... YEAH!
YEAH YEAH YEAH
DARF ICH AUF DIE TOILETTE GEHEN?
STRECK
...
ICH WETTE, ER MUSSTE SCHON DIE GANZE ZEIT...

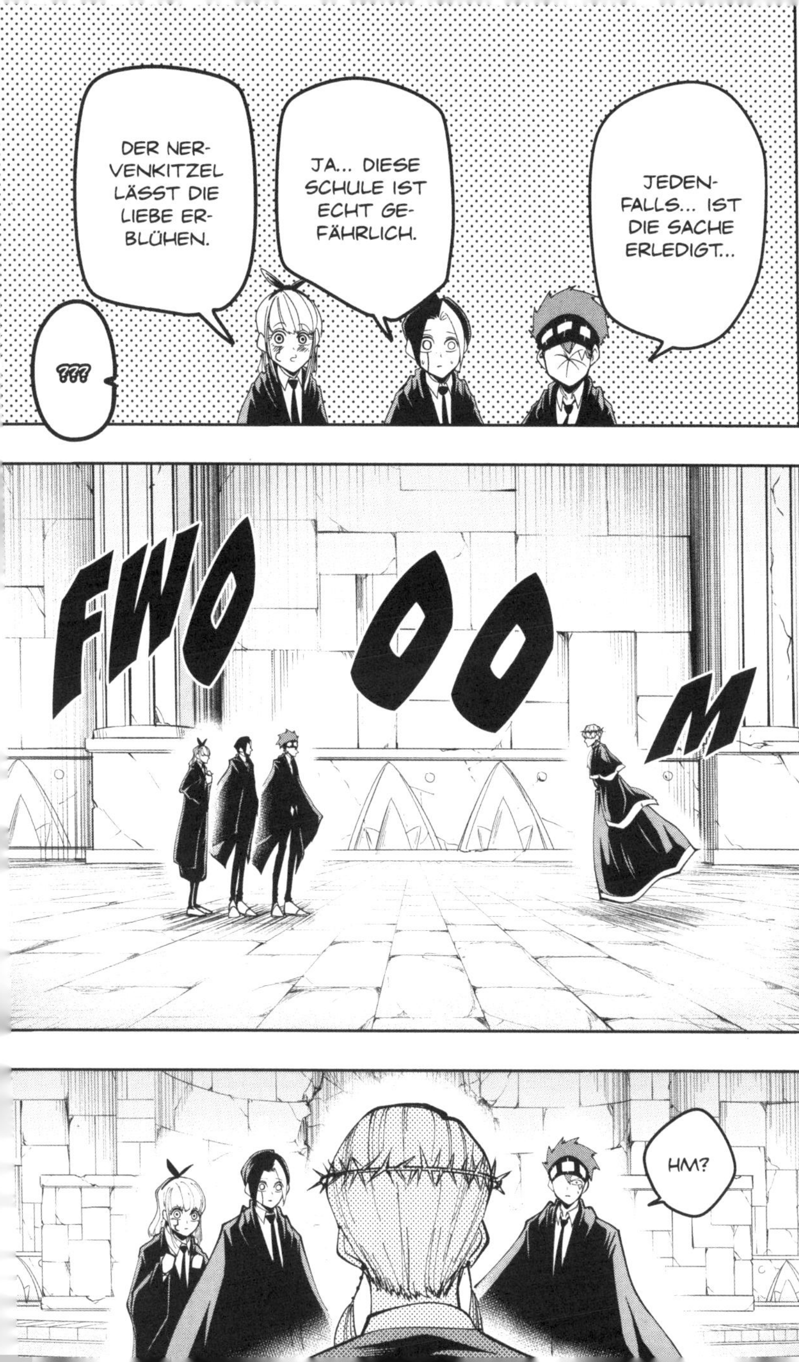
JEDEN-FALLS... IST DIE SACHE ERLEDIGT...
JA... DIESE SCHULE IST ECHT GE-FÄHRLICH.
DER NER-VENKITZEL LÄSST DIE LIEBE ER-BLÜHEN.
???
FWOOOOM
HM?

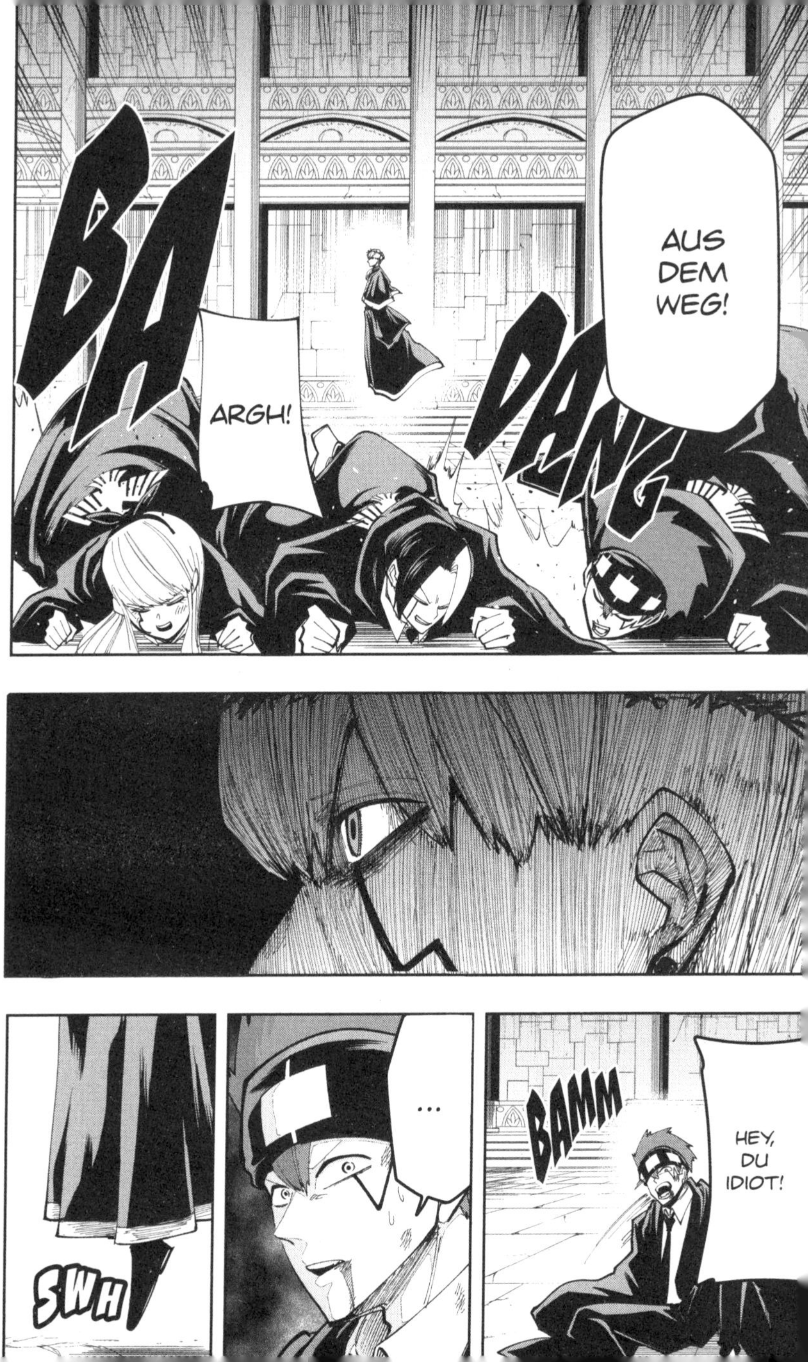
AUS DEM WEG!
BA
DANG
ARGH!
HEY, DU IDIOT!
BAMM
...
SWH

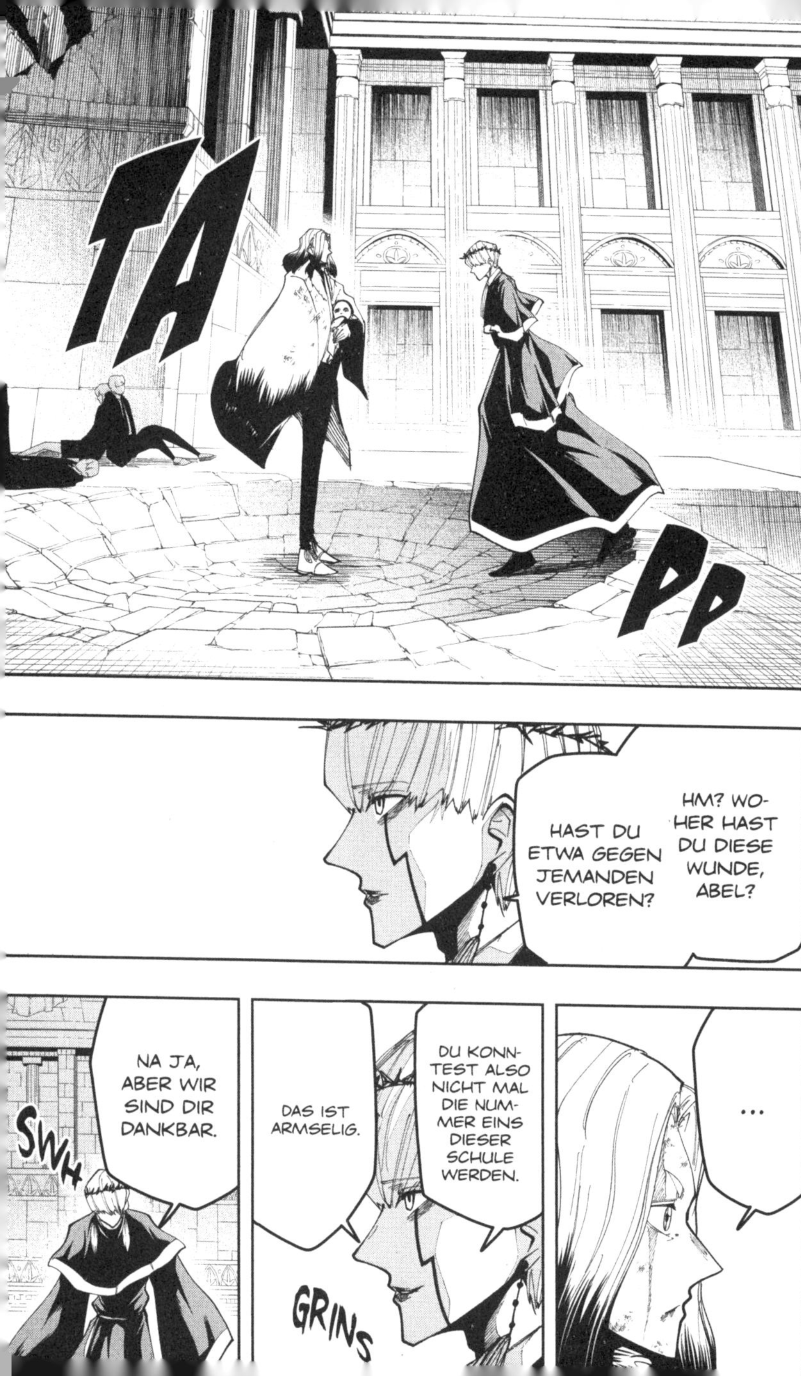
TA
PP
HM? WOHER HAST DU DIESE WUNDE, ABEL?
HAST DU ETWA GEGEN JEMANDEN VERLOREN?
...
DU KONNTEST ALSO NICHT MAL DIE NUMMER EINS DIESER SCHULE WERDEN.
DAS IST ARMSELIG.
GRINS
NA JA, ABER WIR SIND DIR DANKBAR.
SWH

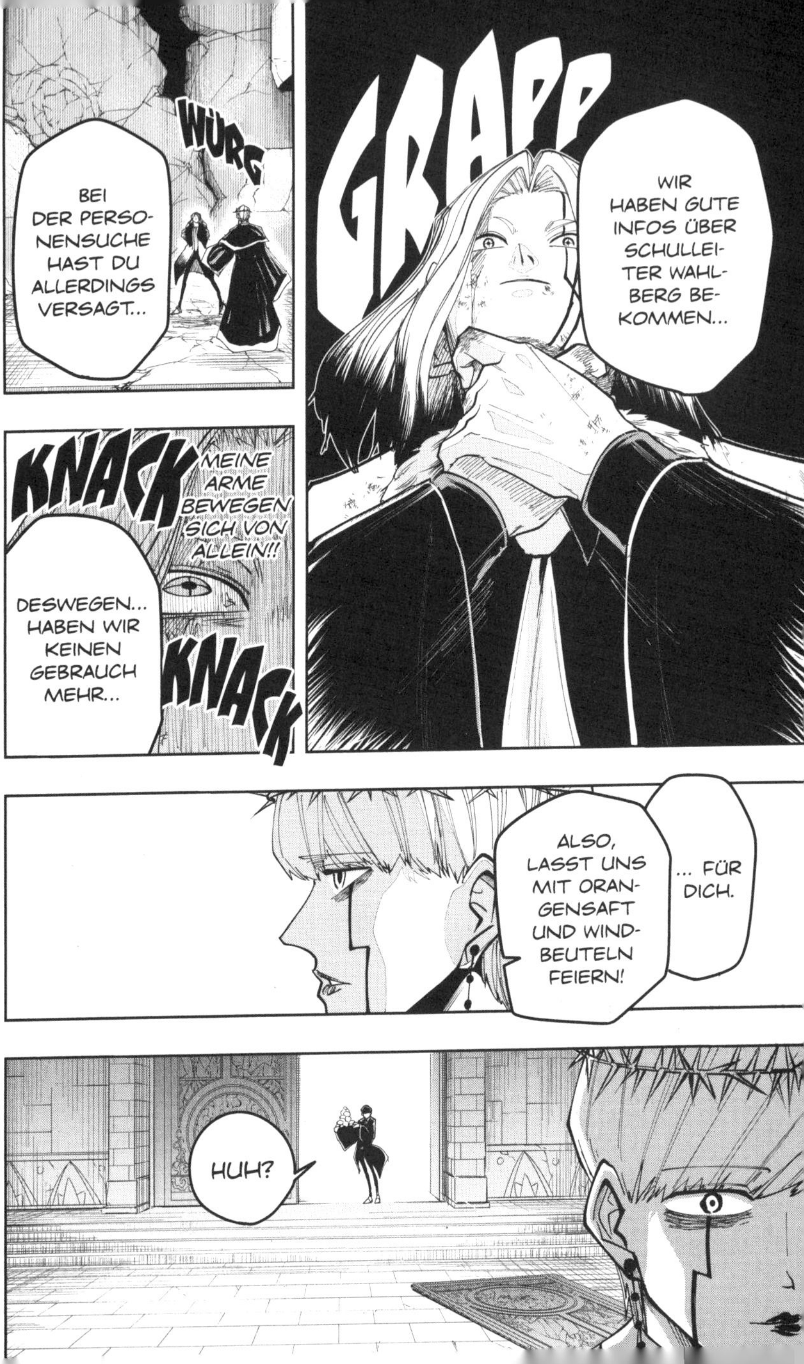
GRAPP
WIR HABEN GUTE INFOS ÜBER SCHULLEITER WAHLBERG BEKOMMEN...
WÜRG
BEI DER PERSONENSUCHE HAST DU ALLERDINGS VERSAGT...
KNACK
MEINE ARME BEWEGEN SICH VON ALLEIN!!
DESWEGEN... HABEN WIR KEINEN GEBRAUCH MEHR...
KNACK
... FÜR DICH.
ALSO, LASST UNS MIT ORANGENSAFT UND WINDBEUTELN FEIERN!
HUH?

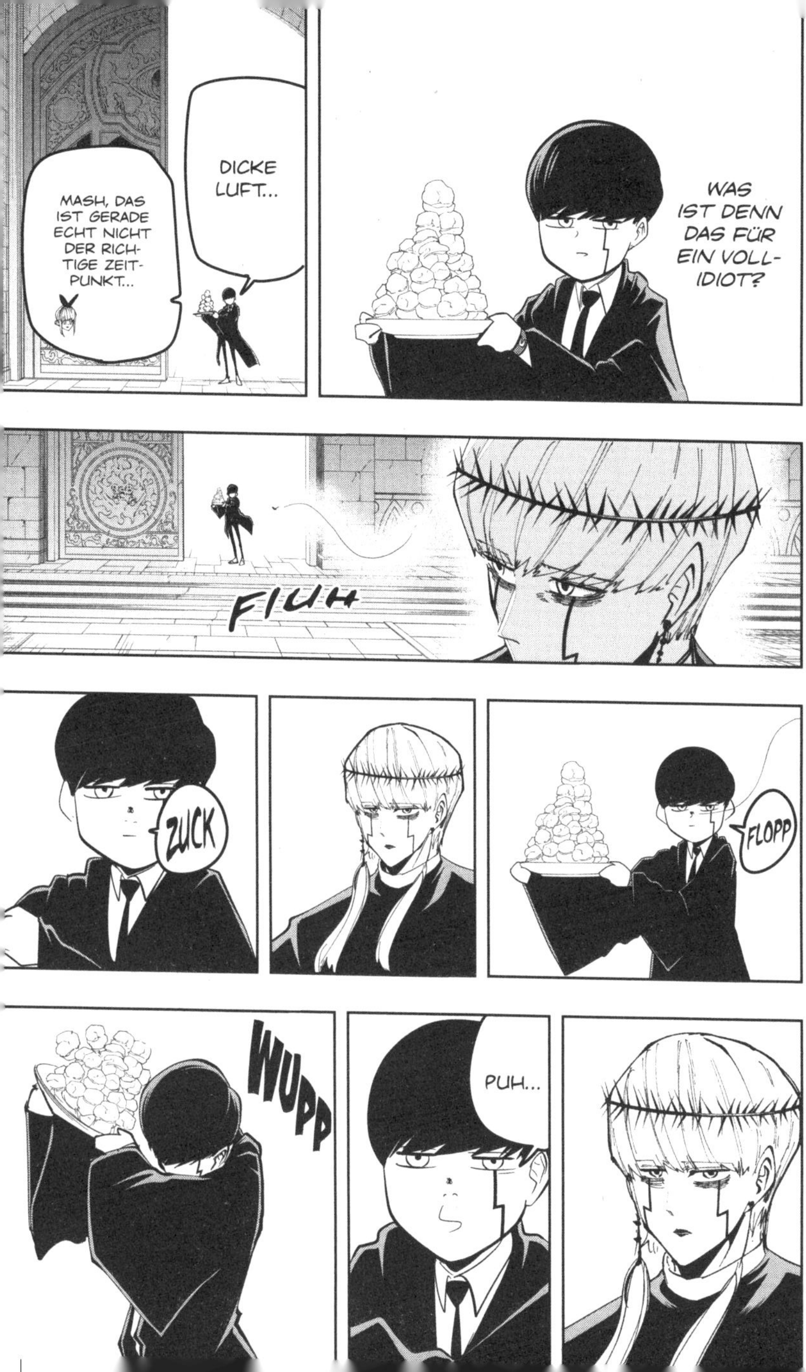
WAS IST DENN DAS FÜR EIN VOLL-IDIOT?
DICKE LUFT...
MASH, DAS IST GERADE ECHT NICHT DER RICH-TIGE ZEIT-PUNKT...
FIUH
FLOPP
ZUCK
PUH...
WUPP

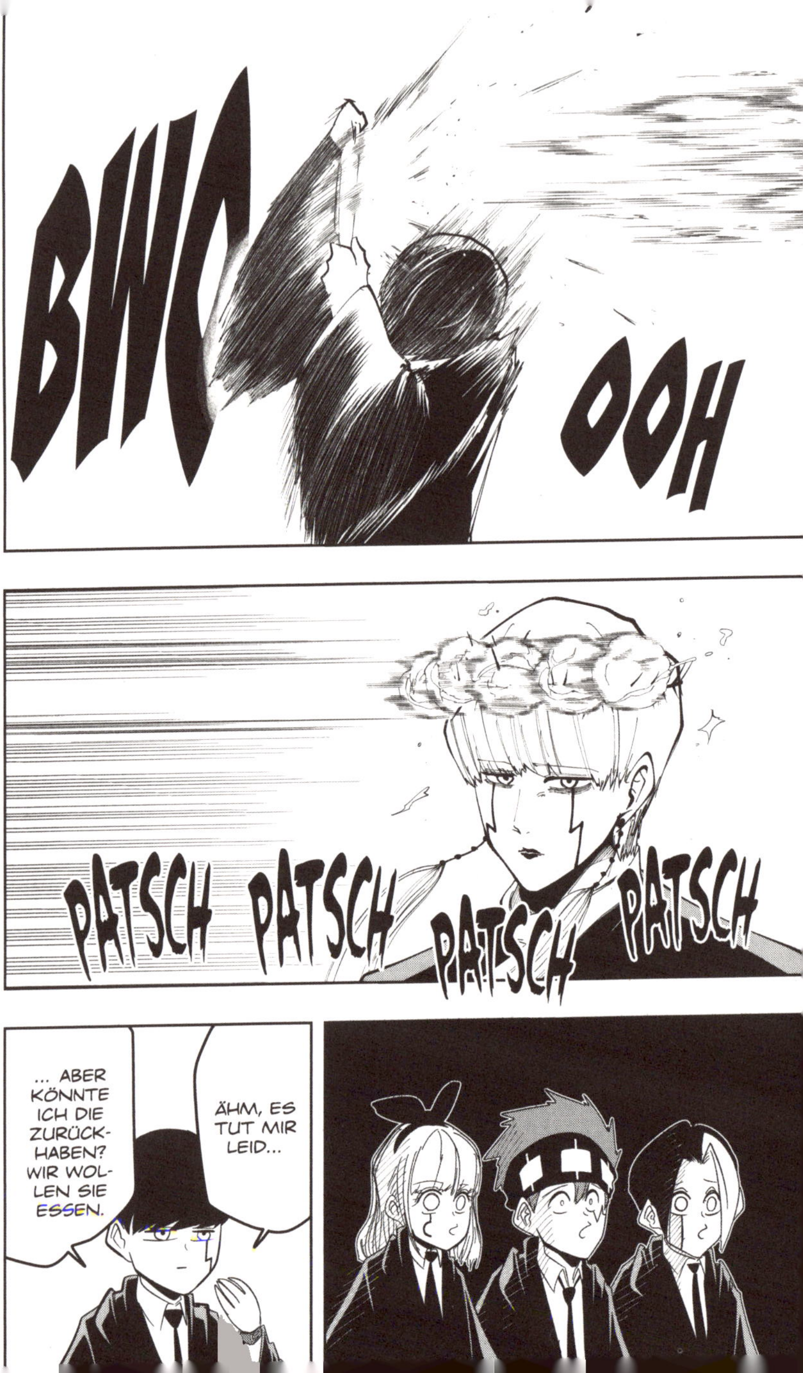

BING
OOH
PATSCH PATSCH PATSCH PATSCH
ÄHM, ES TUT MIR LEID...
... ABER KÖNNTE ICH DIE ZURÜCKHABEN? WIR WOLLEN SIE ESSEN.

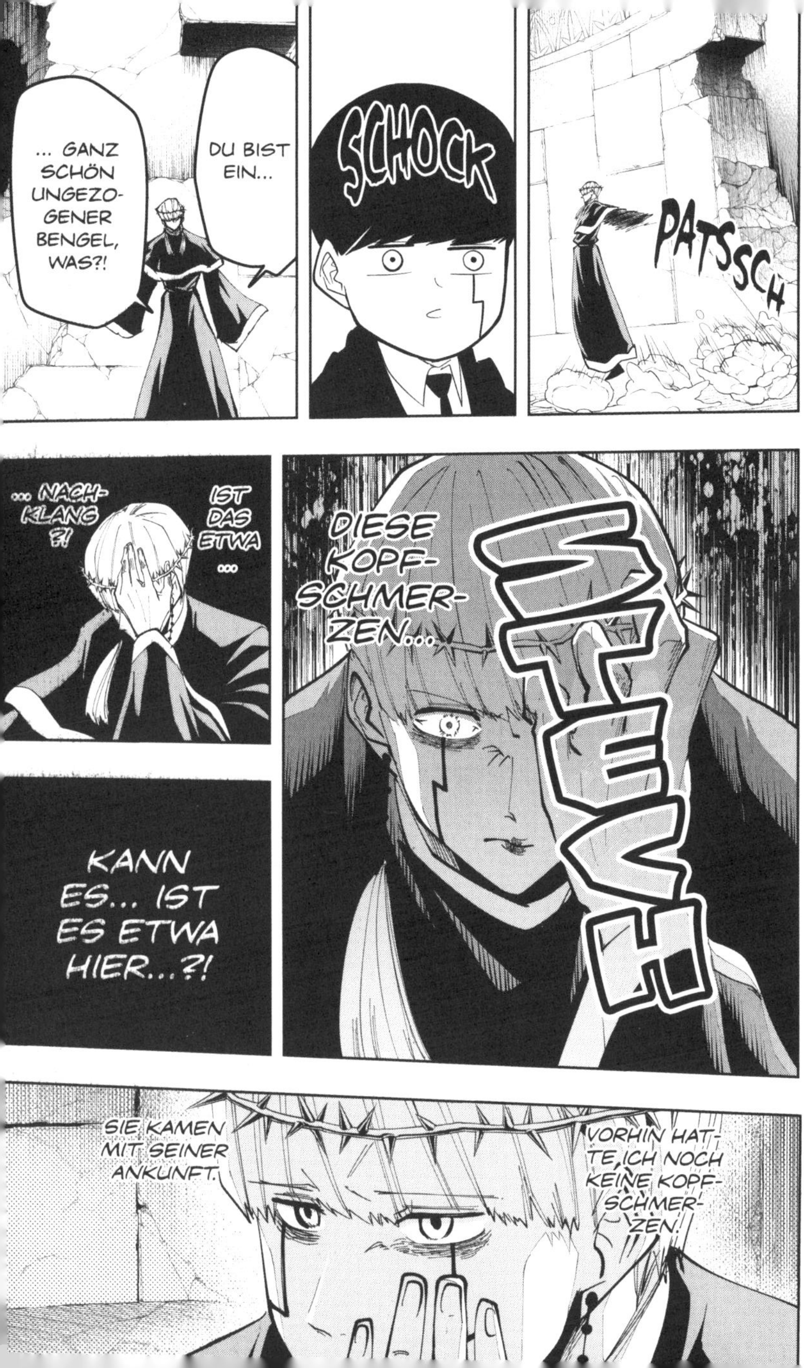
PATSSCH
SCHOCK
DU BIST EIN...
... GANZ SCHÖN UNGEZOGENER BENGEL, WAS?!
DIESE KOPFSCHMERZEN...
IST DAS ETWA ...
... NACHKLANG ?!
KANN ES... IST ES ETWA HIER...?!
VORHIN HATTE ICH NOCH KEINE KOPFSCHMERZEN!
SIE KAMEN MIT SEINER ANKUNFT.

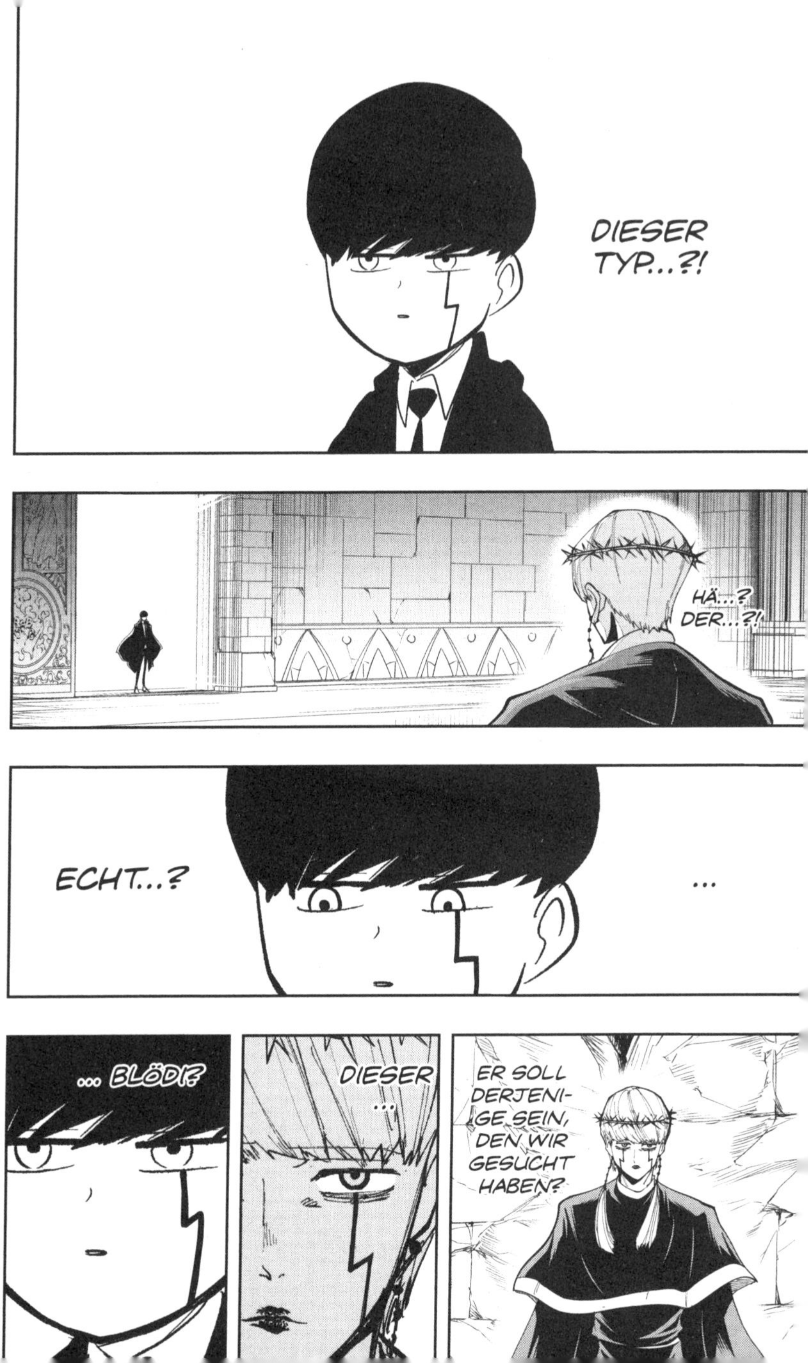
DIESER TYP...?!
HÄ...? DER...?!
...
ECHT...?
ER SOLL DERJENIGE SEIN, DEN WIR GESUCHT HABEN?
DIESER ...
... BLÖD!?

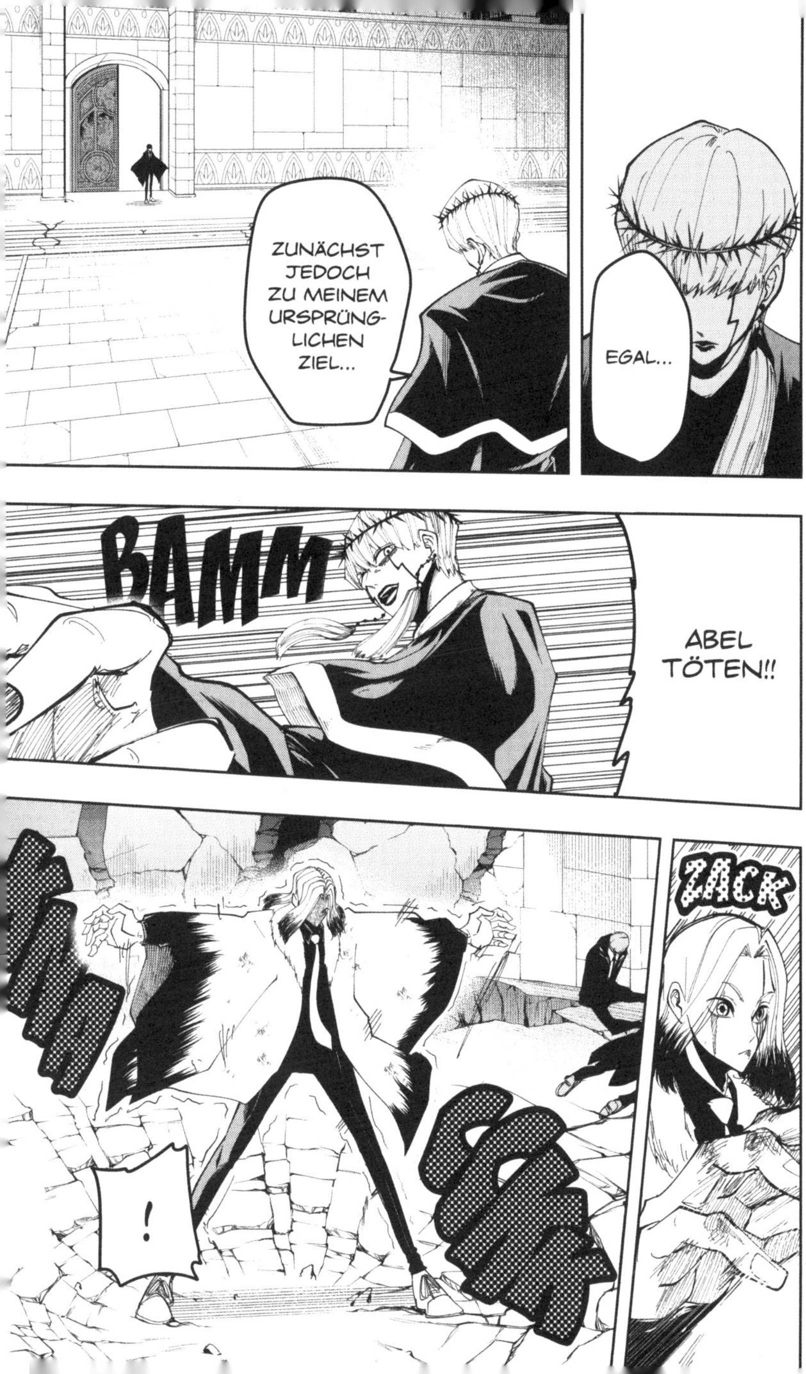
EGAL...
ZUNÄCHST JEDOCH ZU MEINEM URSPRÜNGLICHEN ZIEL...
ABEL TÖTEN!!
BAMM
ZACK
!

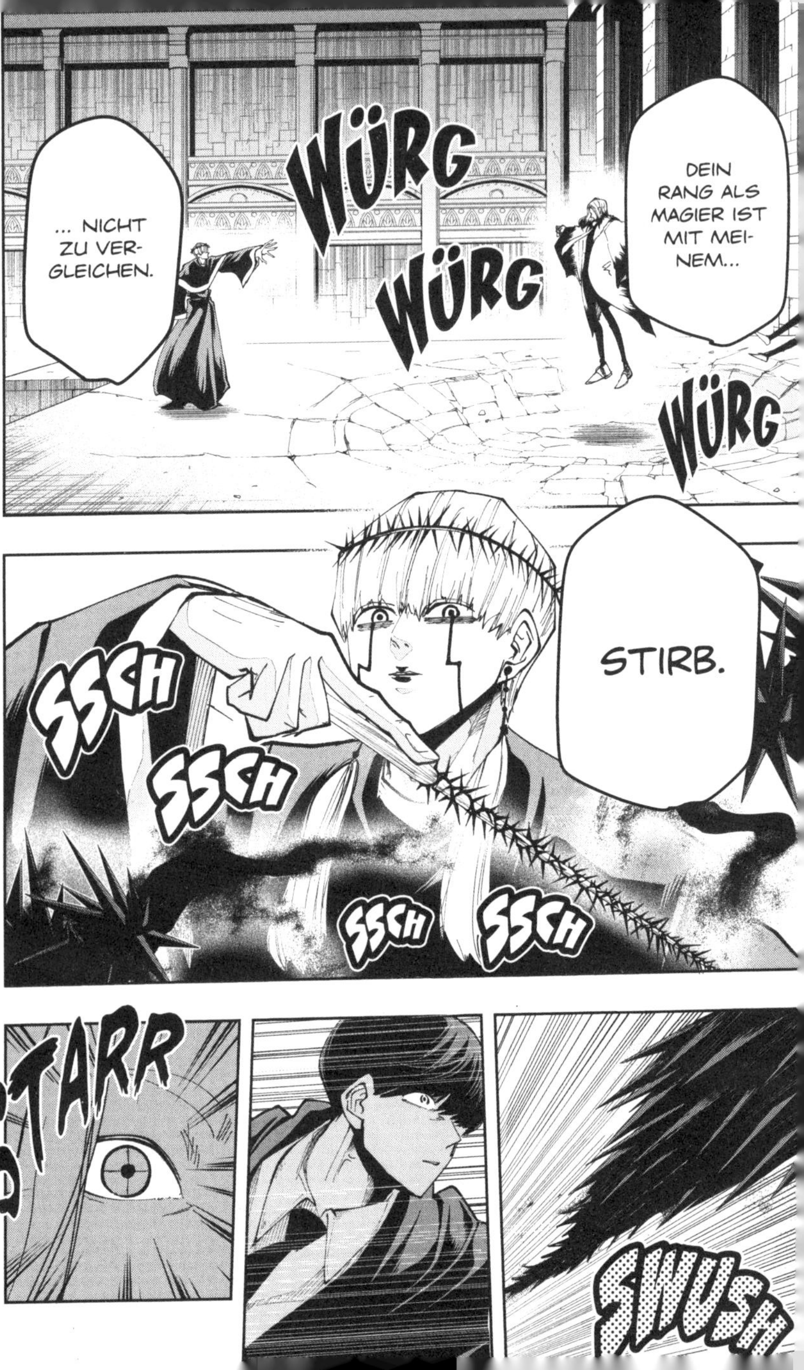
DEIN RANG ALS MAGIER IST MIT MEI-NEM...
WÜRG
WÜRG
WÜRG
... NICHT ZU VER-GLEICHEN.
STIRB.
SSCH
SSCH
SSCH
SSCH
SWUSH
STARR

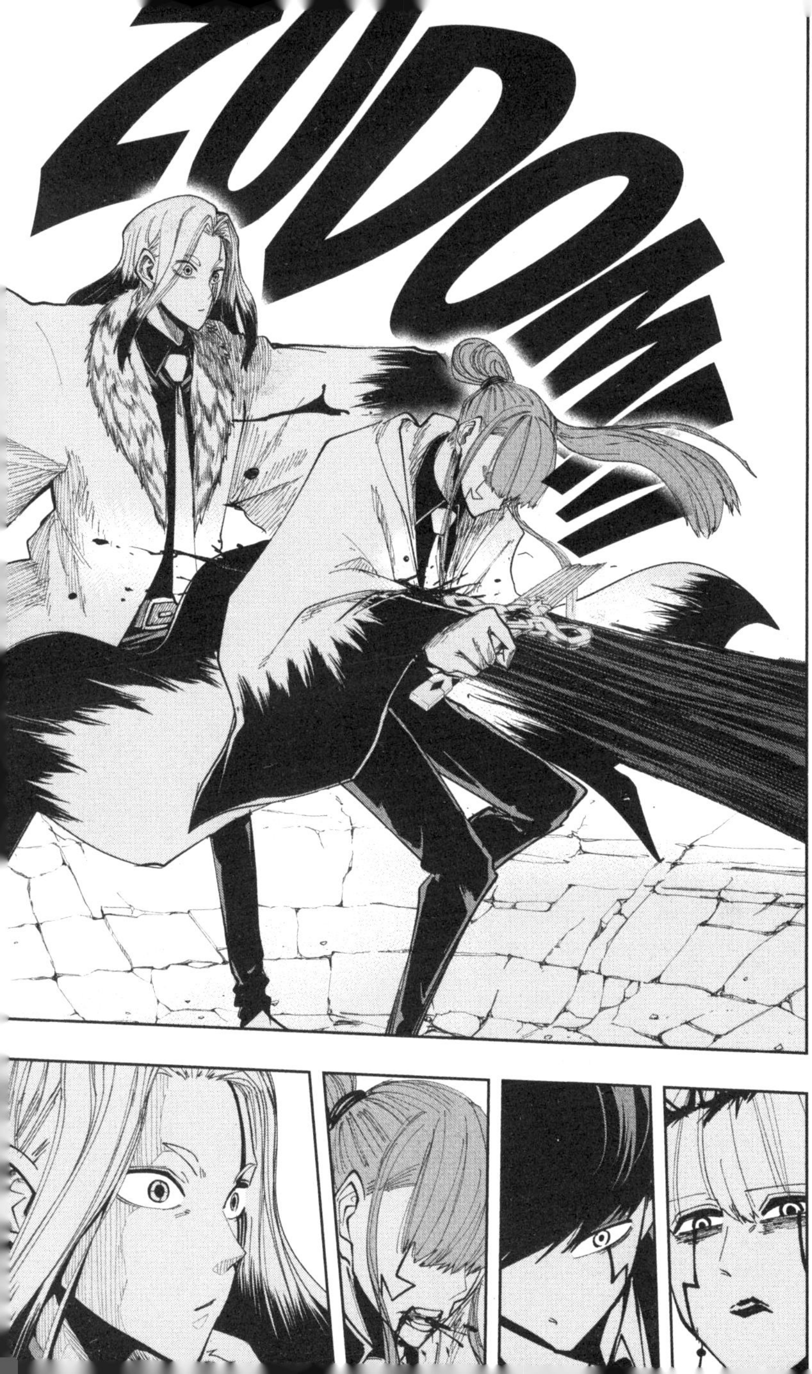
ZUDOM!!

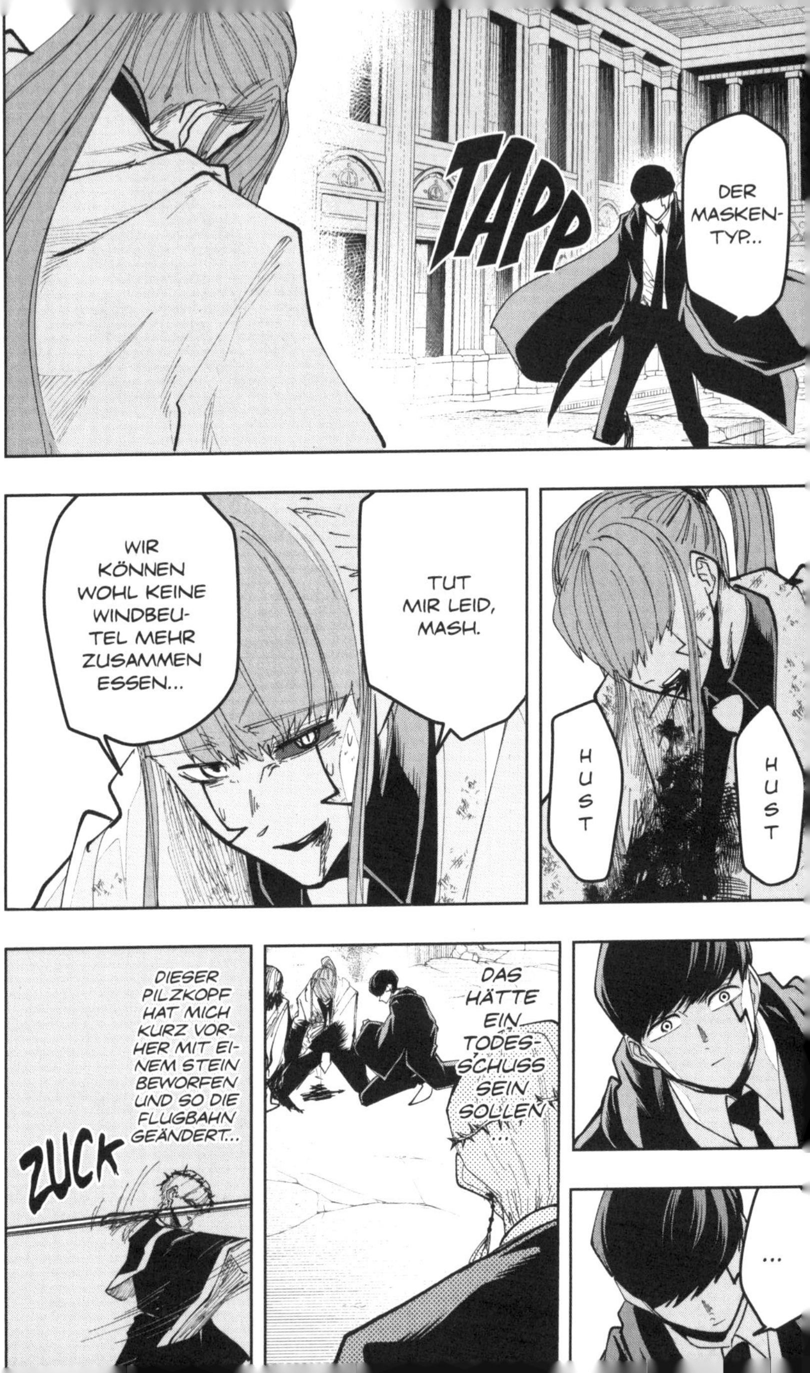
TAPP
DER MASKEN-TYP...
TUT MIR LEID, MASH.
WIR KÖNNEN WOHL KEINE WINDBEU-TEL MEHR ZUSAMMEN ESSEN...
HUST
HUST
DAS HÄTTE EIN TODES-SCHUSS SEIN SOLLEN ...
DIESER PILZKOPF HAT MICH KURZ VOR-HER MIT EI-NEM STEIN BEWORFEN UND SO DIE FLUGBAHN GEÄNDERT...
ZUCK
...

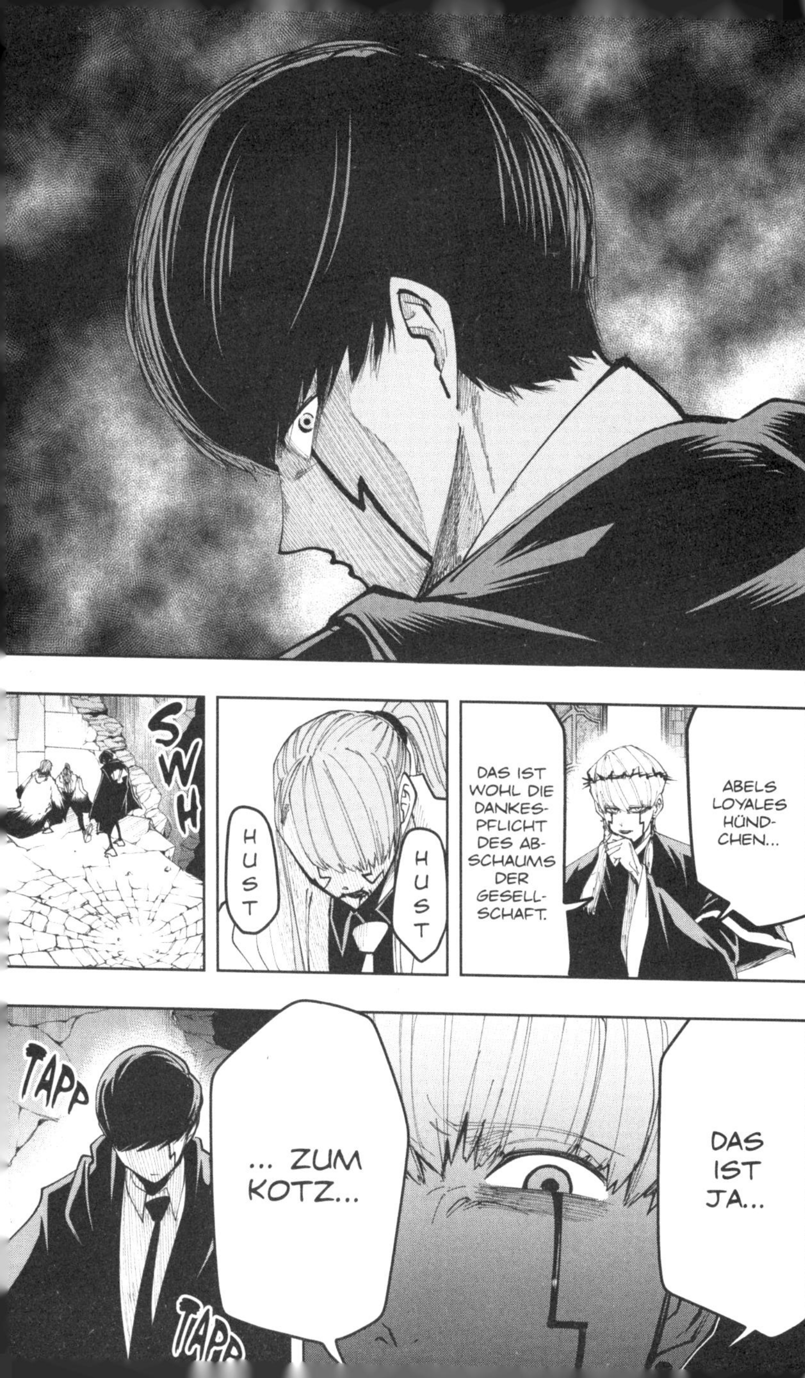

SWH
ABELS LOYALES HÜNDCHEN...
DAS IST WOHL DIE DANKESPFLICHT DES ABSCHAUMS DER GESELLSCHAFT.
HUST
HUST
DAS IST JA...
... ZUM KOTZ...
TAPP
TAPP

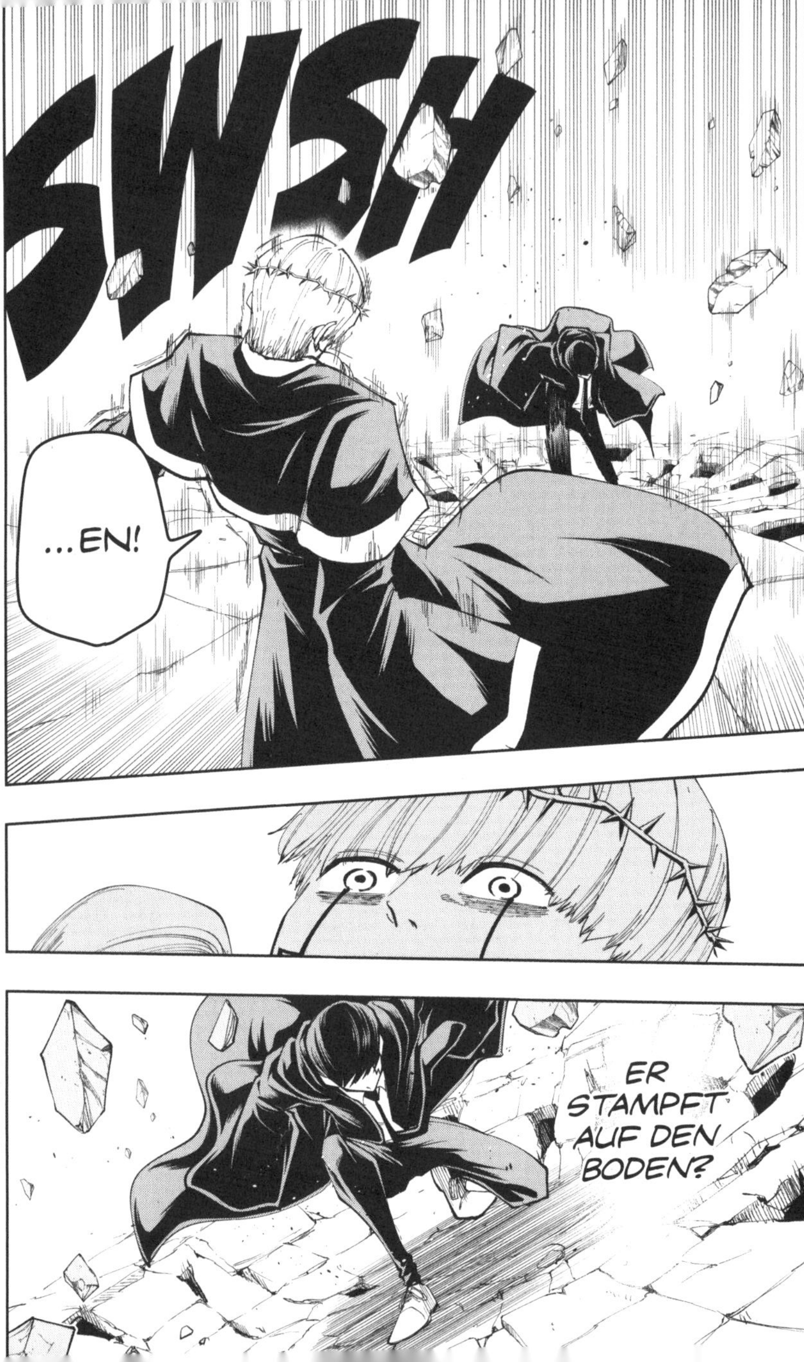
SWSH
...EN!
ER STAMPFT AUF DEN BODEN?

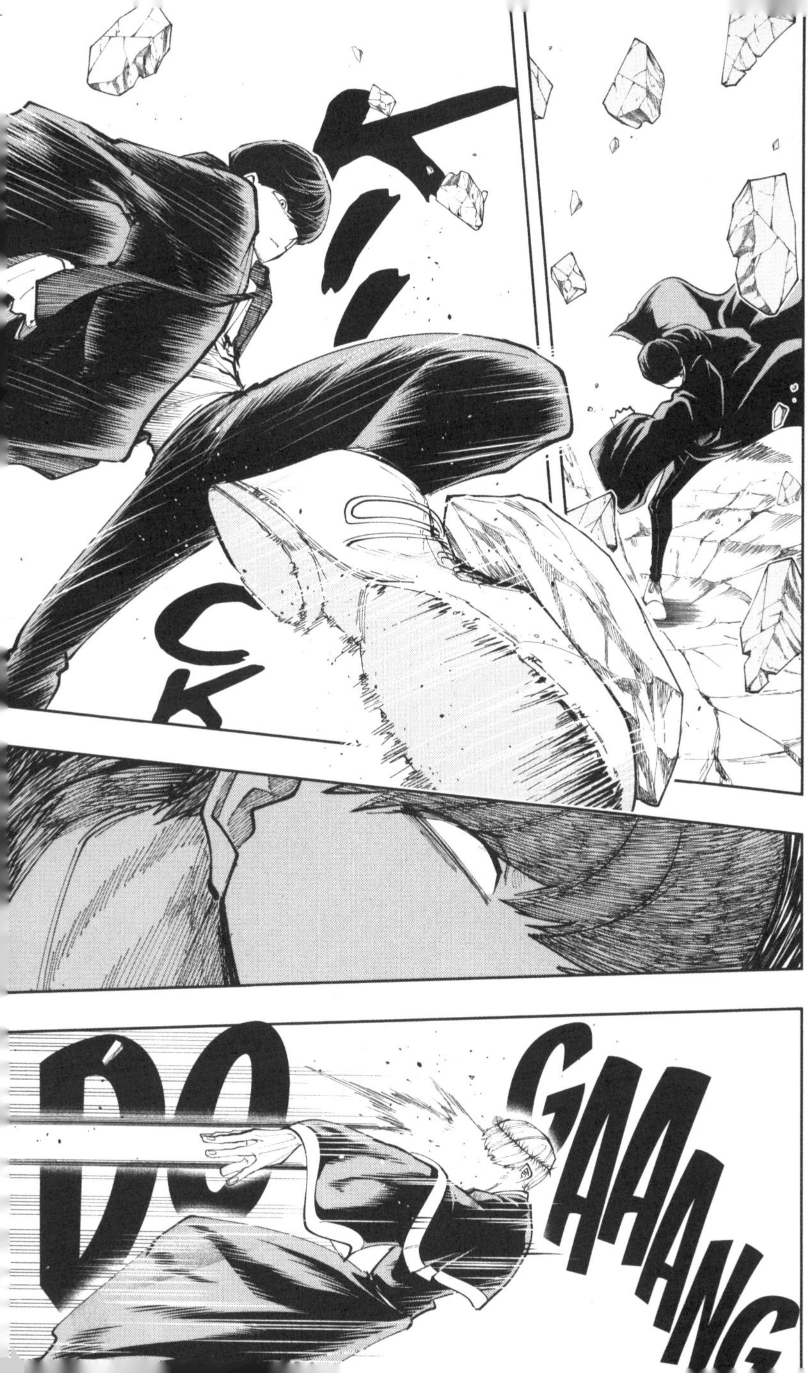

CK
DOGAAANG

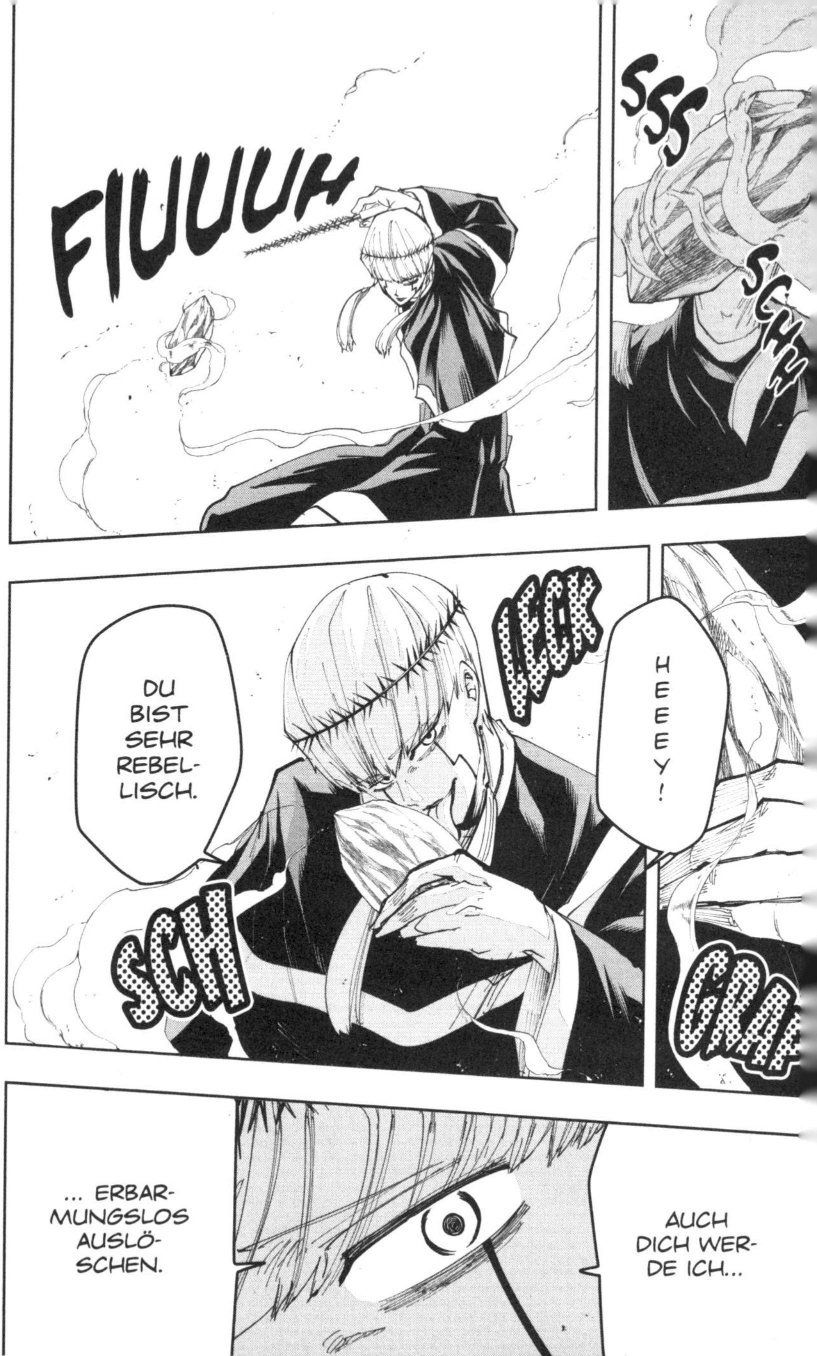
SSS
SCHH
FIUUUH
HEEEEY!
CRA
DU BIST SEHR REBELLISCH.
SCH
AUCH DICH WERDE ICH...
... ERBARMUNGSLOS AUSLÖSCHEN.

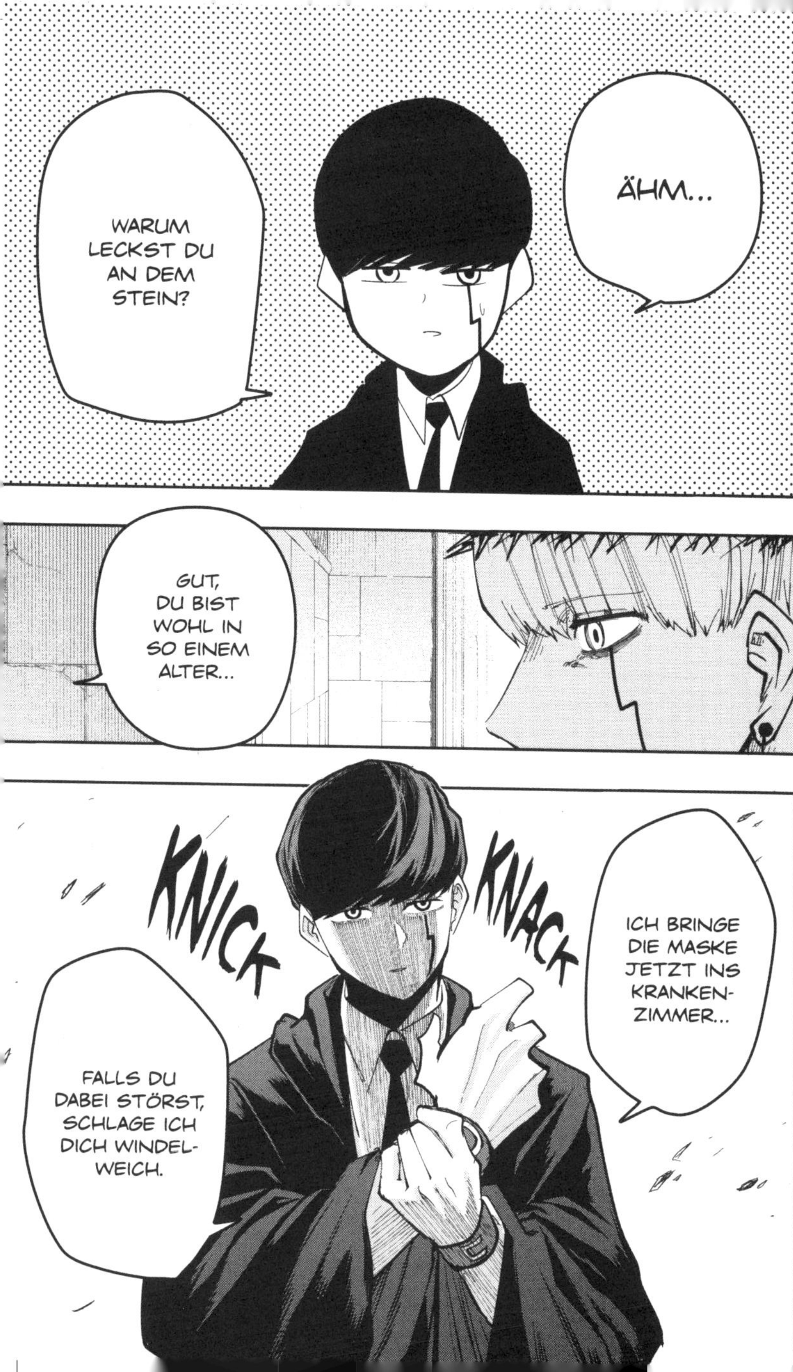
ÄHM...
WARUM LECKST DU AN DEM STEIN?
GUT, DU BIST WOHL IN SO EINEM ALTER...
KNACK
KNICK
ICH BRINGE DIE MASKE JETZT INS KRANKEN-ZIMMER...
FALLS DU DABEI STÖRST, SCHLAGE ICH DICH WINDEL-WEICH.

An alle, die diesen Band gekauft haben.

Vielen Dank! (Es tut mir leid, wenn ihr ihn versehentlich gekauft habt.) Hier angekommen habe ich erkannt, dass es unmöglich ist, das alles allein zu „mashen". Hust...

Es gibt einen Grund, warum man von „Teamwork" spricht. (Erröt) Diese Erkenntnis macht mich wohl etwas reifer! Ich werde 100-mal mehr Energie fürs Schreiben aufbringen, was eine Art Training ist.

Vielen Dank!!

PS: Vielen Dank für die Fanbriefe!!
Für jemanden, der jederzeit in Tiefschlaf fallen könnte, sind sie sehr hilfreich!! Lasst uns zusammen diese Ära von Chaos und Krieg überstehen!!
Muahaha

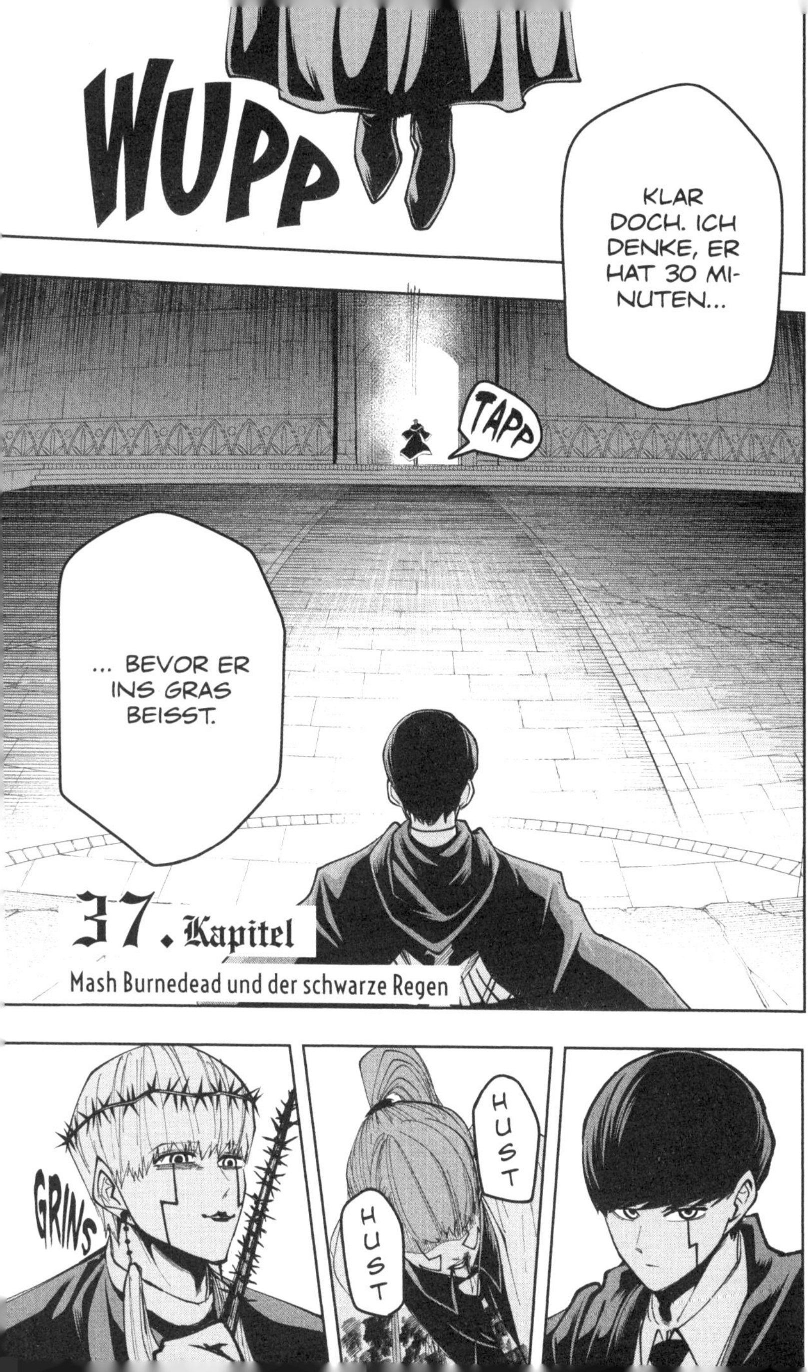
WUPP
KLAR DOCH. ICH DENKE, ER HAT 30 MINUTEN...
TAPP
... BEVOR ER INS GRAS BEISST.
37. Kapitel
Mash Burnedead und der schwarze Regen
HUST
HUST
GRINS

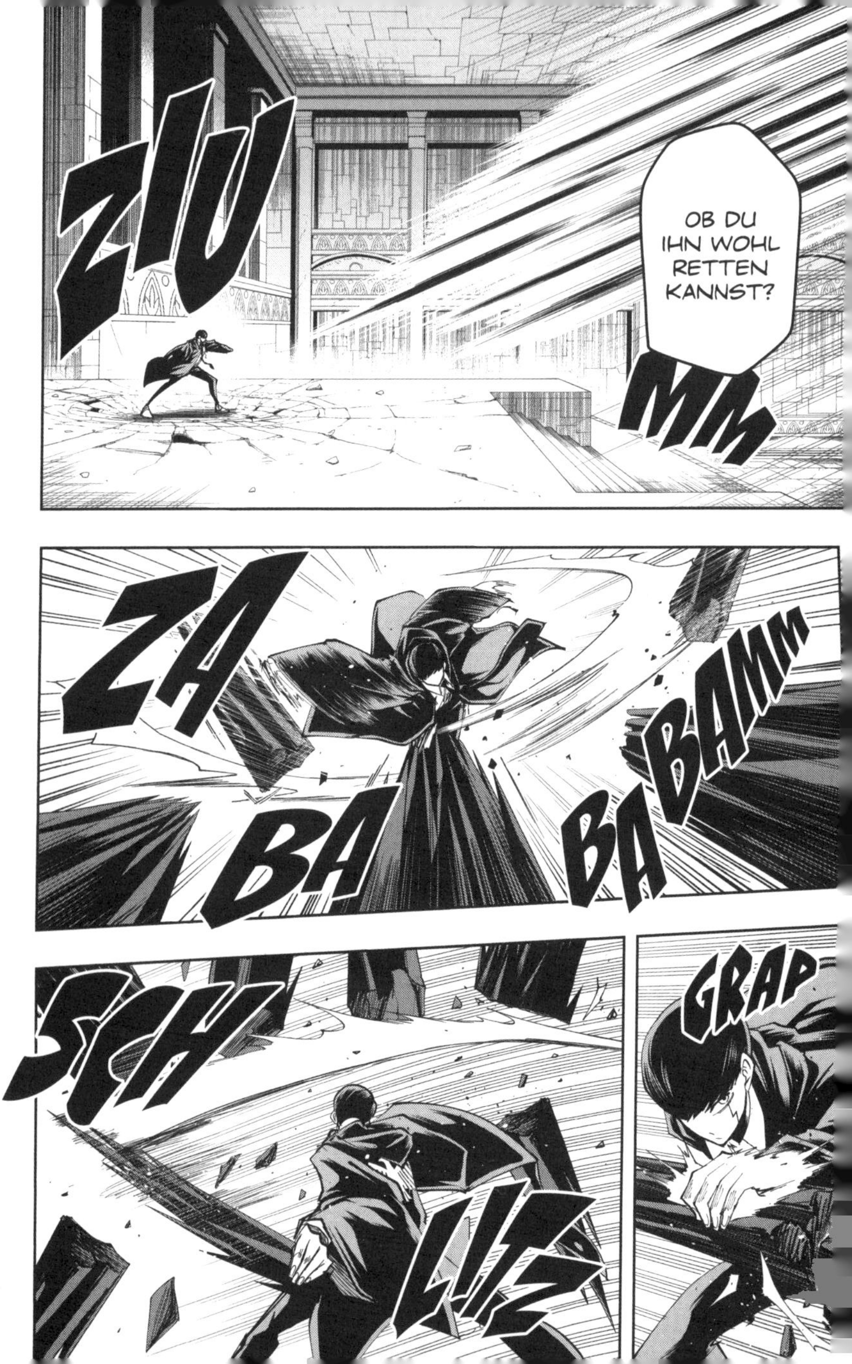
ZIU
OB DU IHN WOHL RETTEN KANNST?
MM
ZA
BA
BA
BAMM
GRAP
SCH
LITZ

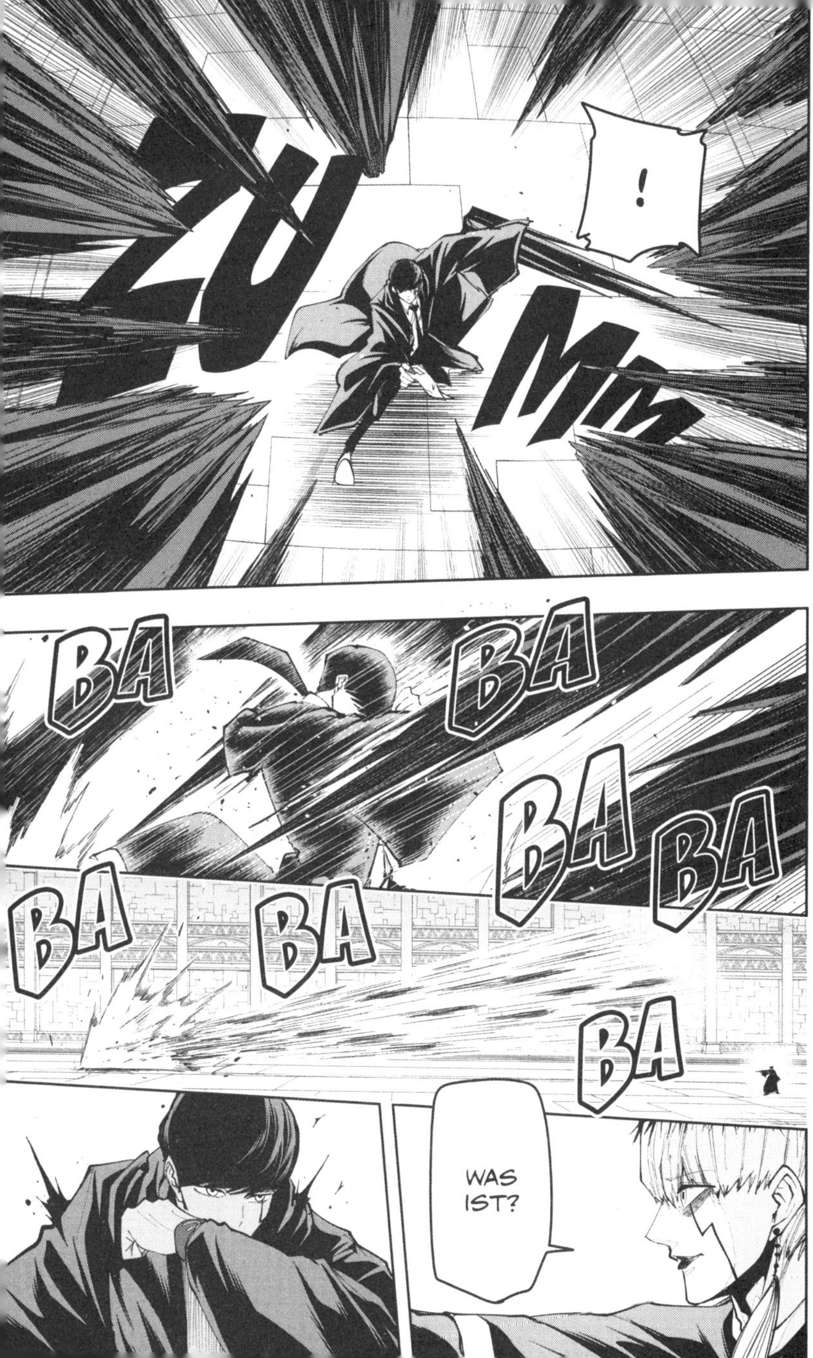

!
ZUMM
BA
BA
BA
BA
BA
BA
BA
WAS IST?

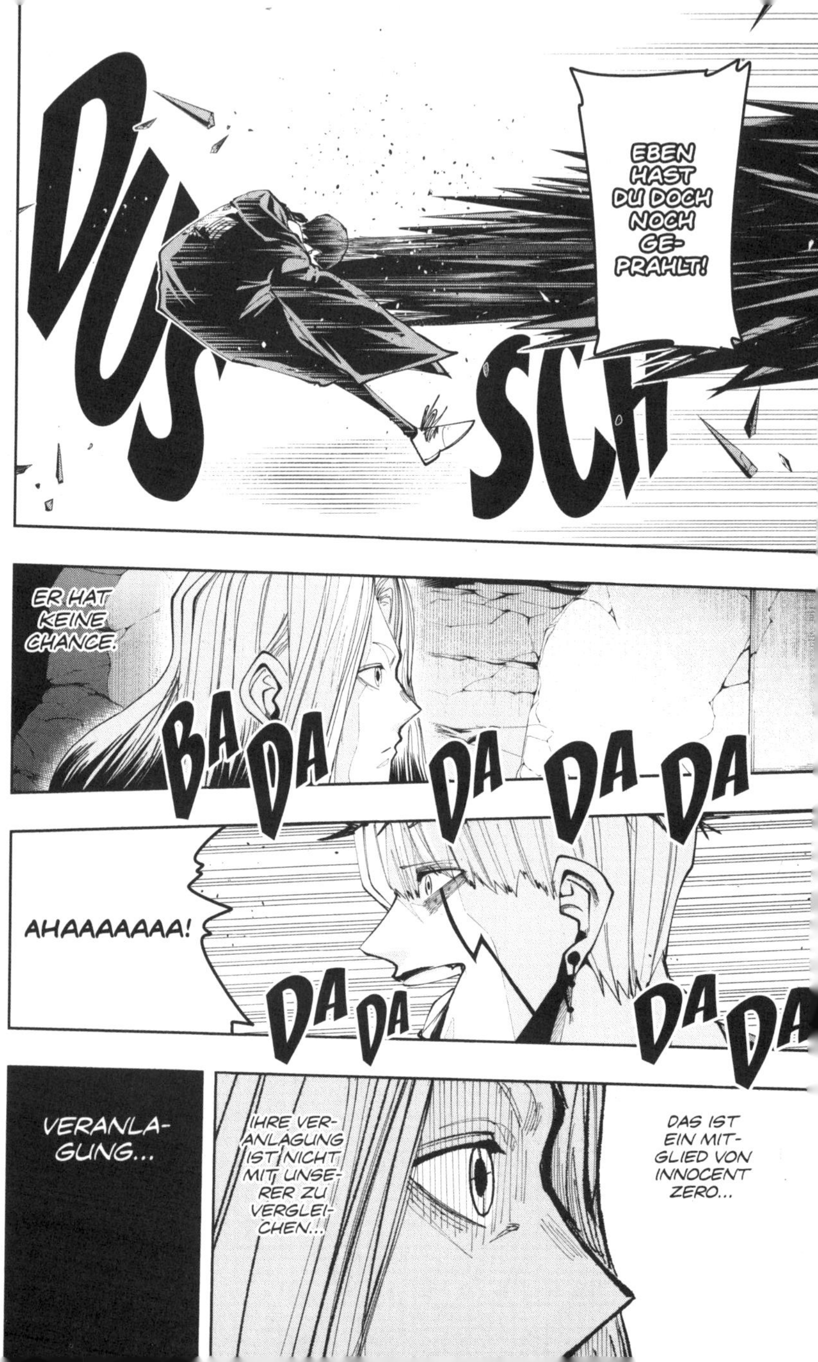
EBEN HAST DU DOCH NOCH GE-PRAHLT!
DUS
SCH
ER HAT KEINE CHANCE.
BA DA DA DA DA
AHAAAAAAA!
DA DA DA DA
DAS IST EIN MIT-GLIED VON INNOCENT ZERO...
IHRE VER-ANLAGUNG IST NICHT MIT UNSE-RER ZU VERGLEI-CHEN...
VERANLA-GUNG...

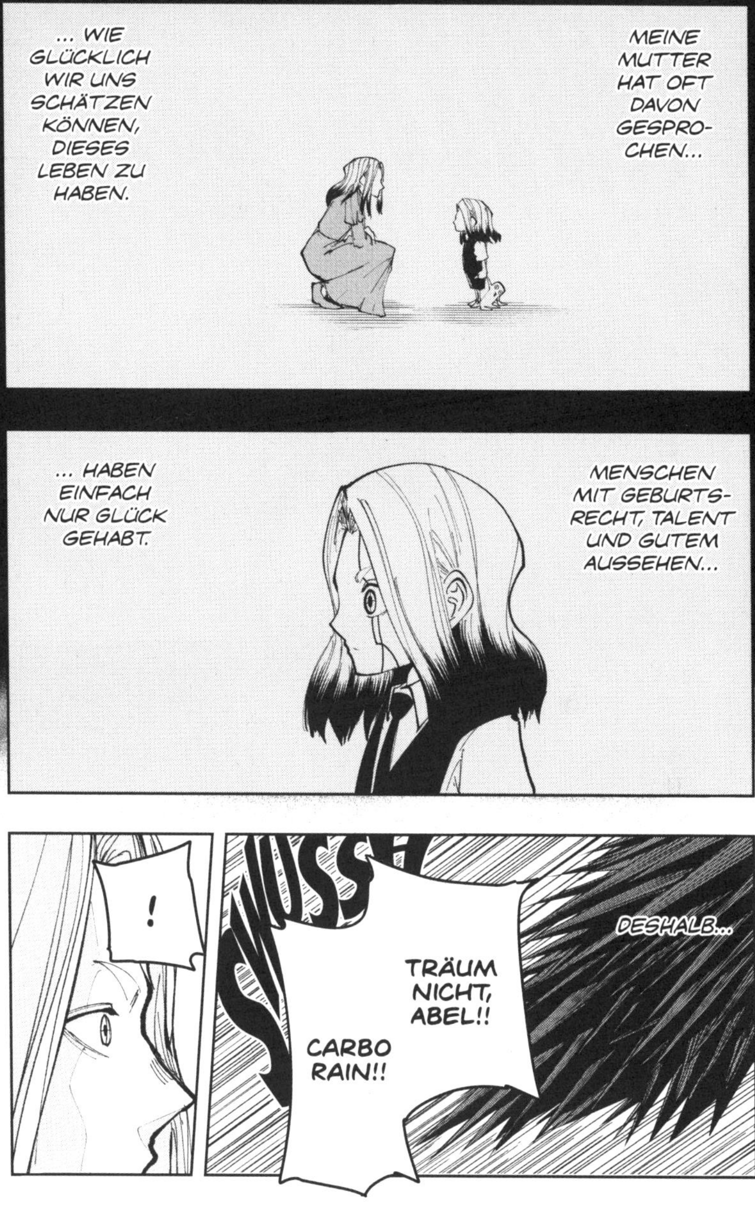
MEINE MUTTER HAT OFT DAVON GESPRO-CHEN...
... WIE GLÜCKLICH WIR UNS SCHÄTZEN KÖNNEN, DIESES LEBEN ZU HABEN.
MENSCHEN MIT GEBURTS-RECHT, TALENT UND GUTEM AUSSEHEN...
... HABEN EINFACH NUR GLÜCK GEHABT.
DESHALB...
TRÄUM NICHT, ABEL!!
CARBO RAIN!!
!

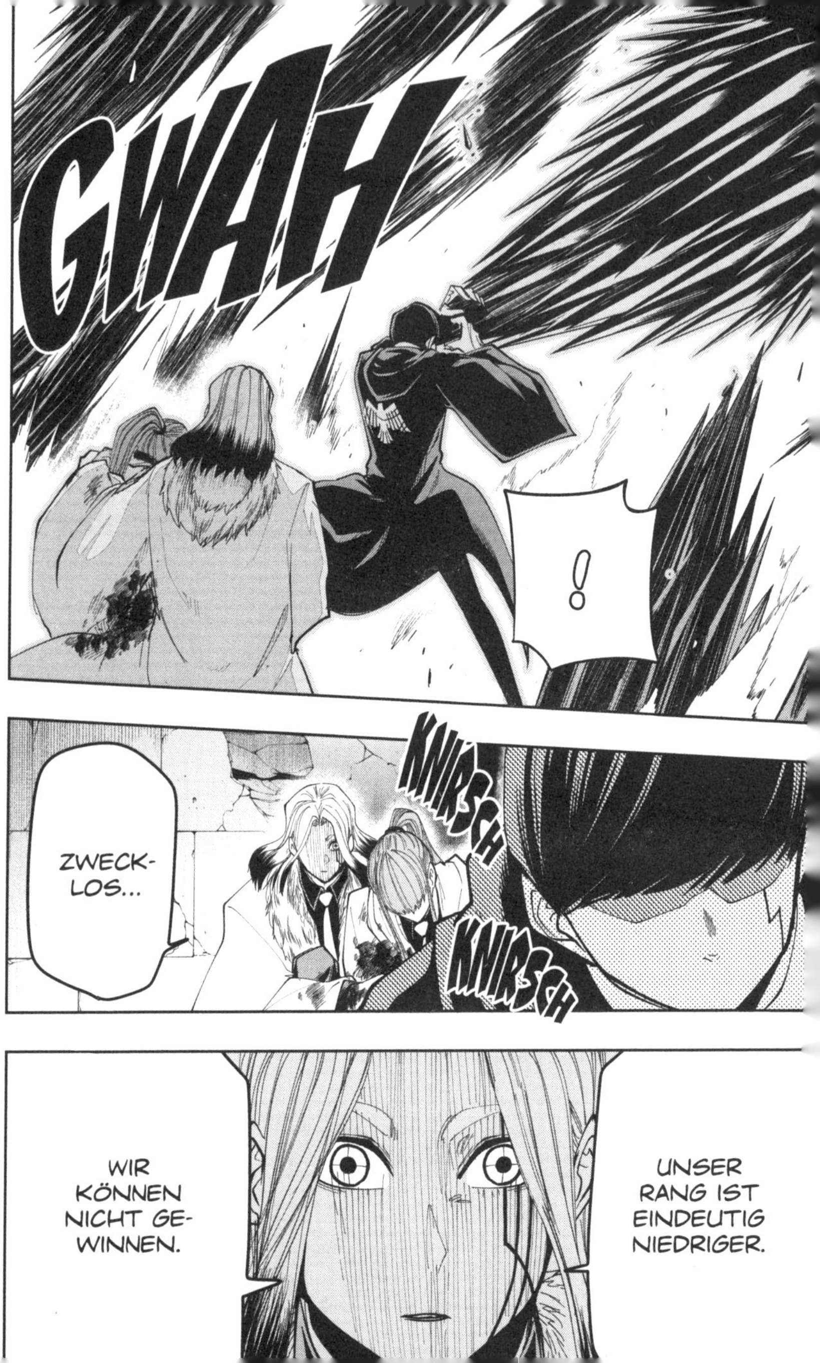
GWAH
!
KNIRSCH
KNIRSCH
ZWECK-
LOS...
UNSER
RANG IST
EINDEUTIG
NIEDRIGER.
WIR
KÖNNEN
NICHT GE-
WINNEN.

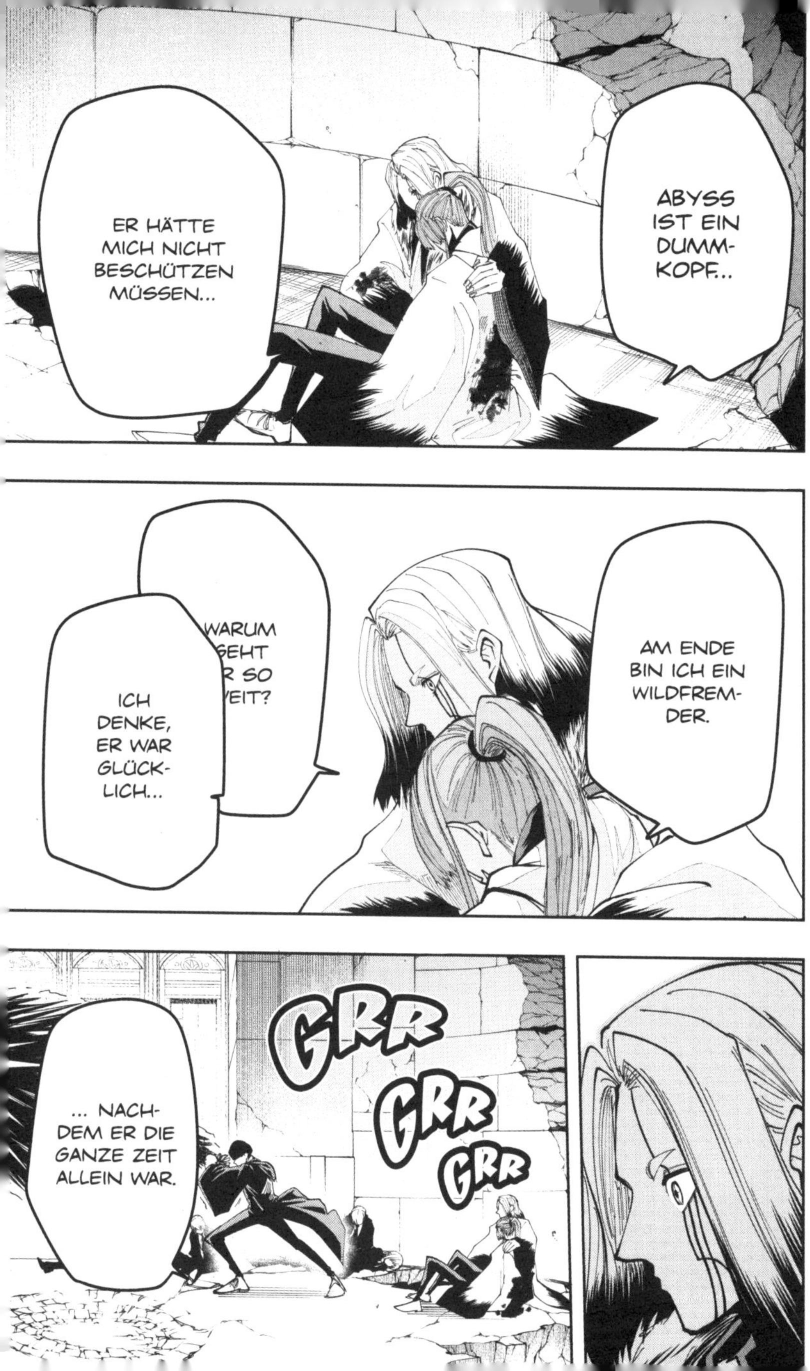
ABYSS IST EIN DUMM-KOPF...
ER HÄTTE MICH NICHT BESCHÜTZEN MÜSSEN...
AM ENDE BIN ICH EIN WILDFREM-DER.
ICH DENKE, ER WAR GLÜCK-LICH...
GRR GRR GRR
... NACH-DEM ER DIE GANZE ZEIT ALLEIN WAR.

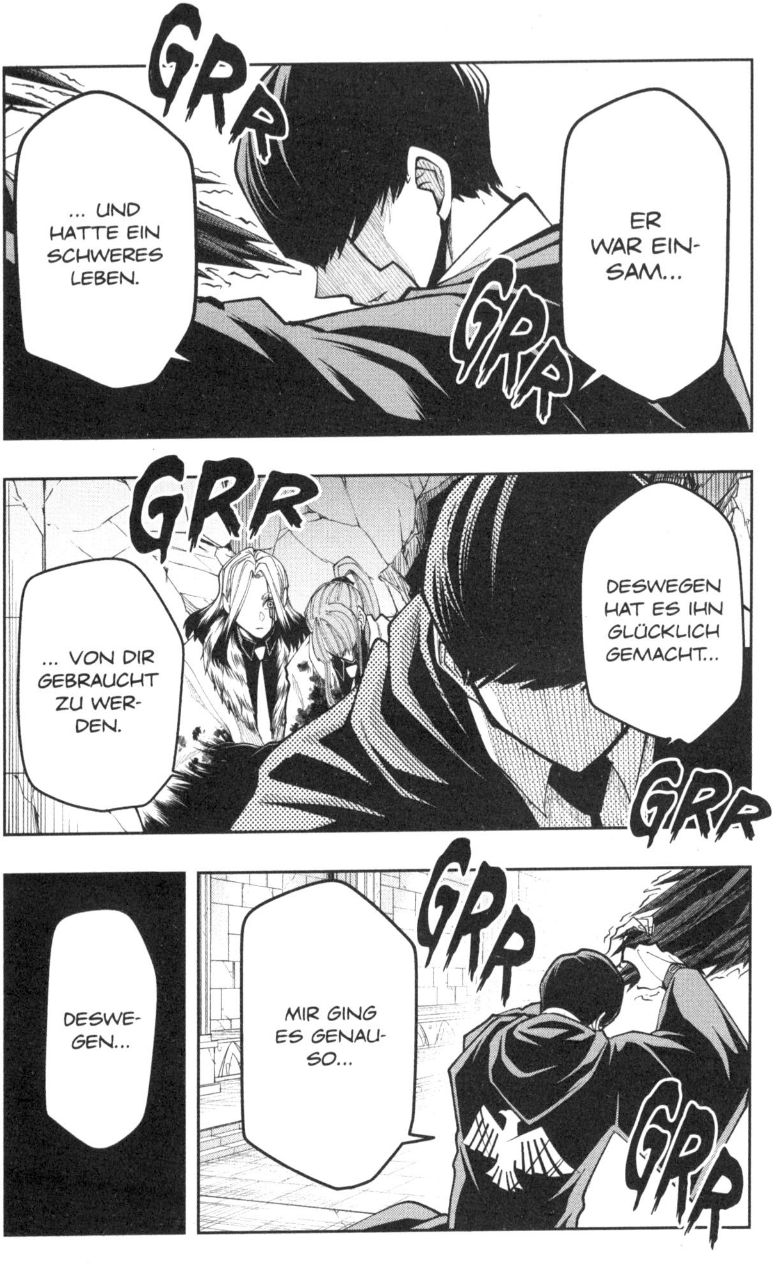
GRR
ER WAR EIN-SAM...
GRR
... UND HATTE EIN SCHWERES LEBEN.
GRR
DESWEGEN HAT ES IHN GLÜCKLICH GEMACHT...
GRR
... VON DIR GEBRAUCHT ZU WER-DEN.
GRR
GRR
MIR GING ES GENAU-SO...
DESWE-GEN...

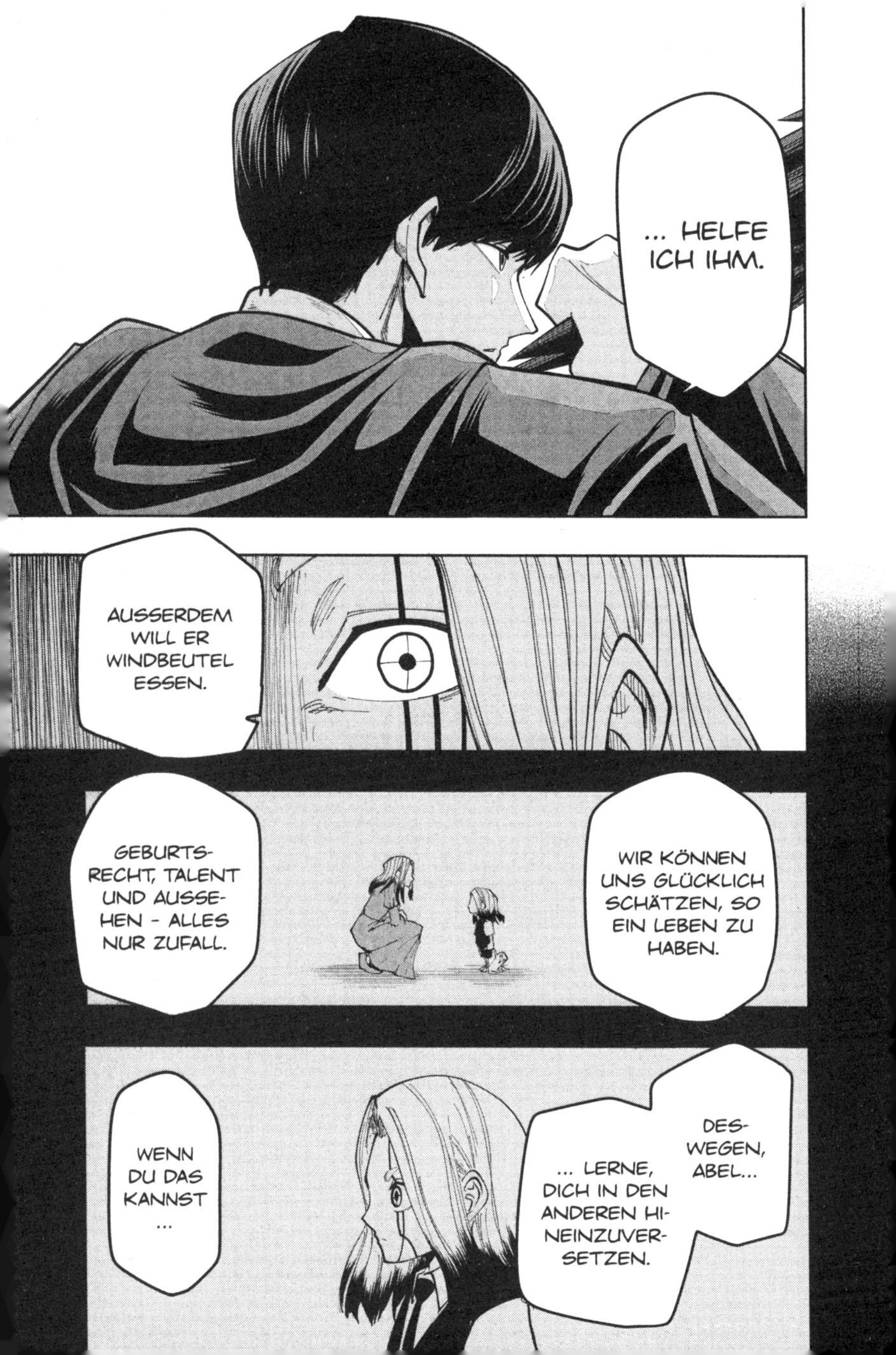
... HELFE ICH IHM.
AUSSERDEM WILL ER WINDBEUTEL ESSEN.
WIR KÖNNEN UNS GLÜCKLICH SCHÄTZEN, SO EIN LEBEN ZU HABEN.
GEBURTS-RECHT, TALENT UND AUSSE-HEN - ALLES NUR ZUFALL.
DES-WEGEN, ABEL...
... LERNE, DICH IN DEN ANDEREN HI-NEINZUVER-SETZEN.
WENN DU DAS KANNST ...

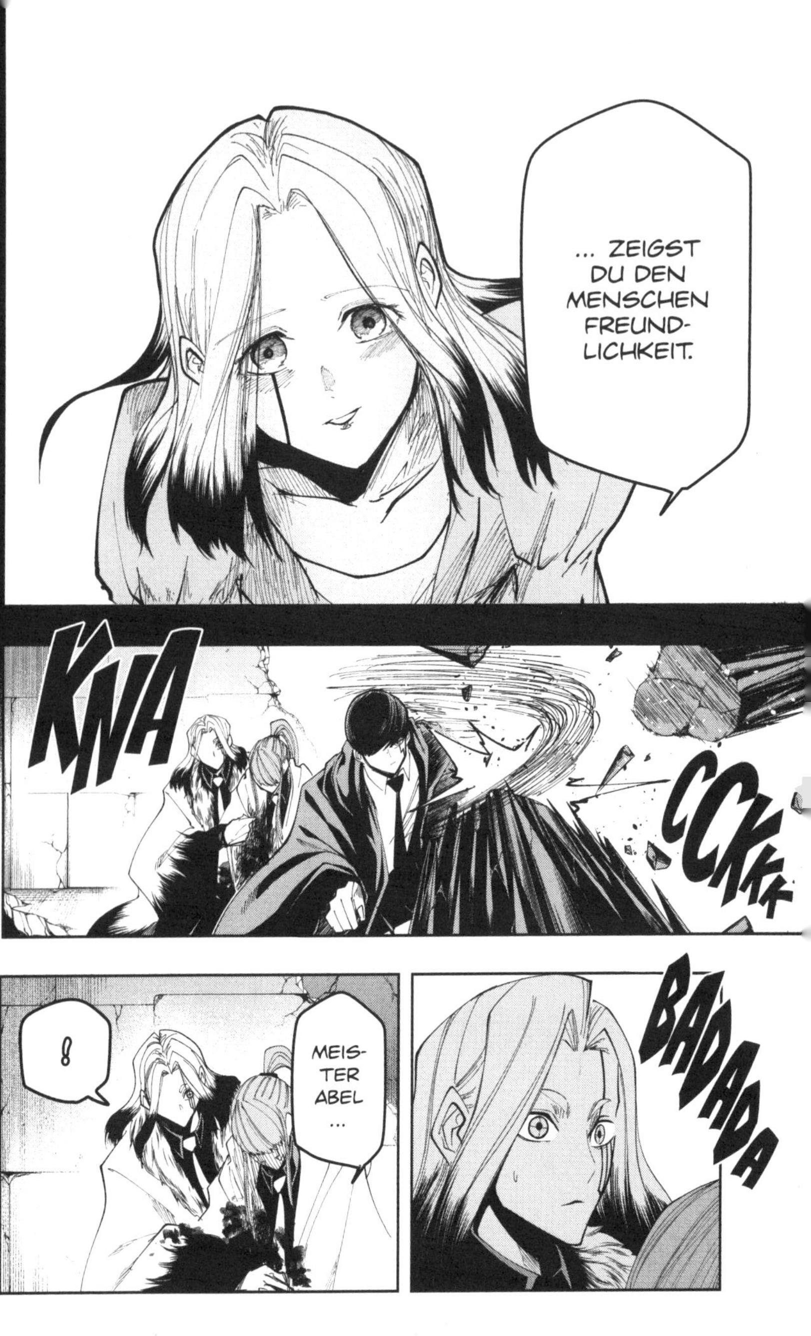
... ZEIGST DU DEN MENSCHEN FREUND-LICHKEIT.
KNA
CCKKKK
BADADA
MEIS-TER ABEL ...
!

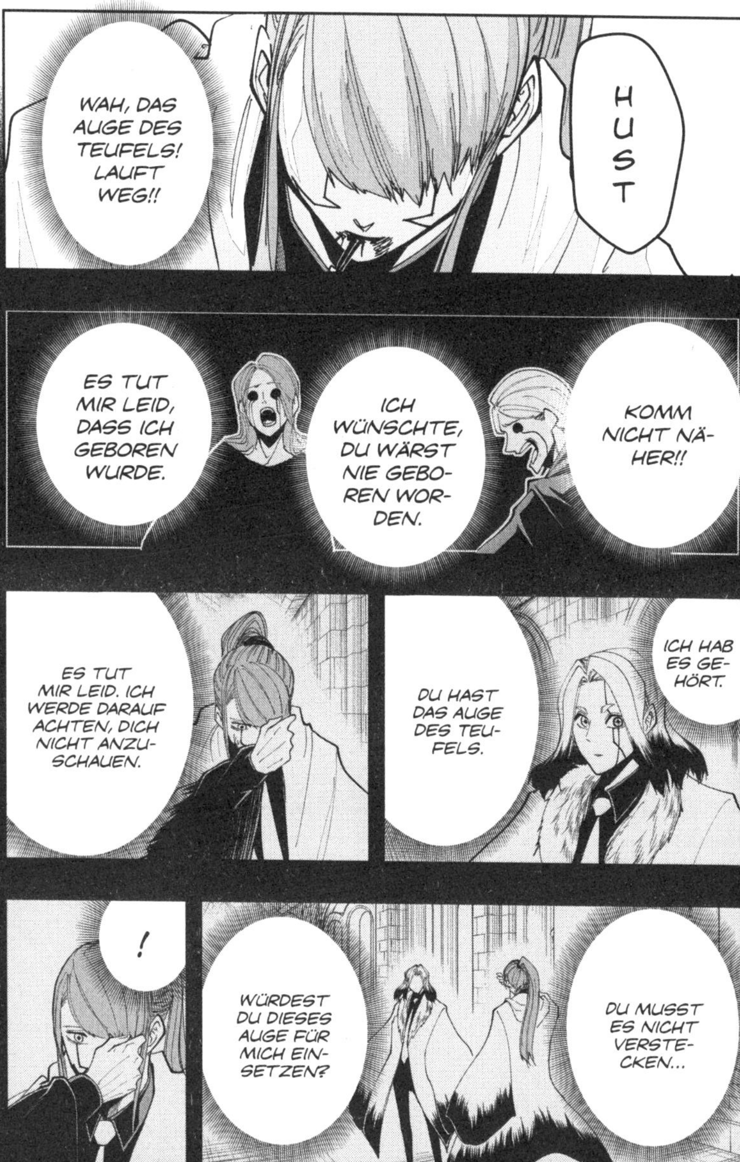
HUST
WAH, DAS AUGE DES TEUFELS! LAUFT WEG!!
KOMM NICHT NÄHER!!
ICH WÜNSCHTE, DU WÄRST NIE GEBOREN WORDEN.
ES TUT MIR LEID, DASS ICH GEBOREN WURDE.
ICH HAB ES GEHÖRT.
DU HAST DAS AUGE DES TEUFELS.
ES TUT MIR LEID. ICH WERDE DARAUF ACHTEN, DICH NICHT ANZUSCHAUEN.
DU MUSST ES NICHT VERSTECKEN...
WÜRDEST DU DIESES AUGE FÜR MICH EINSETZEN?
!

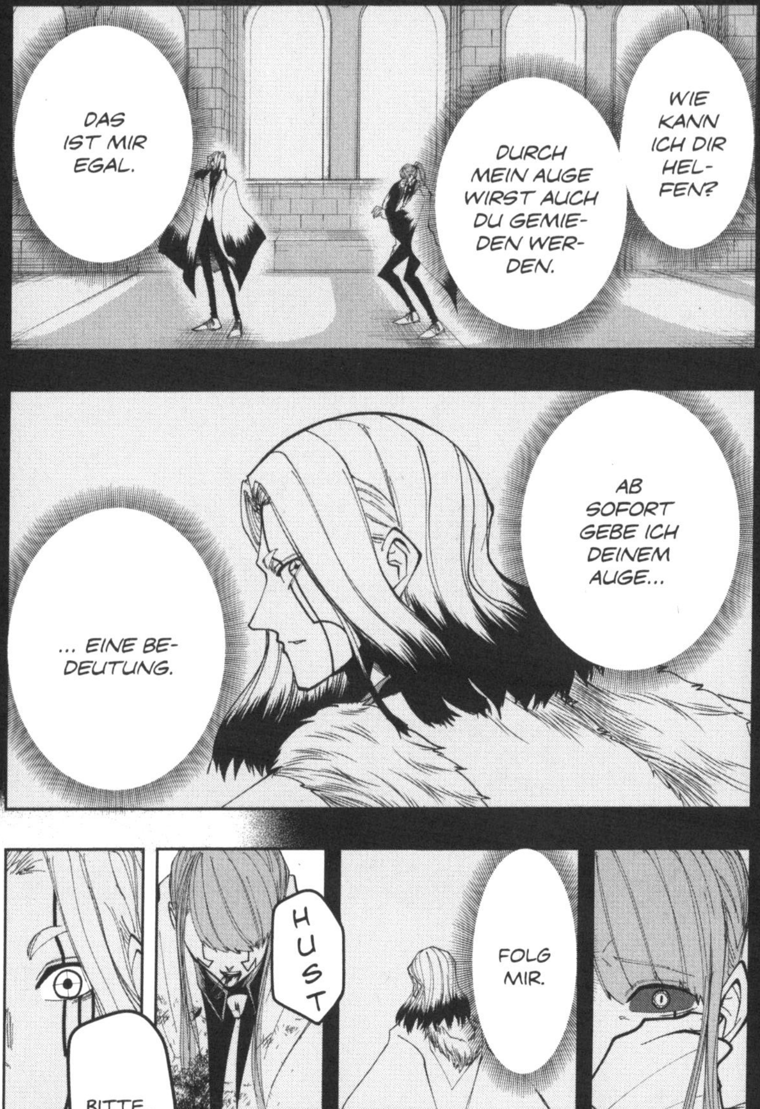
WIE KANN ICH DIR HEL-FEN?
DURCH MEIN AUGE WIRST AUCH DU GEMIE-DEN WER-DEN.
DAS IST MIR EGAL.
AB SOFORT GEBE ICH DEINEM AUGE...
... EINE BE-DEUTUNG.
FOLG MIR.
HUST
BITTE...

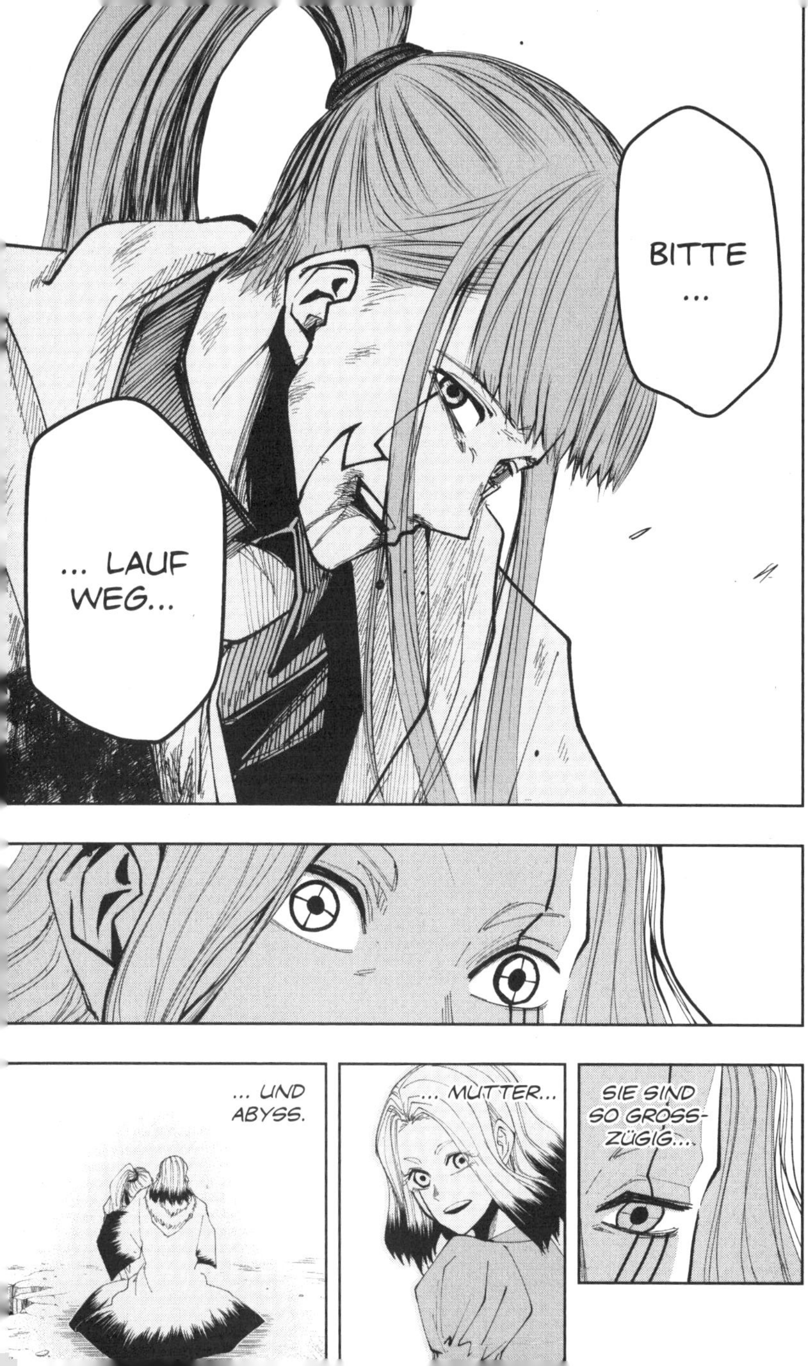
BITTE ...
... LAUF WEG...
SIE SIND SO GROSS-ZÜGIG...
... MUTTER...
... UND ABYSS.

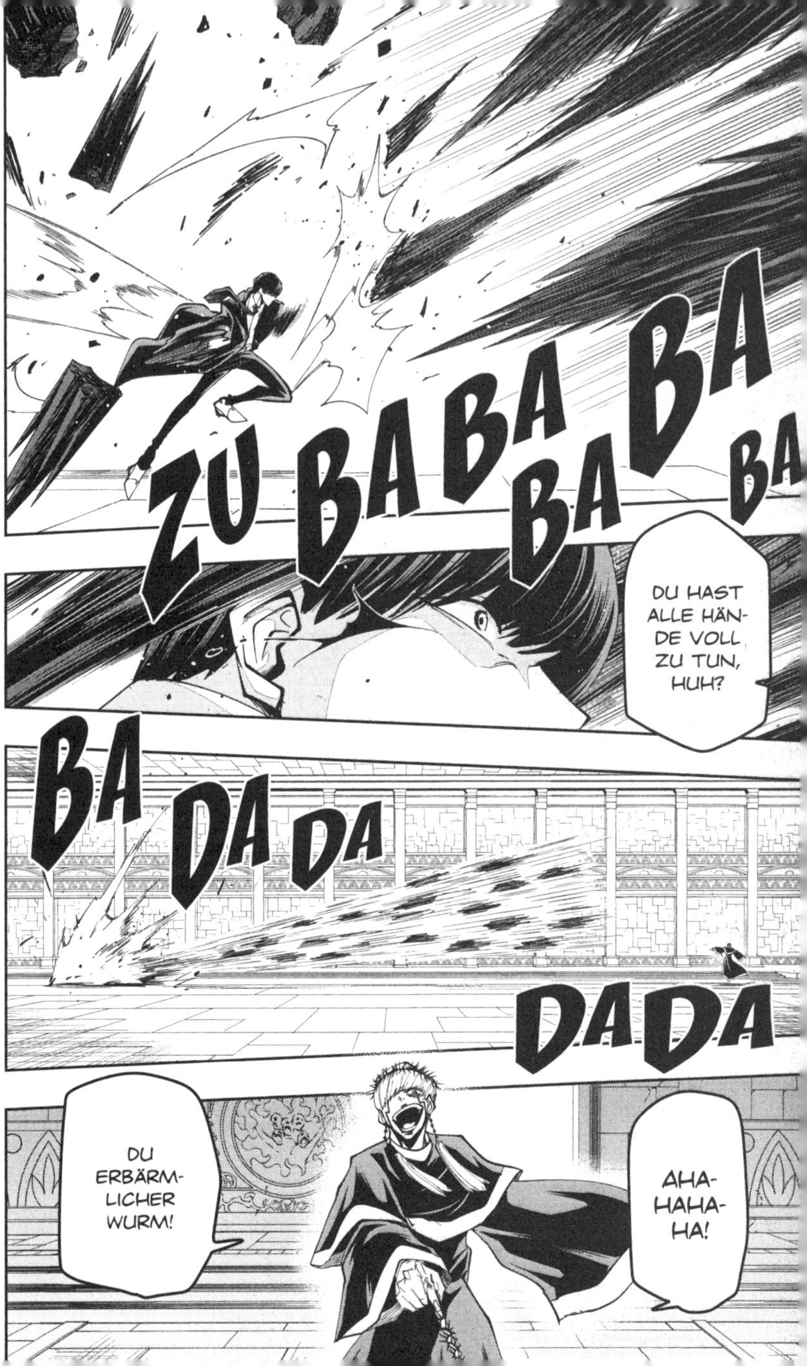
ZU BA BA BA BA BA BA
DU HAST ALLE HÄNDE VOLL ZU TUN, HUH?
BA DA DA
DADA
AHAHAHAHA!
DU ERBÄRMLICHER WURM!

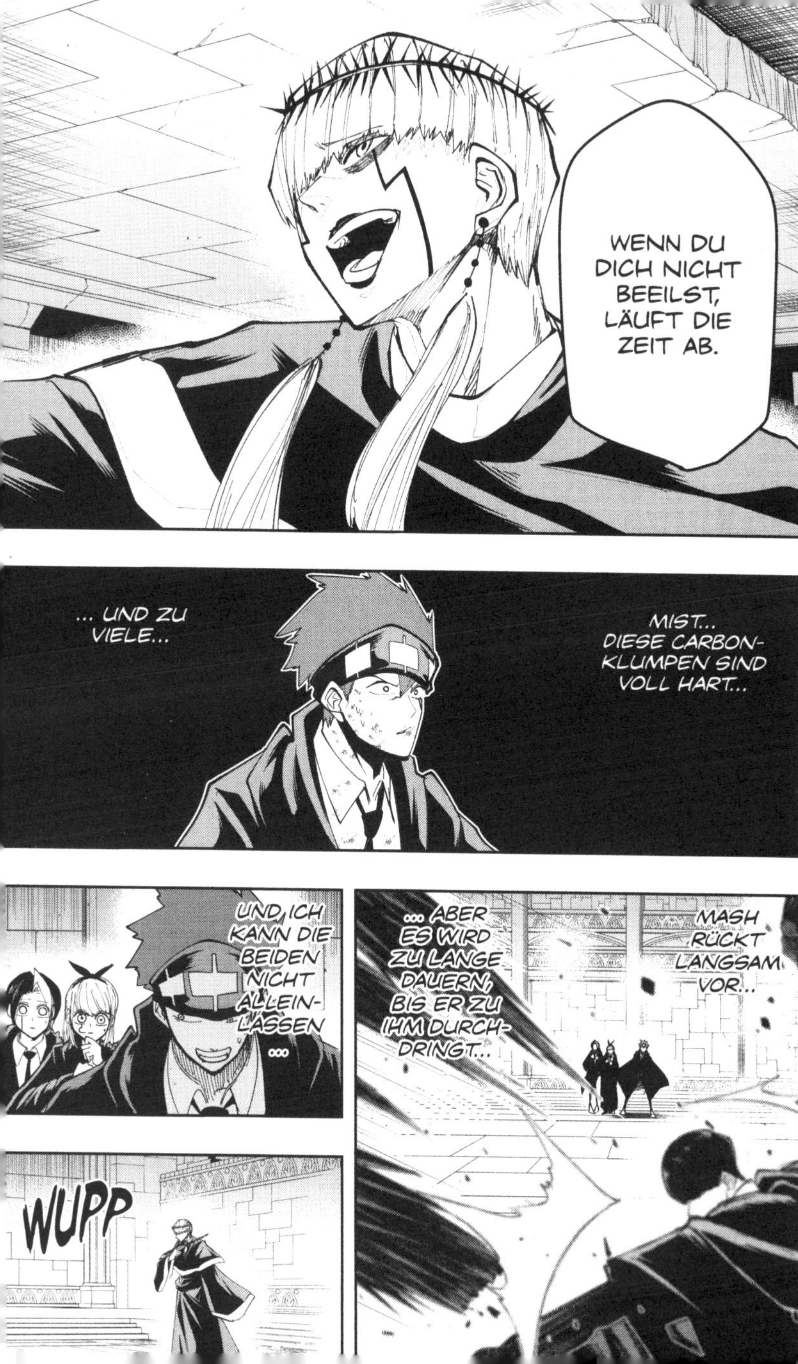
WENN DU DICH NICHT BEEILST, LÄUFT DIE ZEIT AB.
MIST... DIESE CARBON-KLUMPEN SIND VOLL HART...
... UND ZU VIELE...
MASH RÜCKT LANGSAM VOR...
... ABER ES WIRD ZU LANGE DAUERN, BIS ER ZU IHM DURCHDRINGT...
UND ICH KANN DIE BEIDEN NICHT ALLEIN-LASSEN ...
WUPP

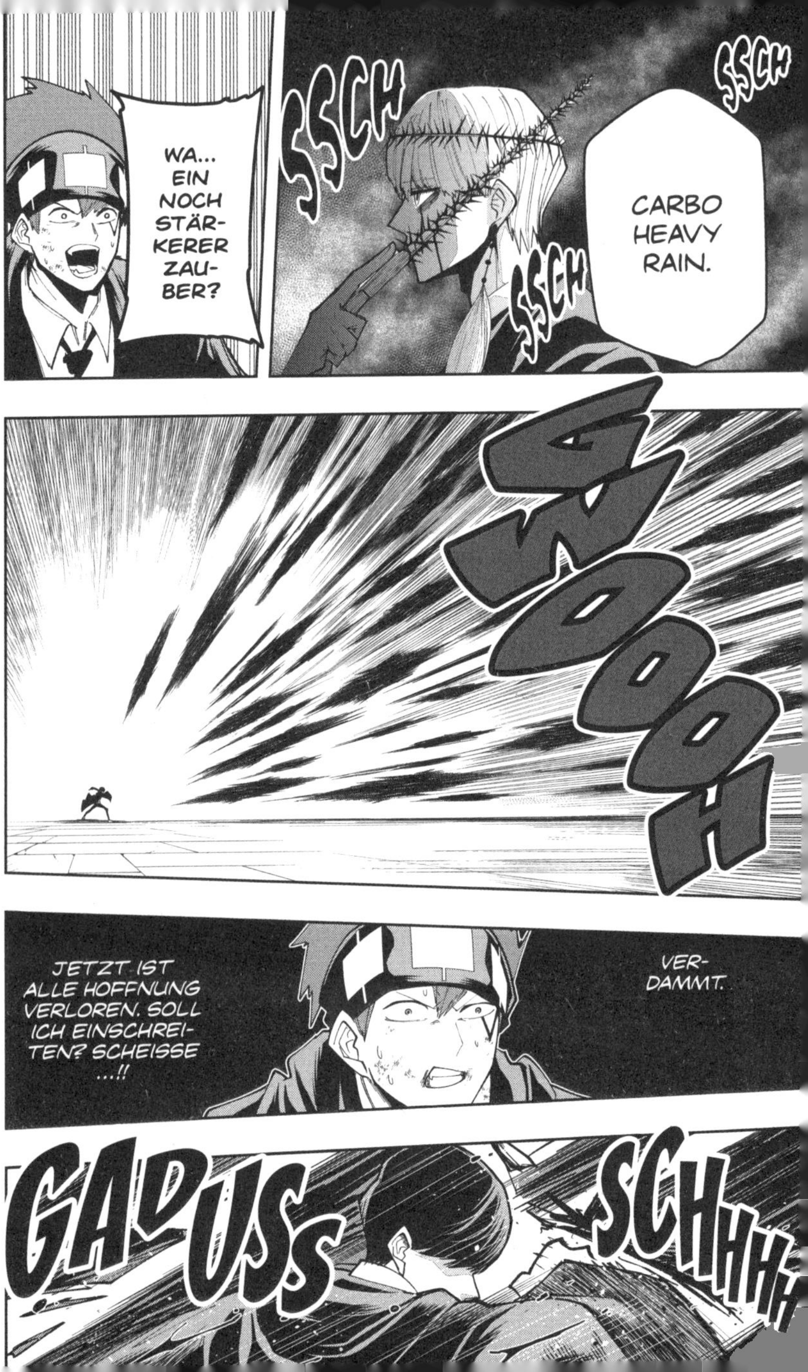
SSCH
CARBO HEAVY RAIN.
SSCH
SSCH
WA... EIN NOCH STÄRKERER ZAUBER?
GWOOOOH
VERDAMMT.
JETZT IST ALLE HOFFNUNG VERLOREN. SOLL ICH EINSCHREITEN? SCHEISSE ...!!
SCHHHHH
GADUSS

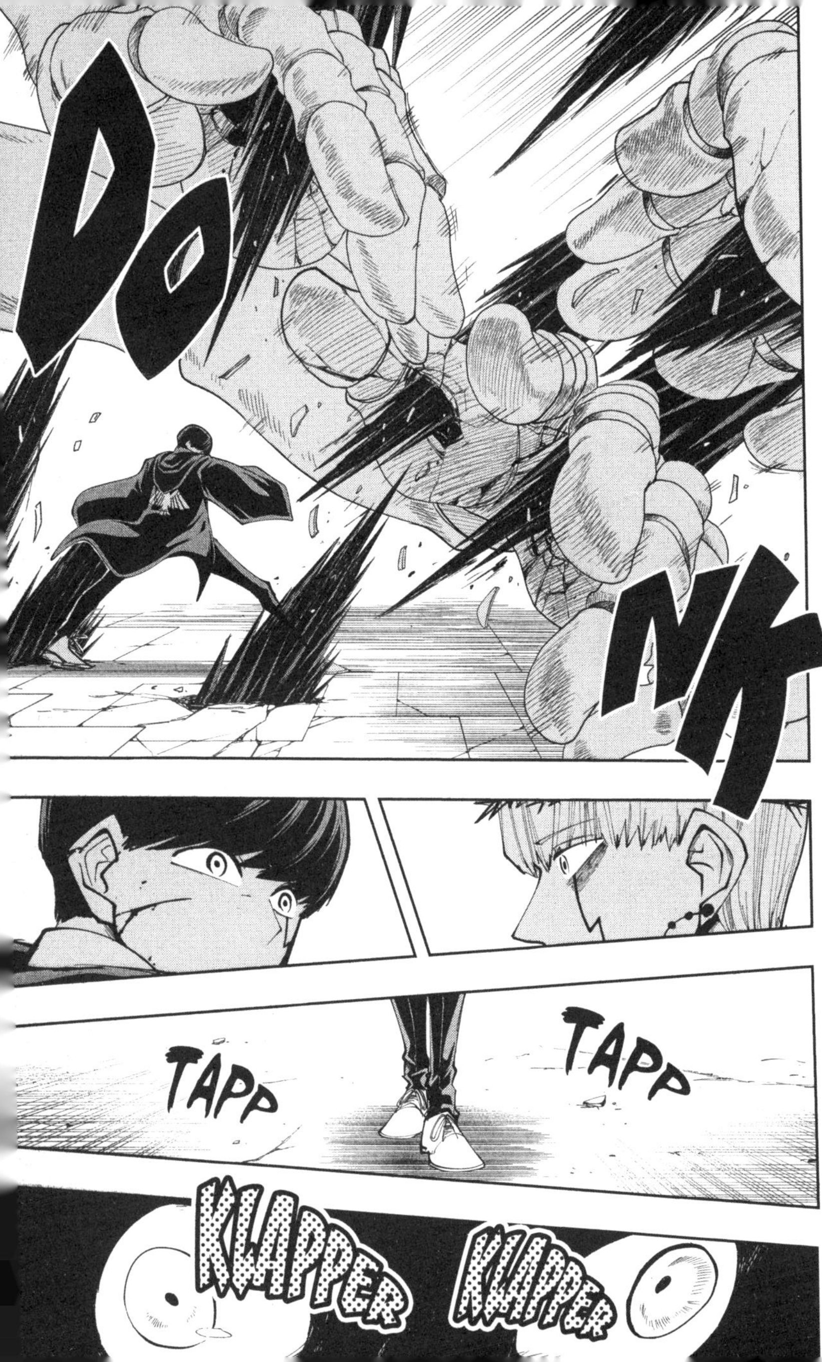
DONK
TAPP
TAPP
KLAPPER
KLAPPER

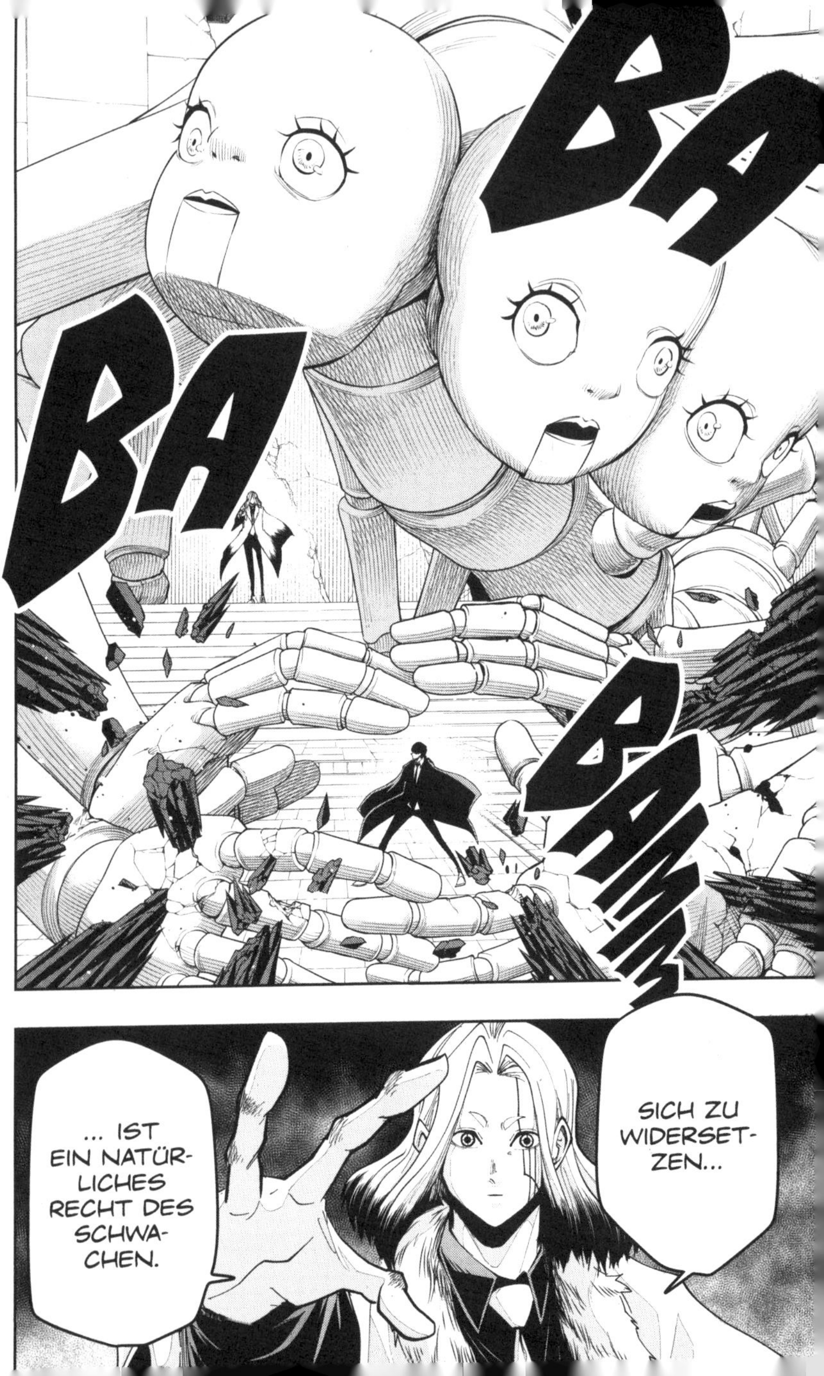
BA
BA
BAMM
SICH ZU WIDERSET-ZEN...
... IST EIN NATÜR-LICHES RECHT DES SCHWA-CHEN.

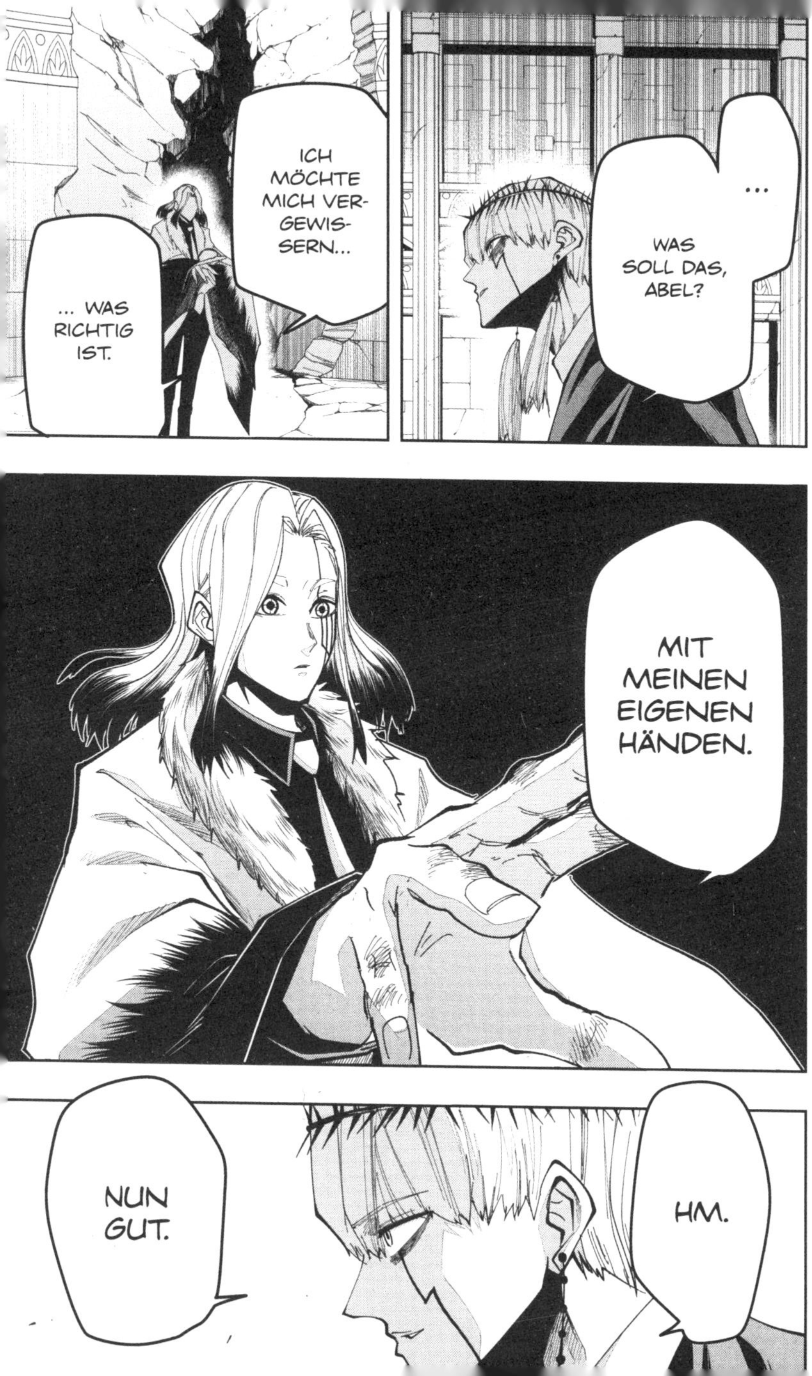
...
WAS SOLL DAS, ABEL?
ICH MÖCHTE MICH VER-GEWIS-SERN...
... WAS RICHTIG IST.
MIT MEINEN EIGENEN HÄNDEN.
HM.
NUN GUT.

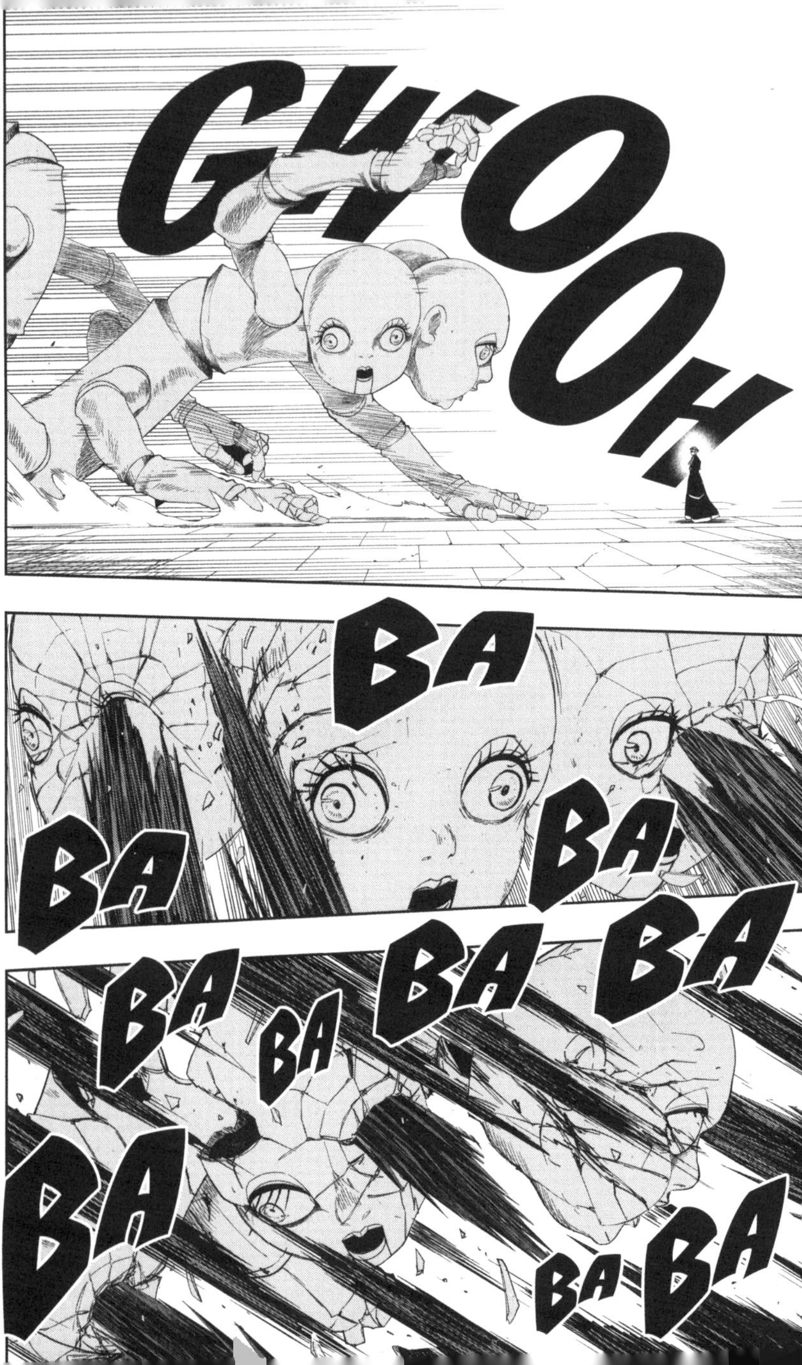
GYOOH
BA
BA
BA
BA
BA
BA
BA
BA
BA
BA

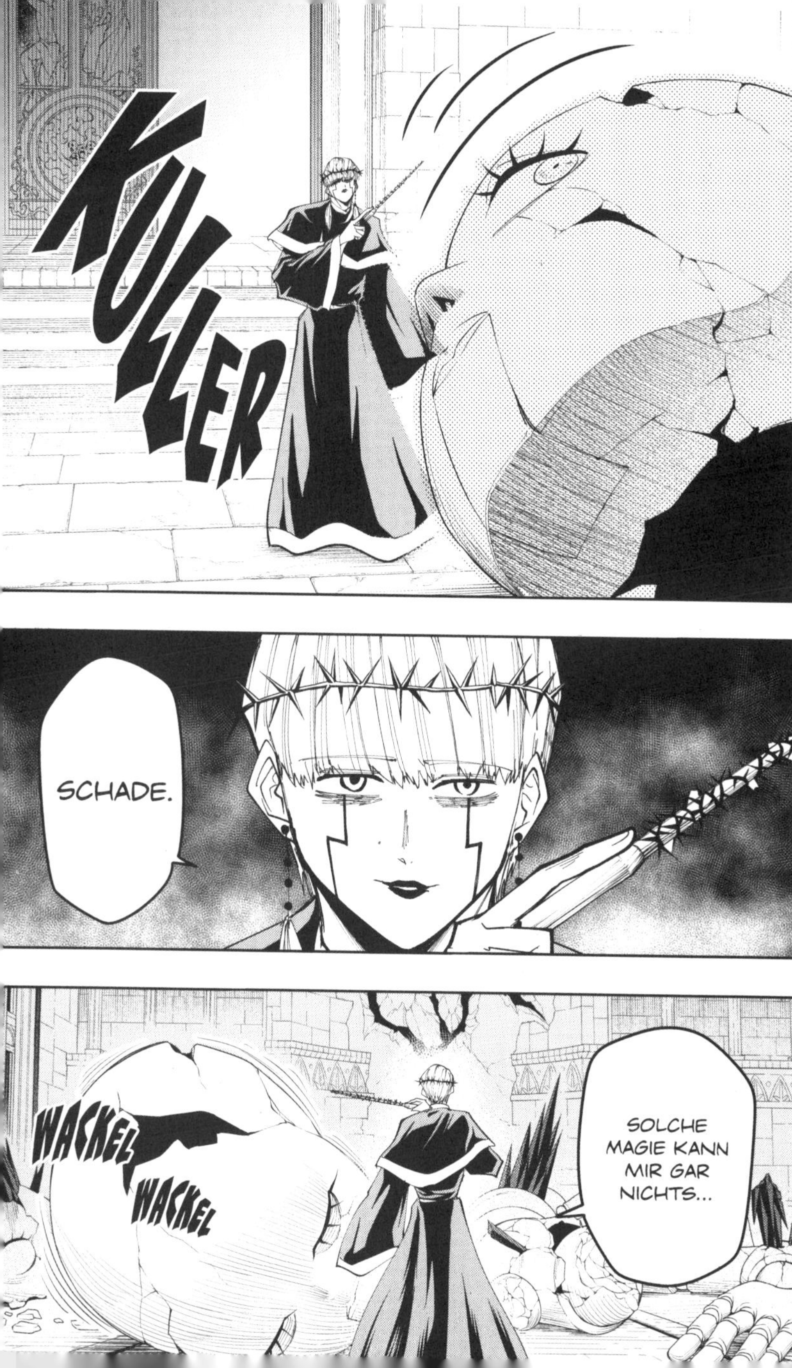
KULLER
SCHADE.
SOLCHE MAGIE KANN MIR GAR NICHTS...
WACKEL
WACKEL

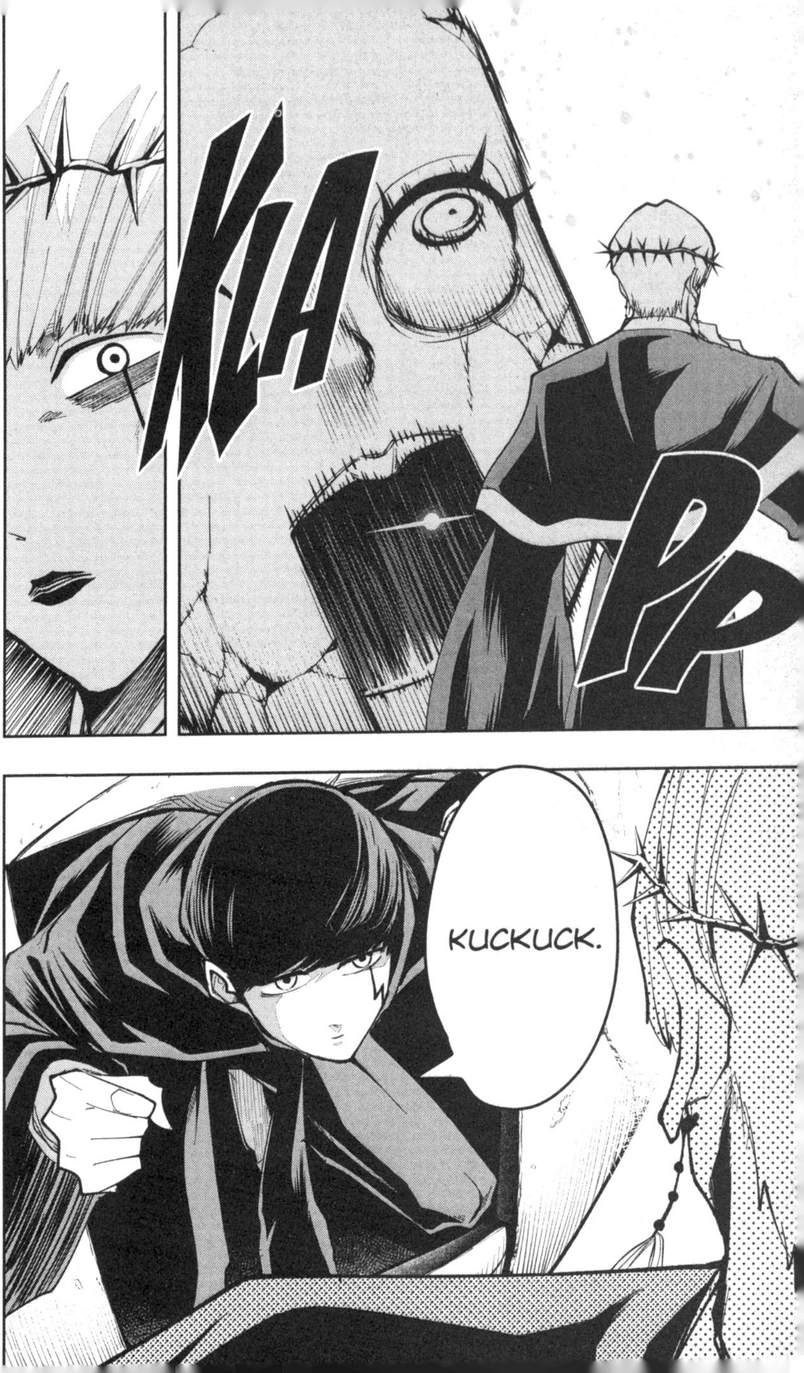
KLA
PP
KUCKUCK.

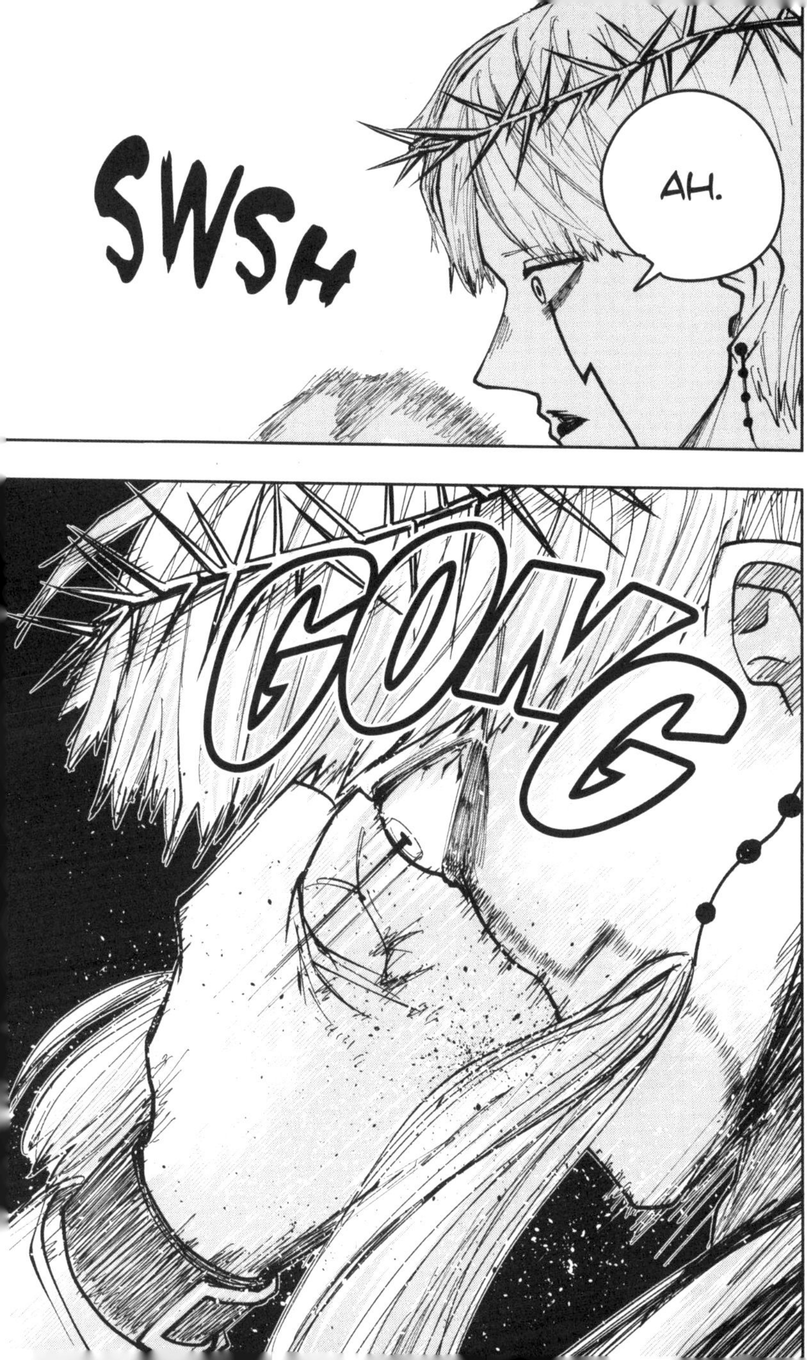
AH.
SWSH
GONG

Extra 1

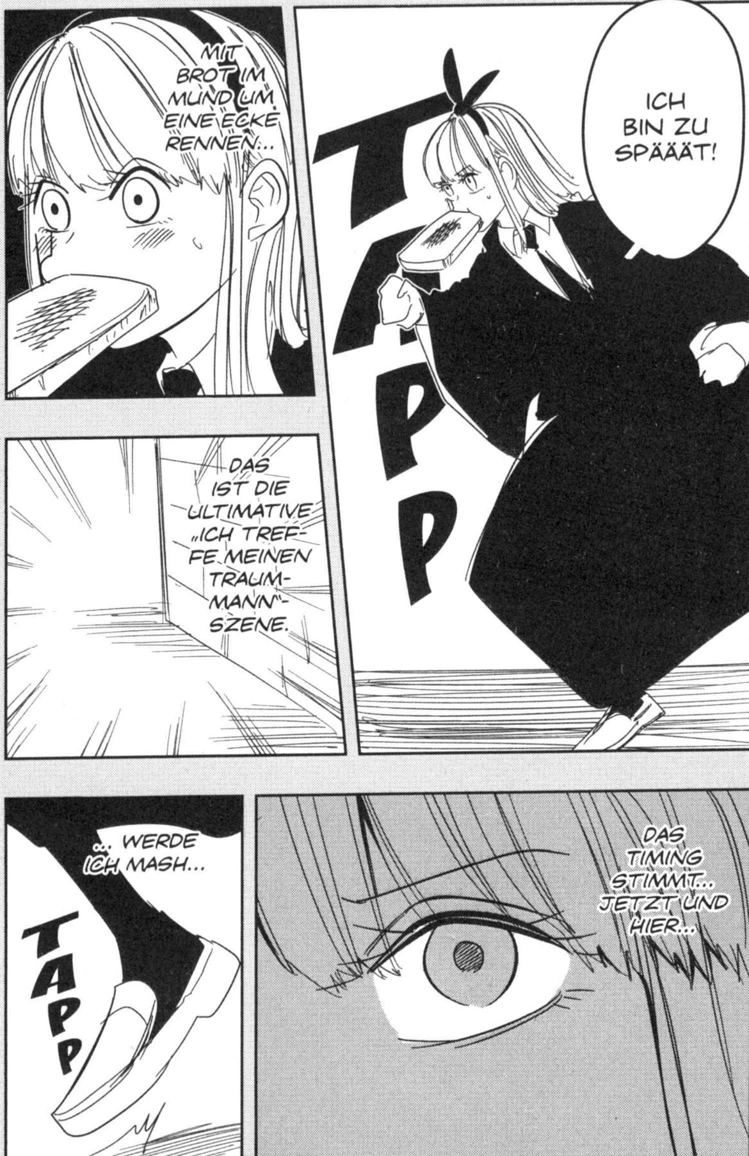

Fortsetzung auf Seite 68

38. Kapitel Mash Burnedead und der magische Spiegel

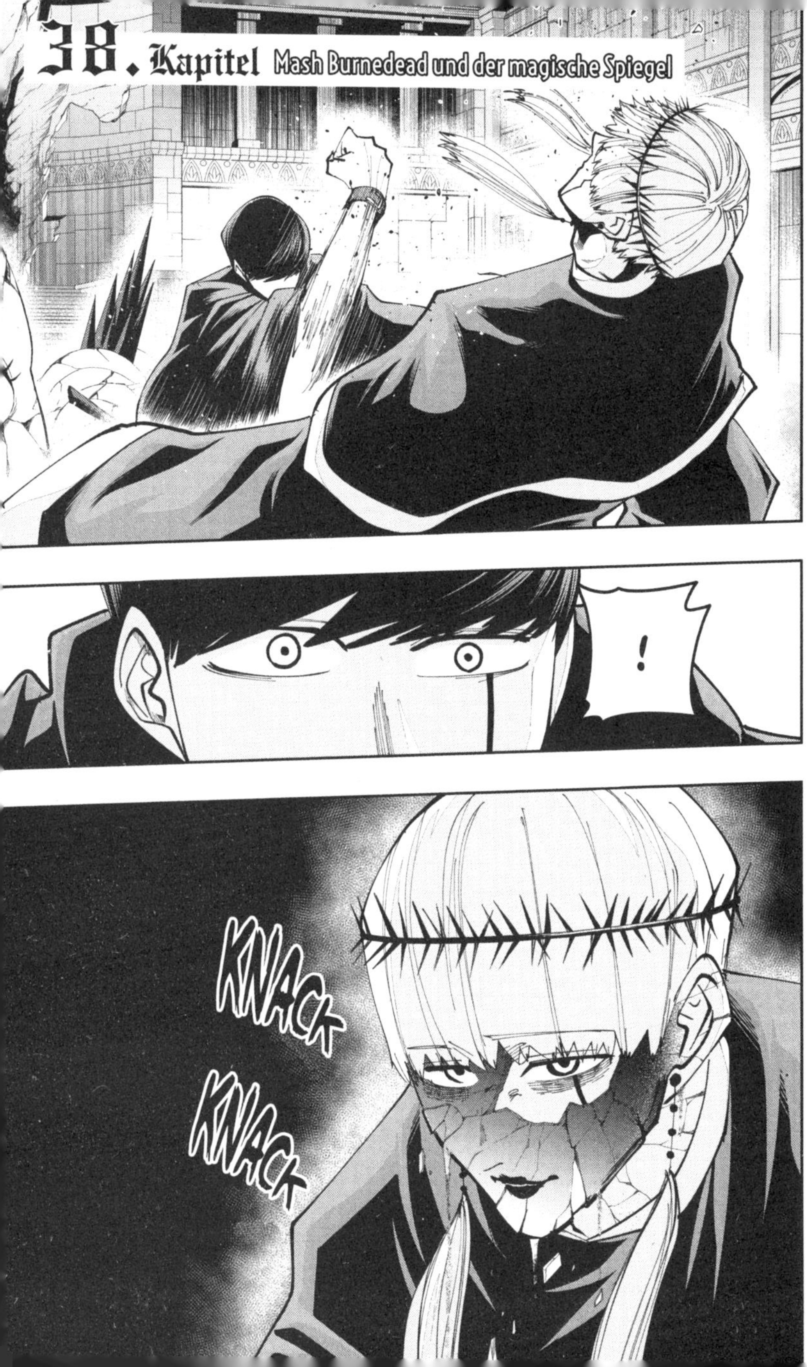

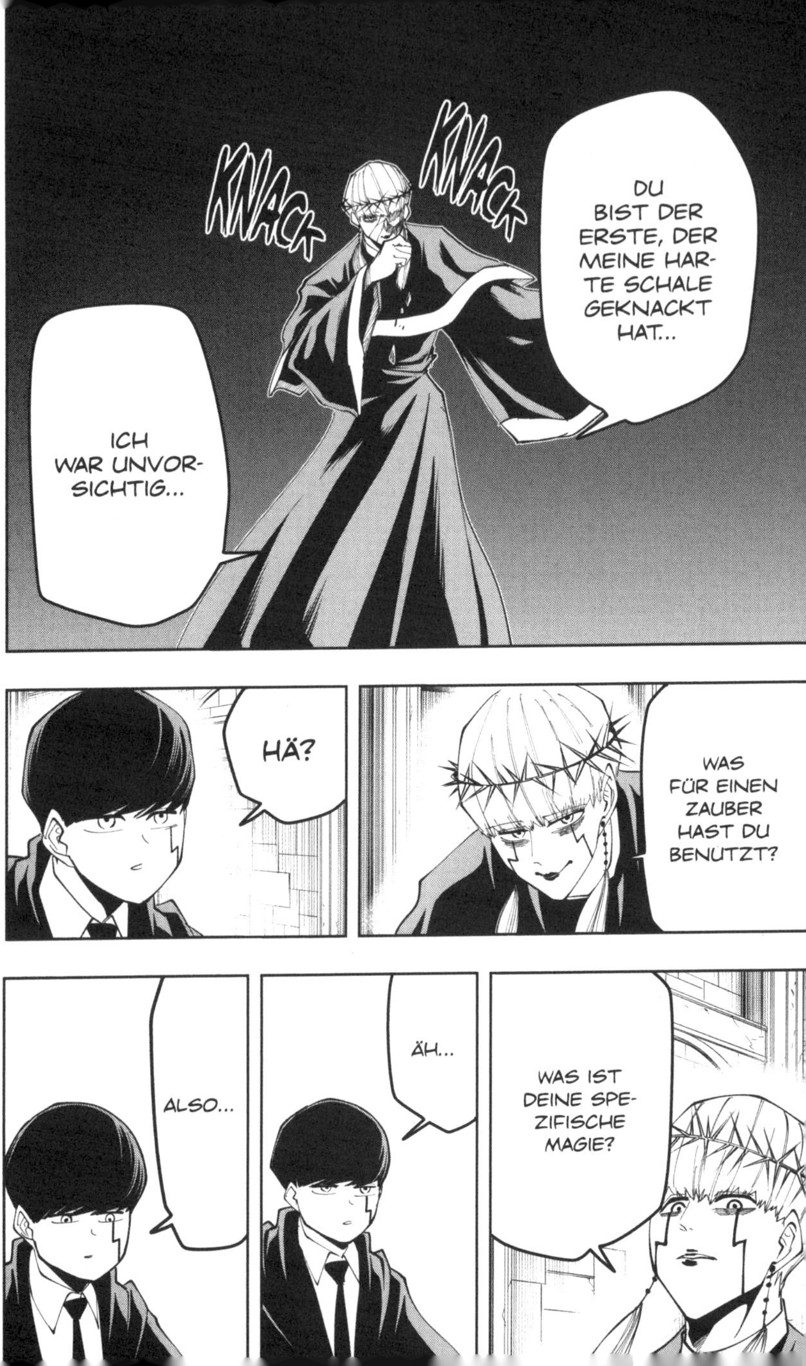
KNACK KNACK
DU BIST DER ERSTE, DER MEINE HARTE SCHALE GEKNACKT HAT...
ICH WAR UNVORSICHTIG...
WAS FÜR EINEN ZAUBER HAST DU BENÜTZT?
HÄ?
WAS IST DEINE SPEZIFISCHE MAGIE?
ÄH...
ALSO...

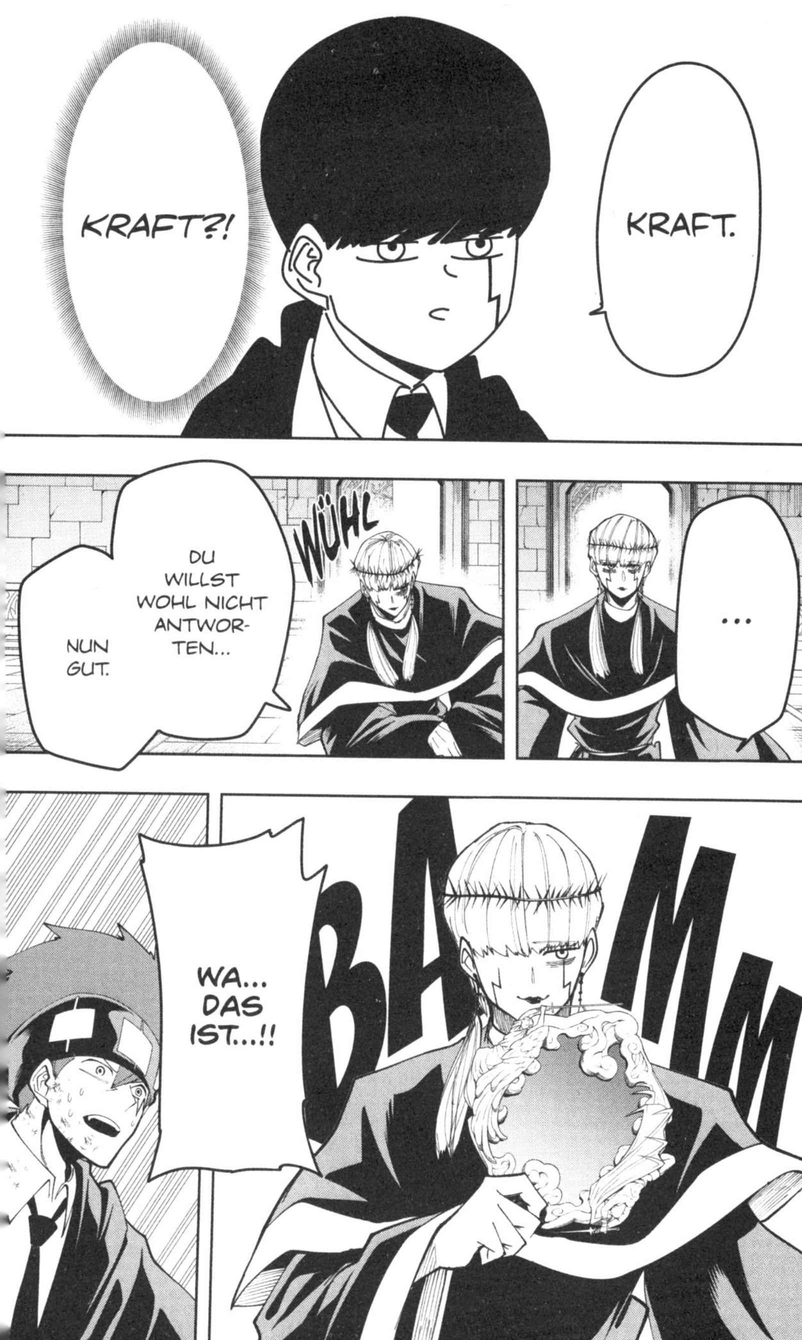
KRAFT.
KRAFT?!
...
WÜHL
DU WILLST WOHL NICHT ANTWORTEN...
NUN GUT.
BAMM
WA... DAS IST...!!

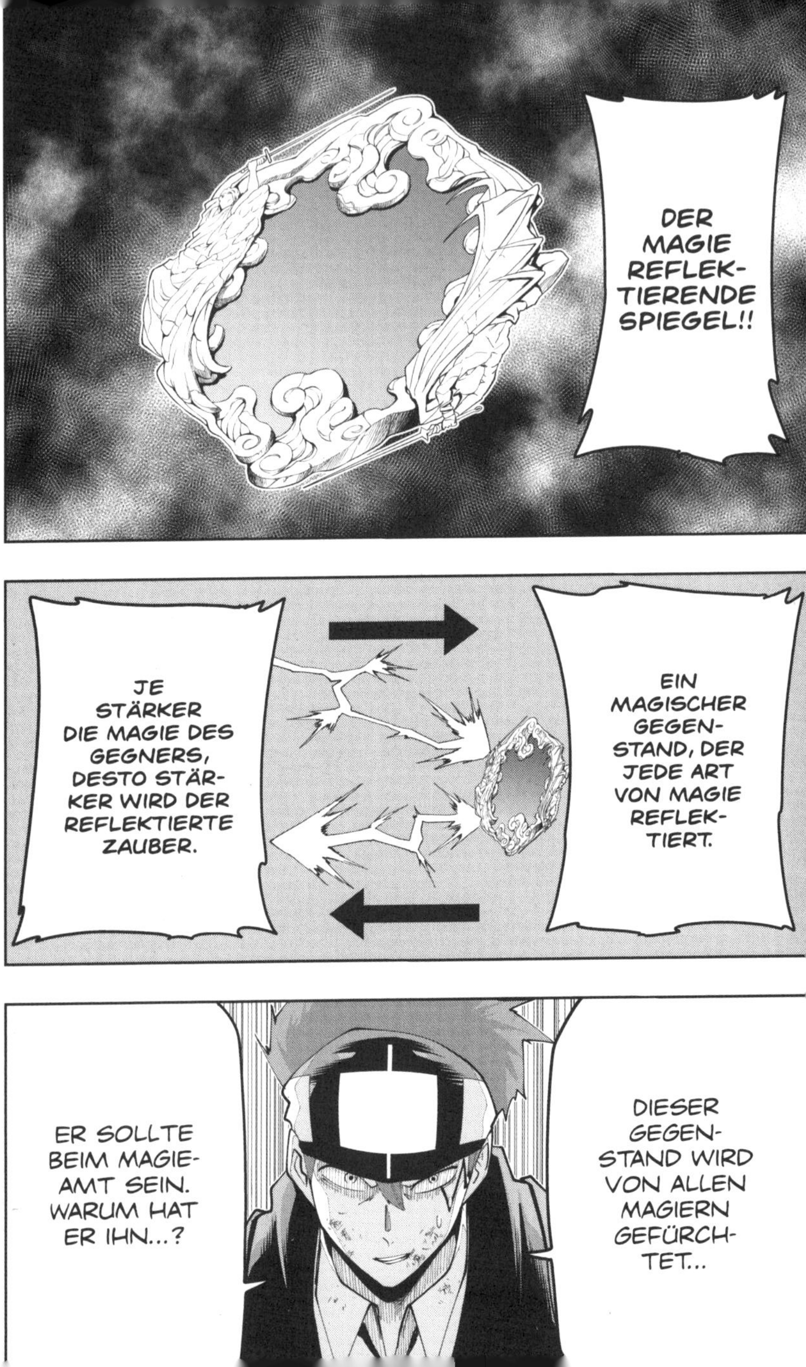
DER MAGIE REFLEKTIERENDE SPIEGEL!!
EIN MAGISCHER GEGENSTAND, DER JEDE ART VON MAGIE REFLEKTIERT.
JE STÄRKER DIE MAGIE DES GEGNERS, DESTO STÄRKER WIRD DER REFLEKTIERTE ZAUBER.
DIESER GEGENSTAND WIRD VON ALLEN MAGIERN GEFÜRCHTET…
ER SOLLTE BEIM MAGIEAMT SEIN. WARUM HAT ER IHN…?

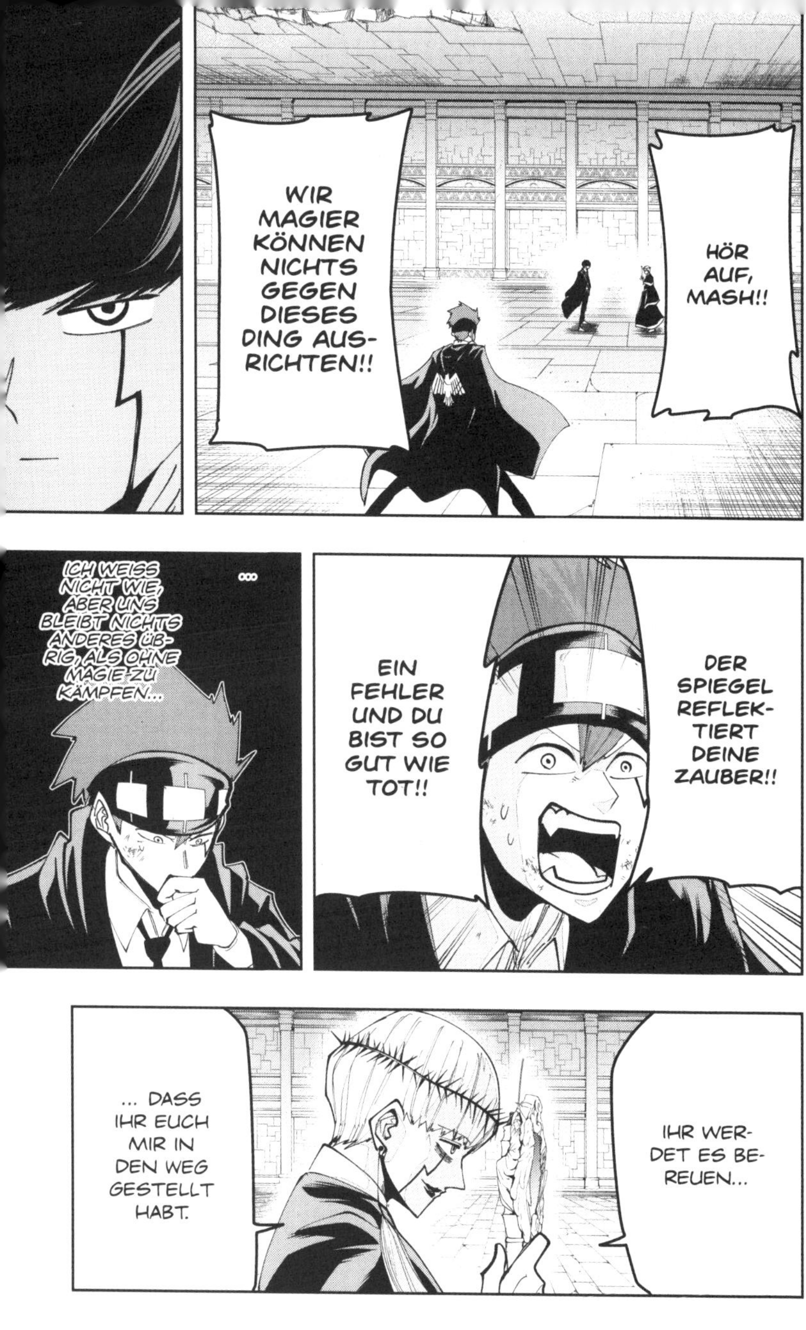

HÖR AUF, MASH!!
WIR MAGIER KÖNNEN NICHTS GEGEN DIESES DING AUS-RICHTEN!!
DER SPIEGEL REFLEK-TIERT DEINE ZAUBER!!
EIN FEHLER UND DU BIST SO GUT WIE TOT!!
...
ICH WEISS NICHT WIE, ABER UNS BLEIBT NICHTS ANDERES ÜB-RIG, ALS OHNE MAGIE ZU KÄMPFEN...
IHR WER-DET ES BE-REUEN...
... DASS IHR EUCH MIR IN DEN WEG GESTELLT HABT.

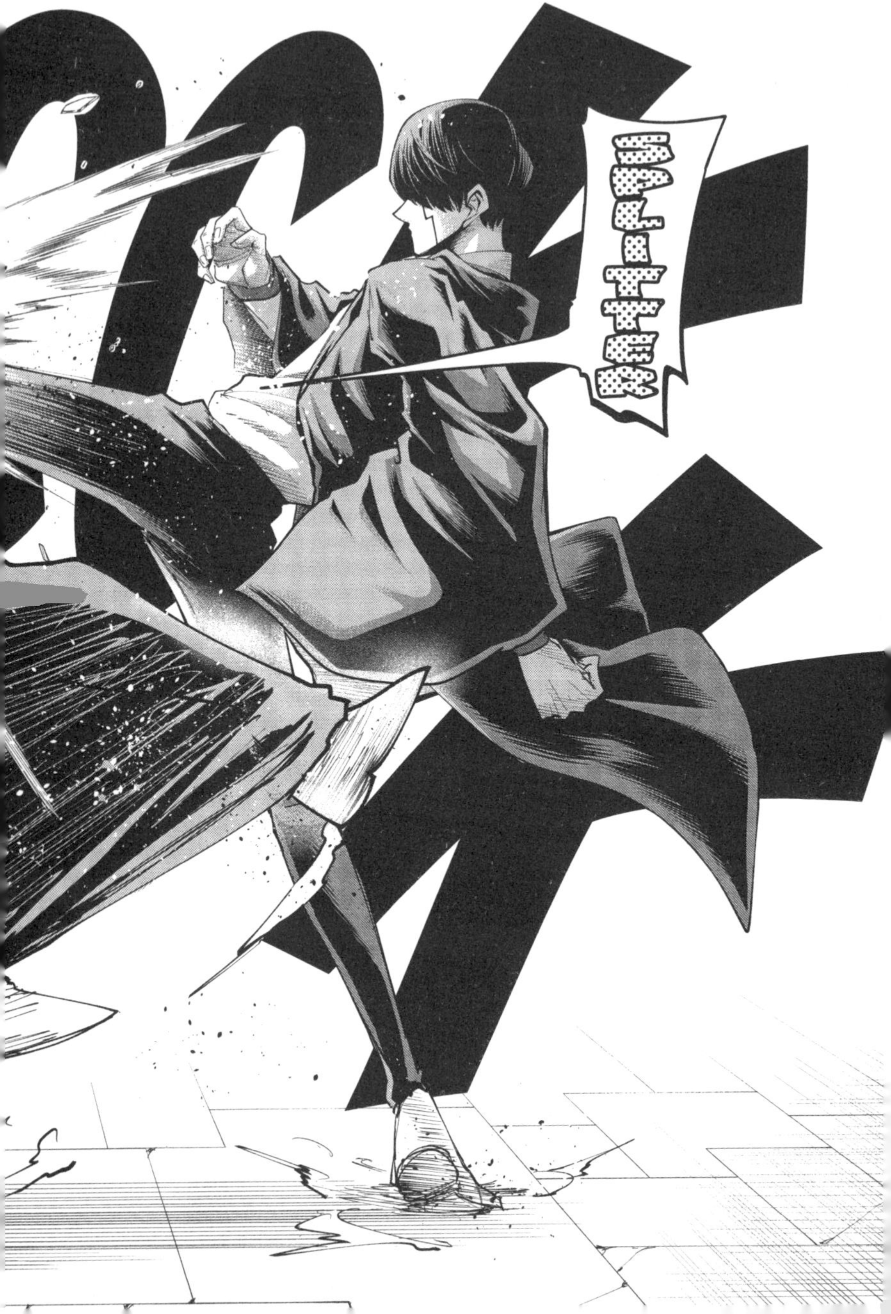
SPLITTER

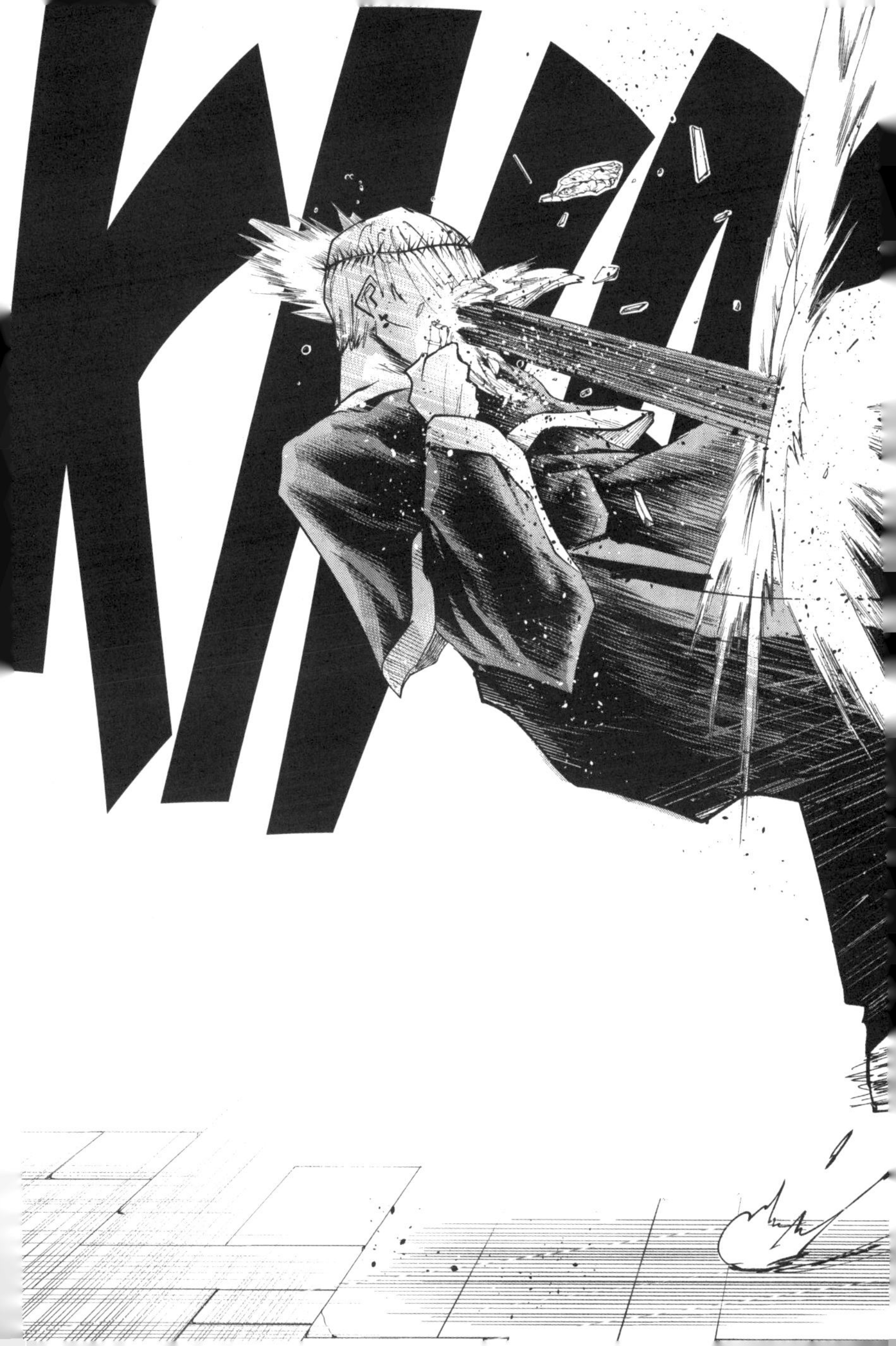

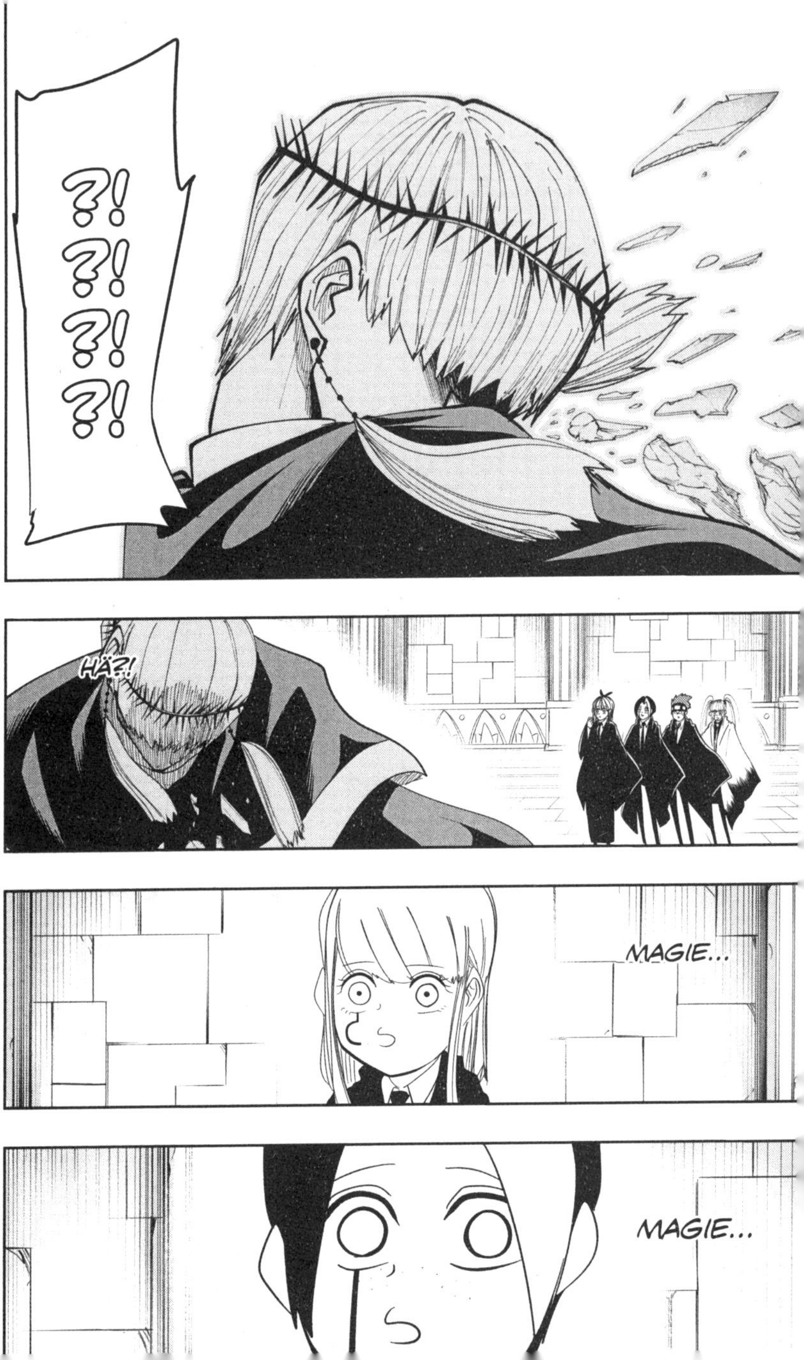

?!
?!
?!
?!
HÄ?!
MAGIE...
MAGIE...

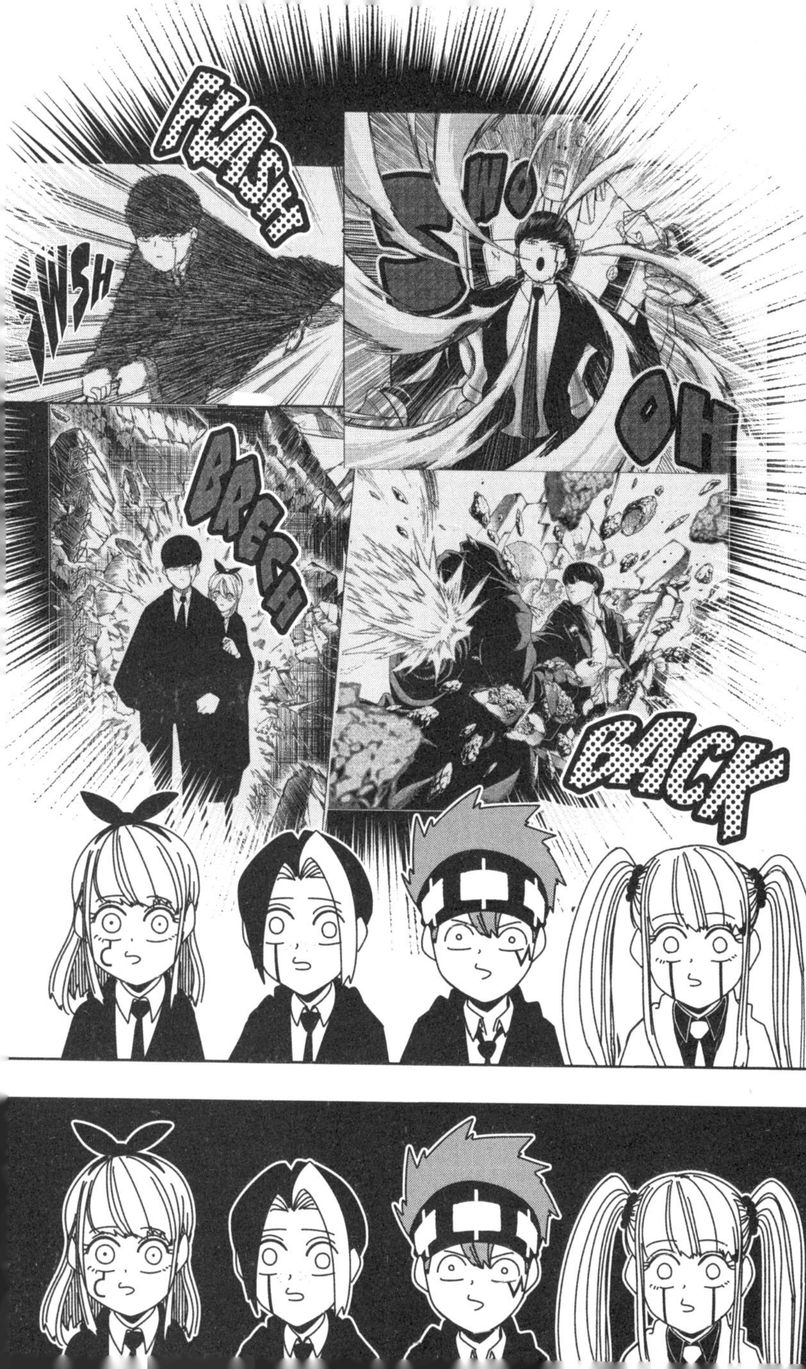
SWOOH
FLASH
SWISH
BACK
BRECH

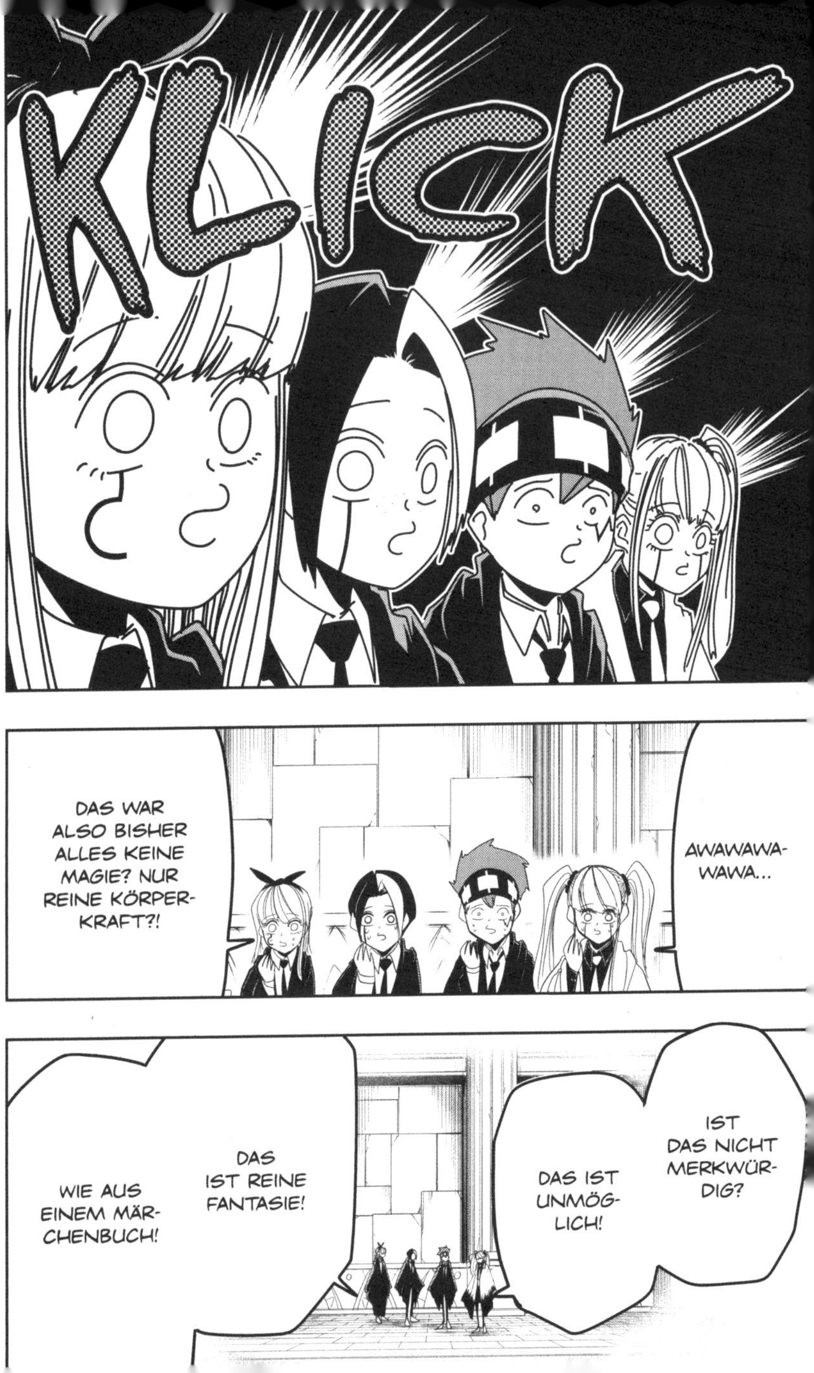
KLICK
AWAWAWA-WAWA...
DAS WAR ALSO BISHER ALLES KEINE MAGIE? NUR REINE KÖRPERKRAFT?!
IST DAS NICHT MERKWÜRDIG?
DAS IST UNMÖGLICH!
DAS IST REINE FANTASIE!
WIE AUS EINEM MÄRCHENBUCH!

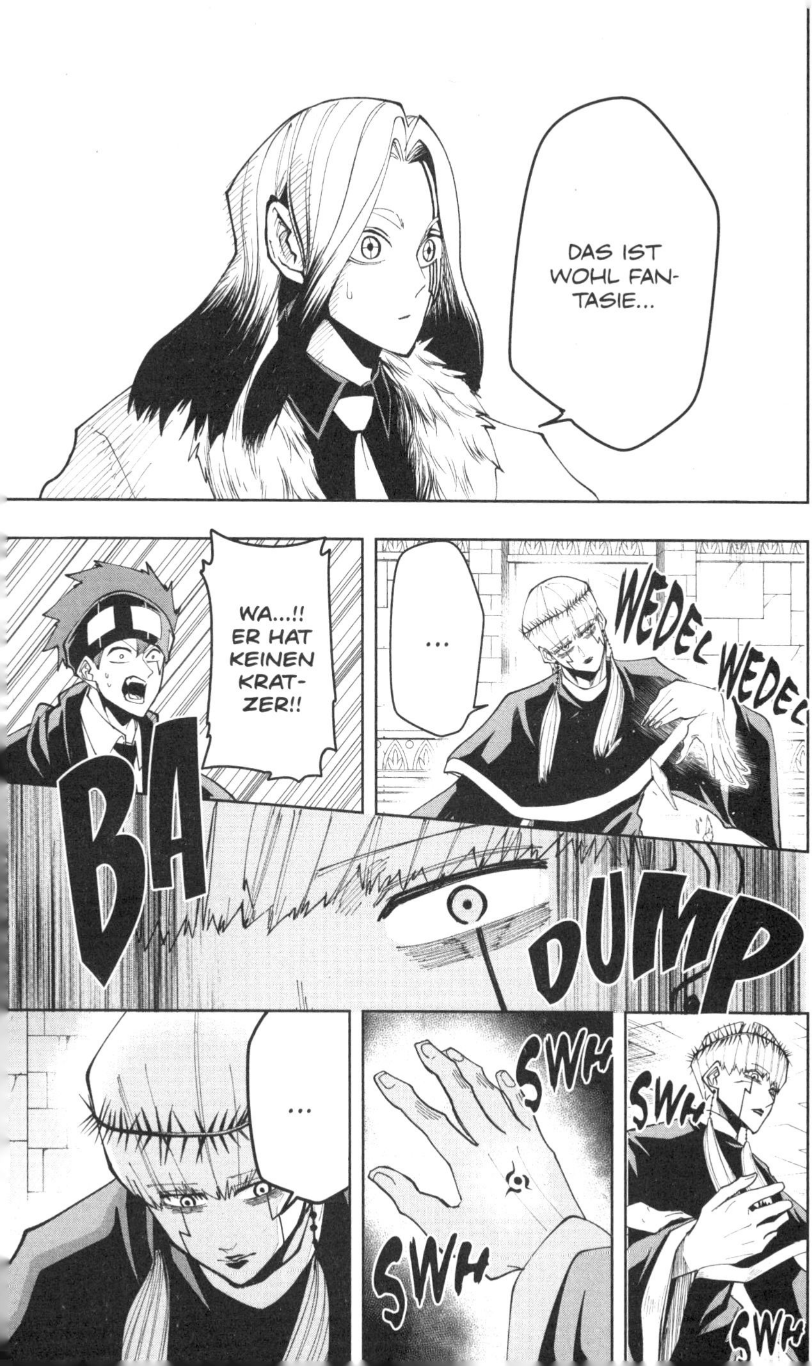
DAS IST WOHL FAN-TASIE...
...
WEDEL WEDEL
WA...!! ER HAT KEINEN KRAT-ZER!!
BA
DUMP
SWH
SWH
SWH
SWH
...

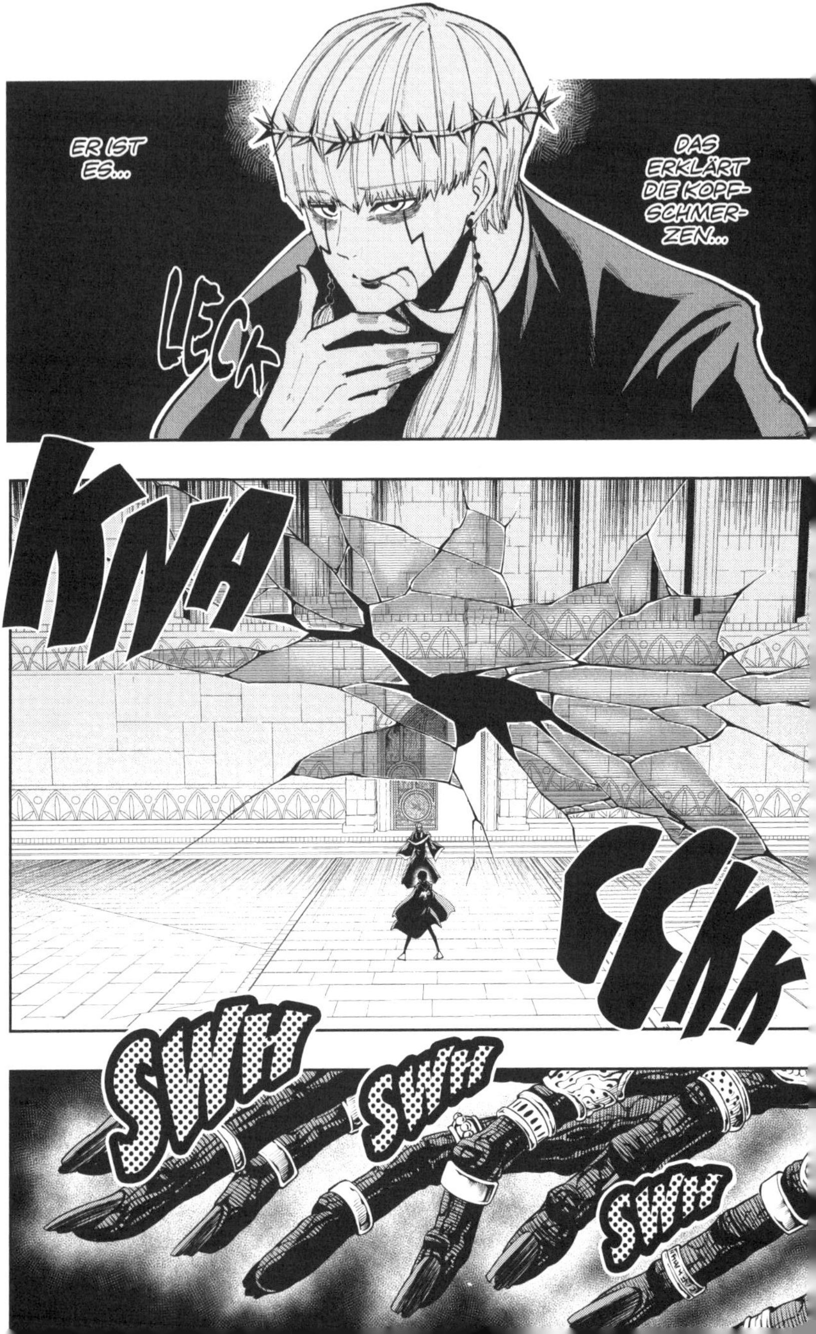
DAS ERKLÄRT DIE KOPF-SCHMER-ZEN...
ER IST ES...
LECK
KNA
CCKK
SWH
SWH
SWH

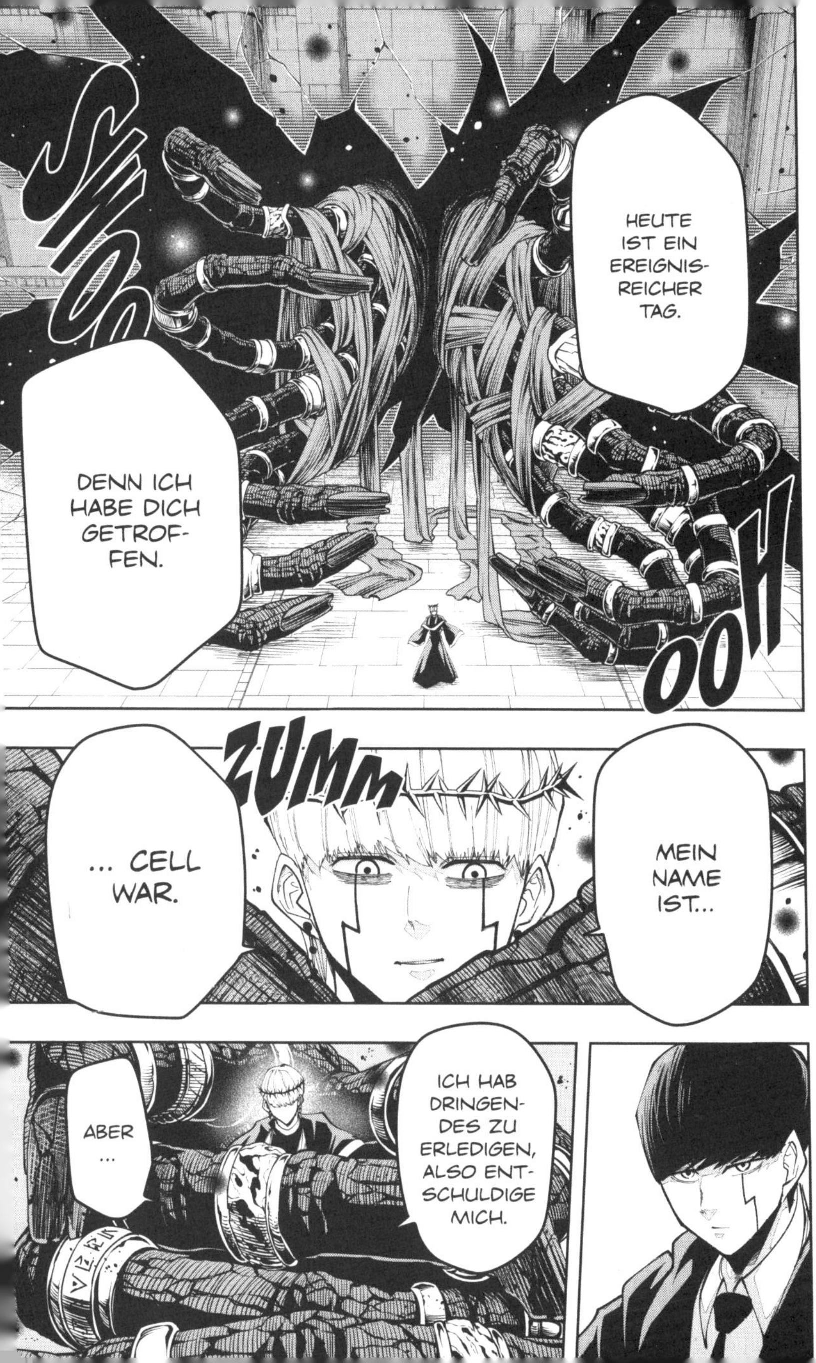
SWOOOOH
HEUTE IST EIN EREIGNISREICHER TAG.
DENN ICH HABE DICH GETROFFEN.
MEIN NAME IST...
ZUMM
... CELL WAR.
ICH HAB DRINGENDES ZU ERLEDIGEN, ALSO ENTSCHULDIGE MICH.
ABER ...

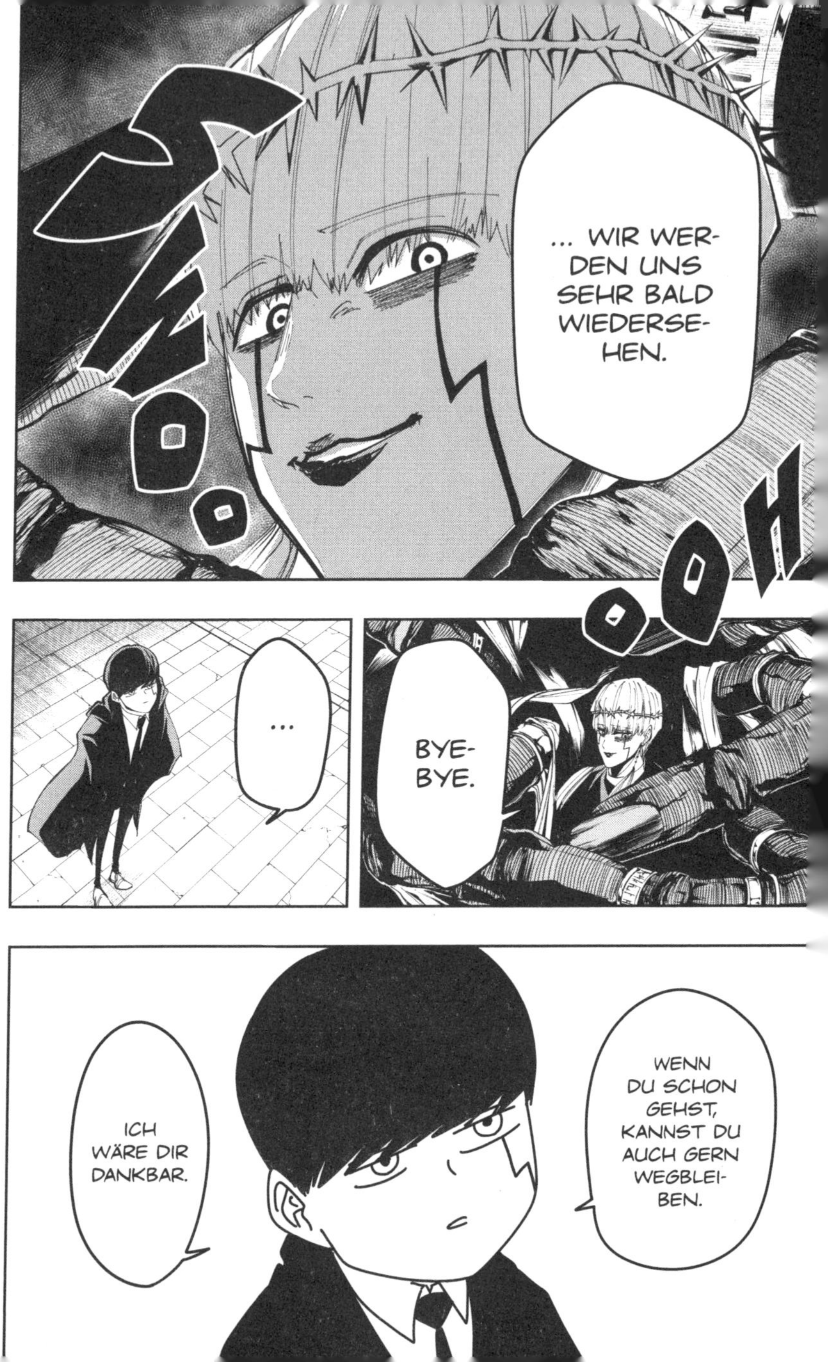
... WIR WER-
DEN UNS
SEHR BALD
WIEDERSE-
HEN.
BYE-
BYE.
...
WENN
DU SCHON
GEHST,
KANNST DU
AUCH GERN
WEGBLEI-
BEN.
ICH
WÄRE DIR
DANKBAR.

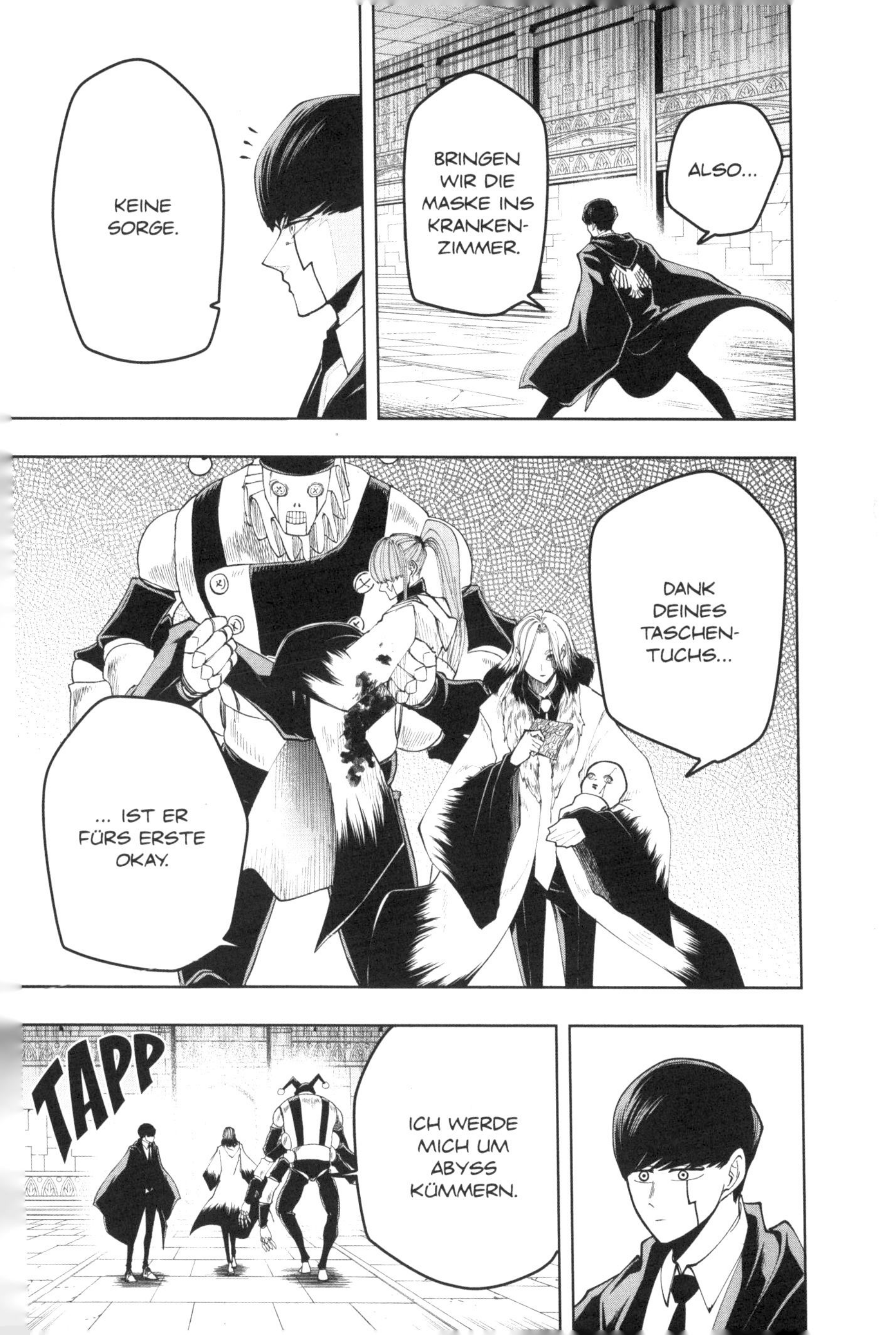
ALSO...
BRINGEN WIR DIE MASKE INS KRANKEN-ZIMMER.
KEINE SORGE.
DANK DEINES TASCHEN-TUCHS...
... IST ER FÜRS ERSTE OKAY.
ICH WERDE MICH UM ABYSS KÜMMERN.
TAPP

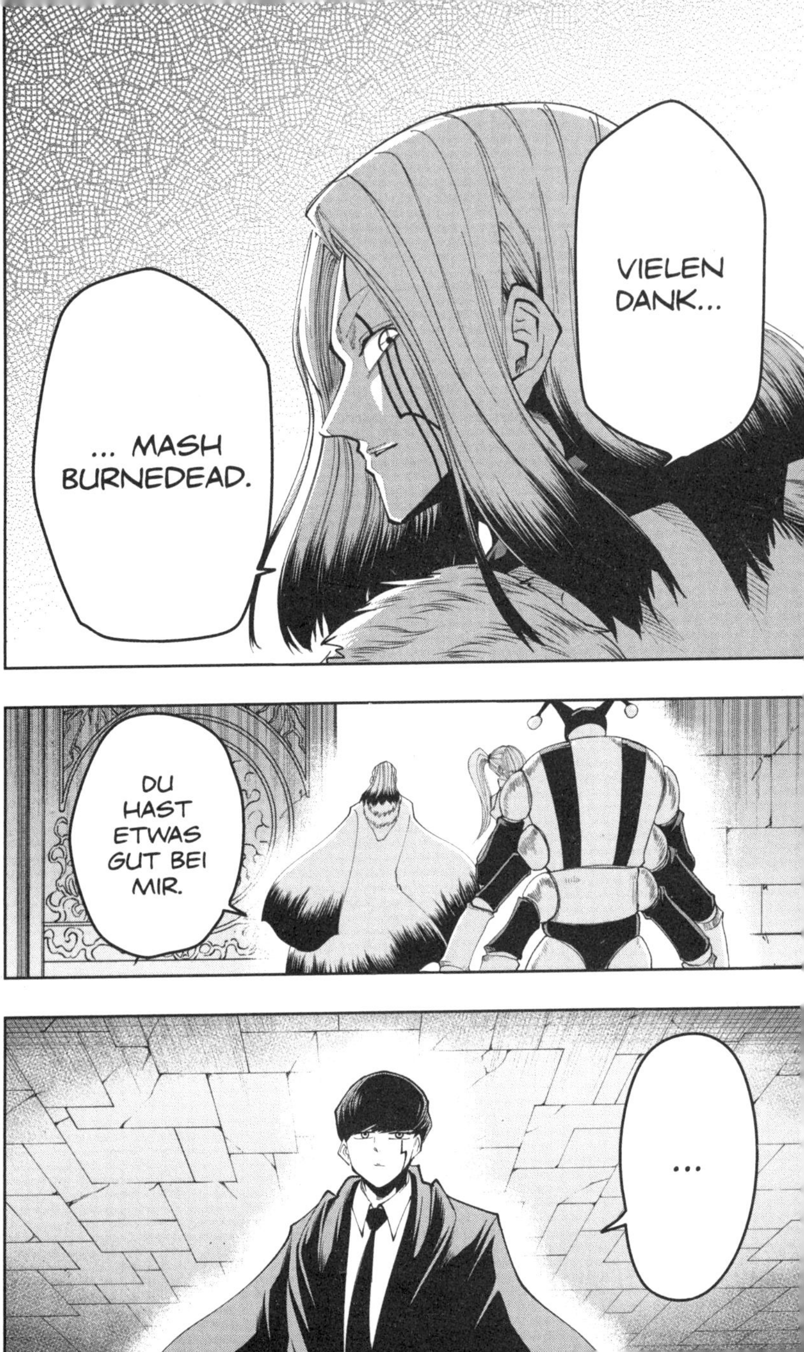
VIELEN DANK...
... MASH BURNEDEAD.
DU HAST ETWAS GUT BEI MIR.
...

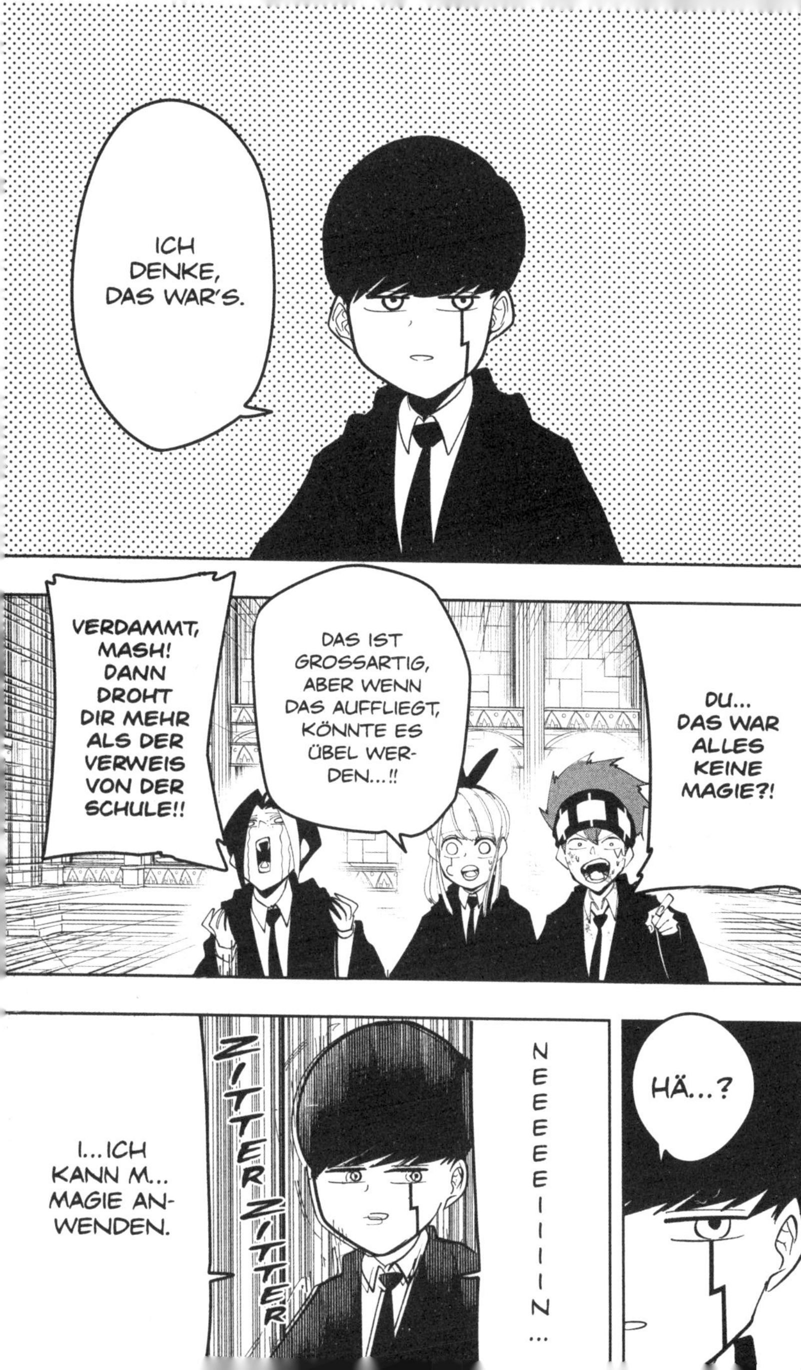
ICH DENKE, DAS WAR'S.
DU... DAS WAR ALLES KEINE MAGIE?!
DAS IST GROSSARTIG, ABER WENN DAS AUFFLIEGT, KÖNNTE ES ÜBEL WER-DEN...!!
VERDAMMT, MASH! DANN DROHT DIR MEHR ALS DER VERWEIS VON DER SCHULE!!
HÄ...?
NEEEEEIIIIN...
ZITTER ZITTER
I...ICH KANN M... MAGIE AN-WENDEN.

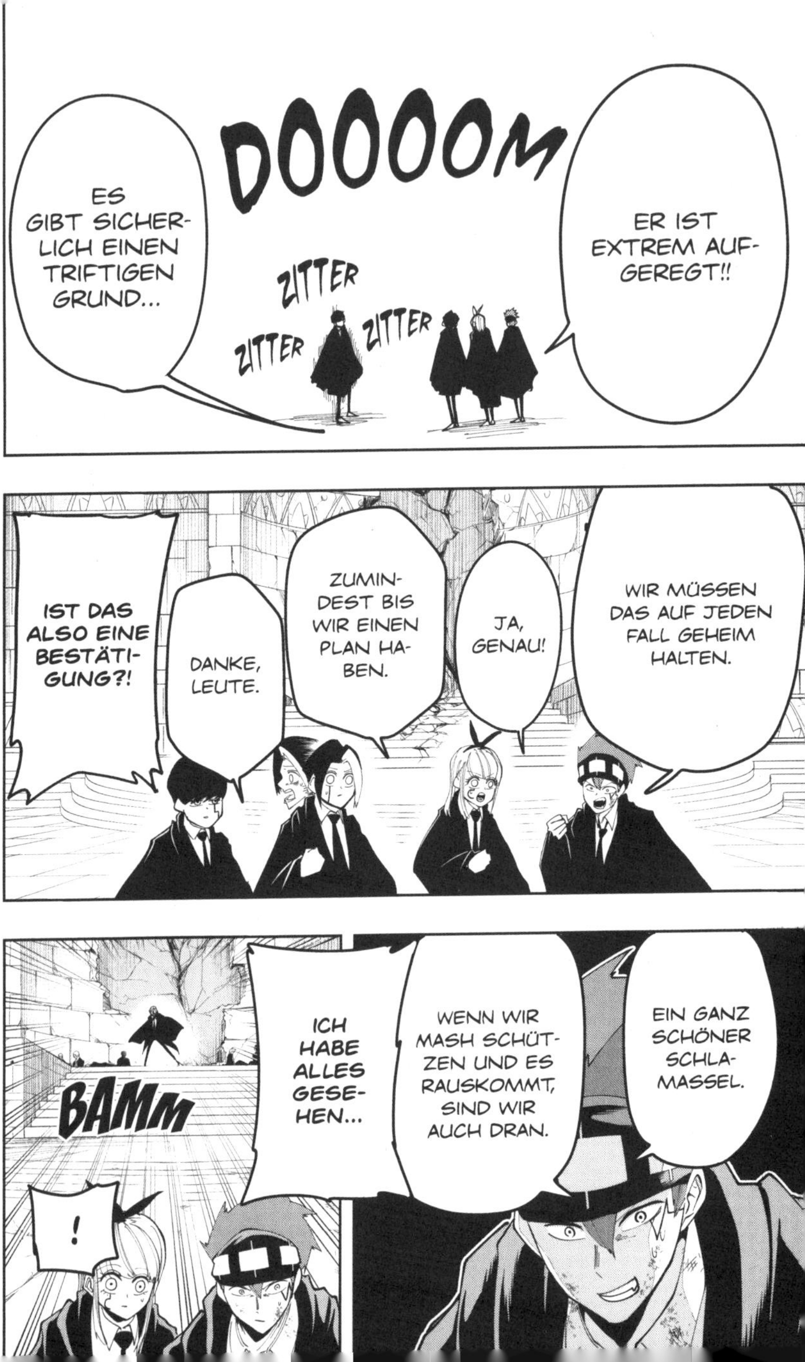
DOOOOM
ER IST EXTREM AUF-GEREGT!!
ES GIBT SICHER-LICH EINEN TRIFTIGEN GRUND...
ZITTER
ZITTER
ZITTER
WIR MÜSSEN DAS AUF JEDEN FALL GEHEIM HALTEN.
JA, GENAU!
ZUMIN-DEST BIS WIR EINEN PLAN HA-BEN.
DANKE, LEUTE.
IST DAS ALSO EINE BESTÄTI-GUNG?!
EIN GANZ SCHÖNER SCHLA-MASSEL.
WENN WIR MASH SCHÜT-ZEN UND ES RAUSKOMMT, SIND WIR AUCH DRAN.
ICH HABE ALLES GESE-HEN...
BAMM
!

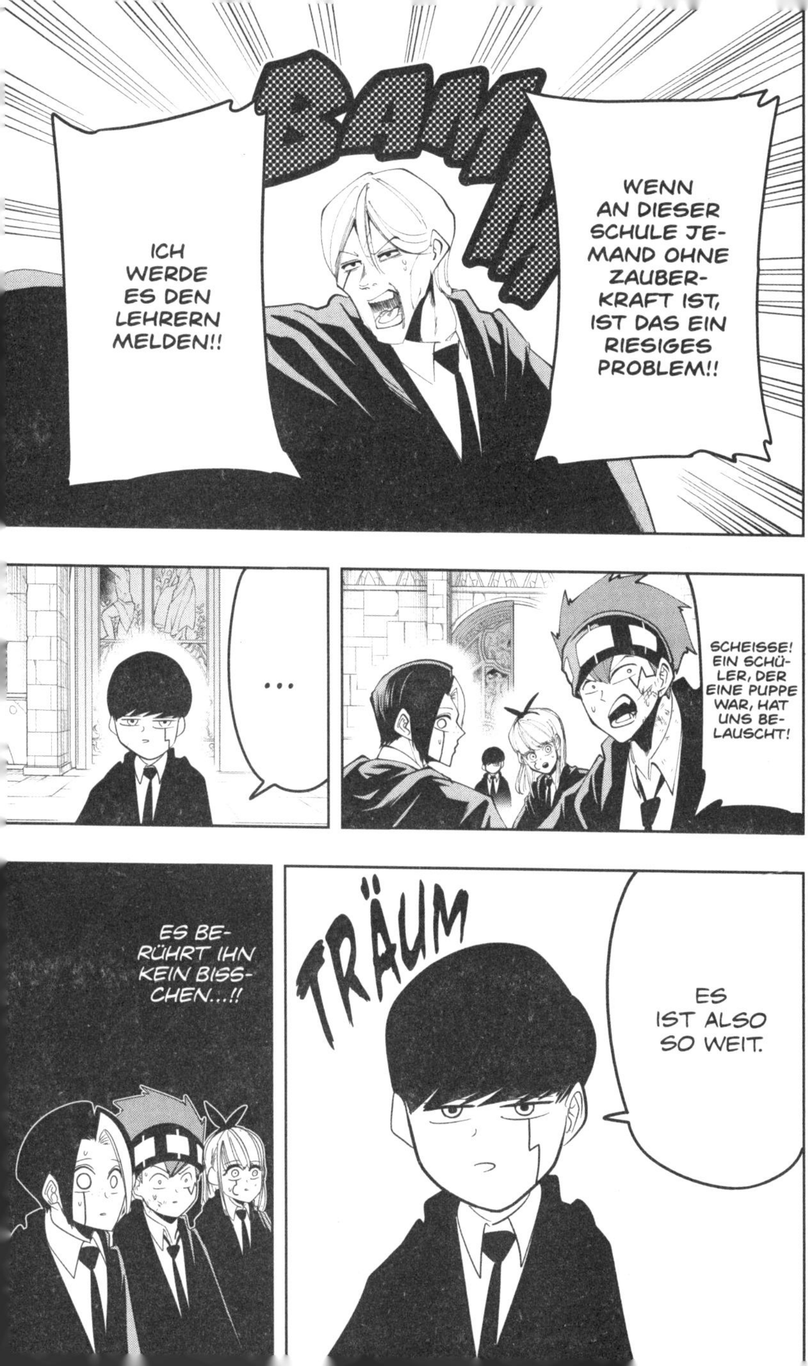
BAM
WENN AN DIESER SCHULE JEMAND OHNE ZAUBERKRAFT IST, IST DAS EIN RIESIGES PROBLEM!!
ICH WERDE ES DEN LEHRERN MELDEN!!
SCHEISSE! EIN SCHÜLER, DER EINE PUPPE WAR, HAT UNS BELAUSCHT!
...
TRÄUM
ES IST ALSO SO WEIT.
ES BERÜHRT IHN KEIN BISSCHEN...!!

Extra ❷

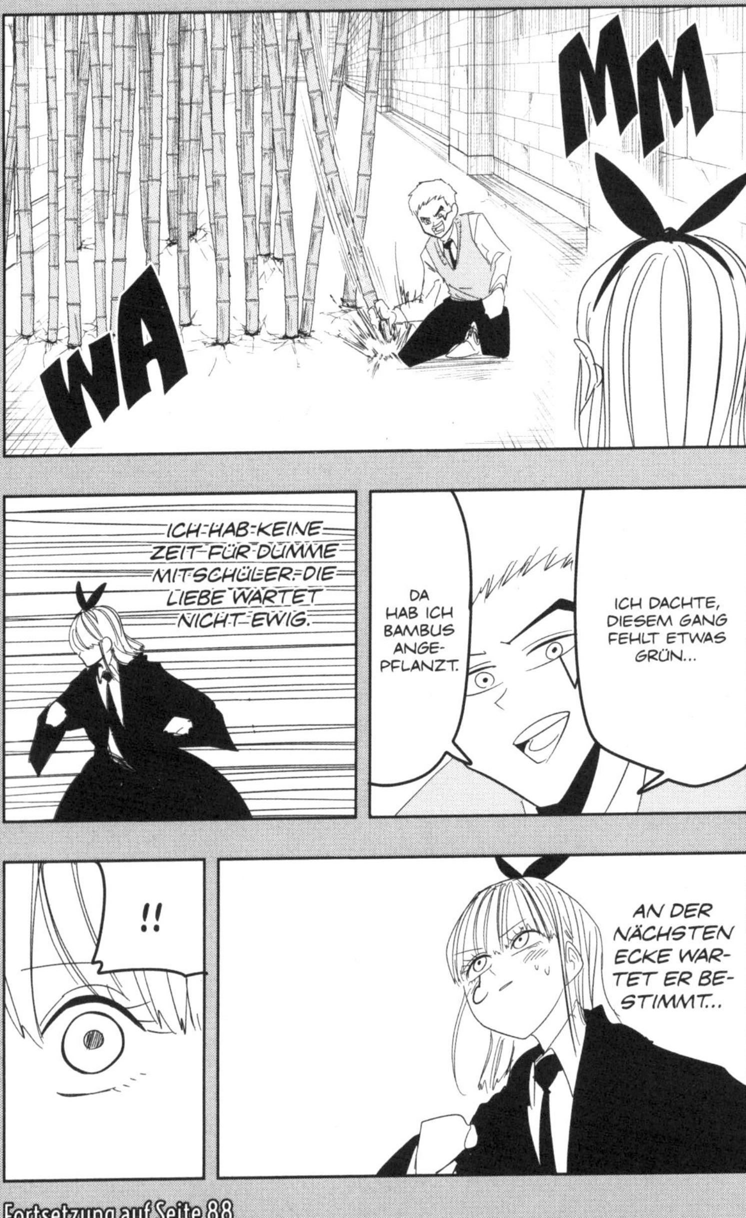

Fortsetzung auf Seite 88

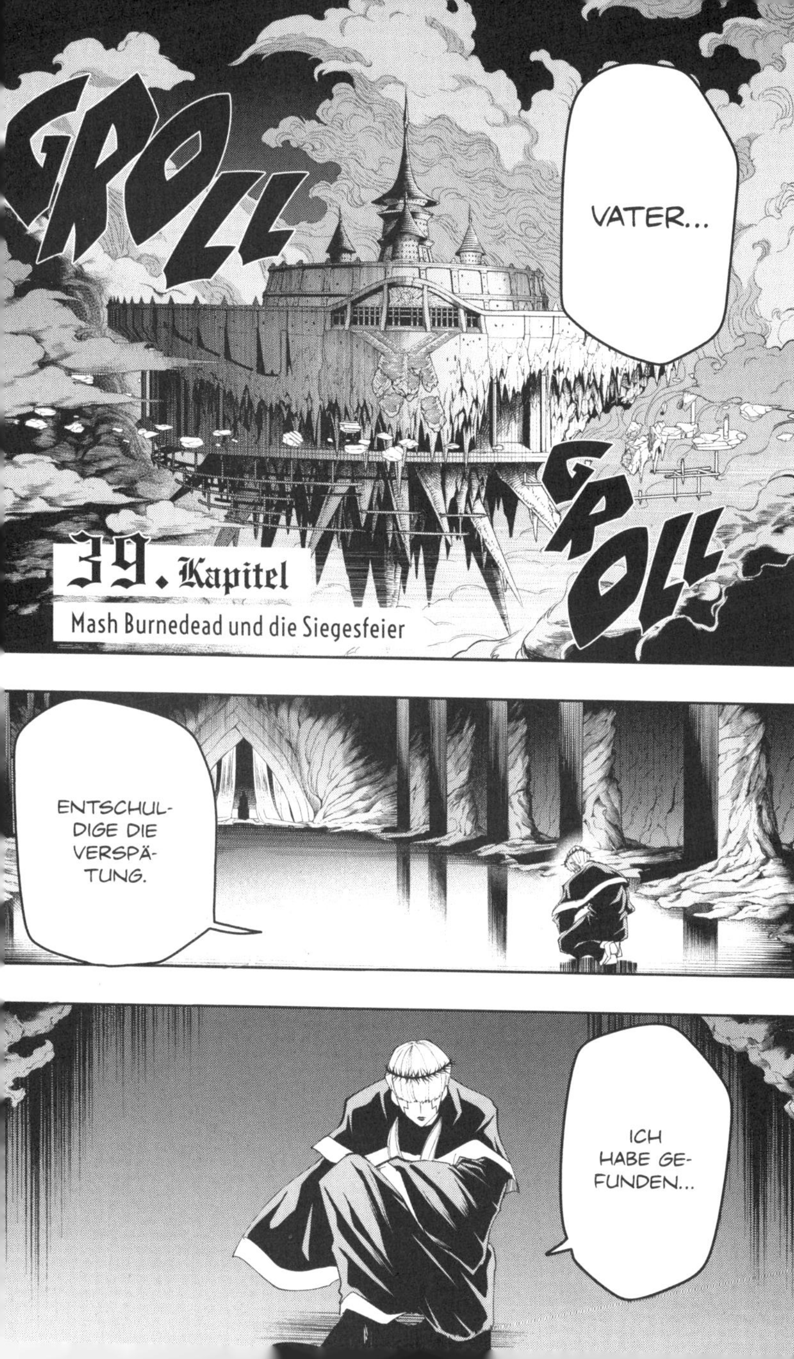
GROLL
VATER...
GROLL
39. Kapitel
Mash Burnedead und die Siegesfeier
ENTSCHULDIGE DIE VERSPÄTUNG.
ICH HABE GEFUNDEN...

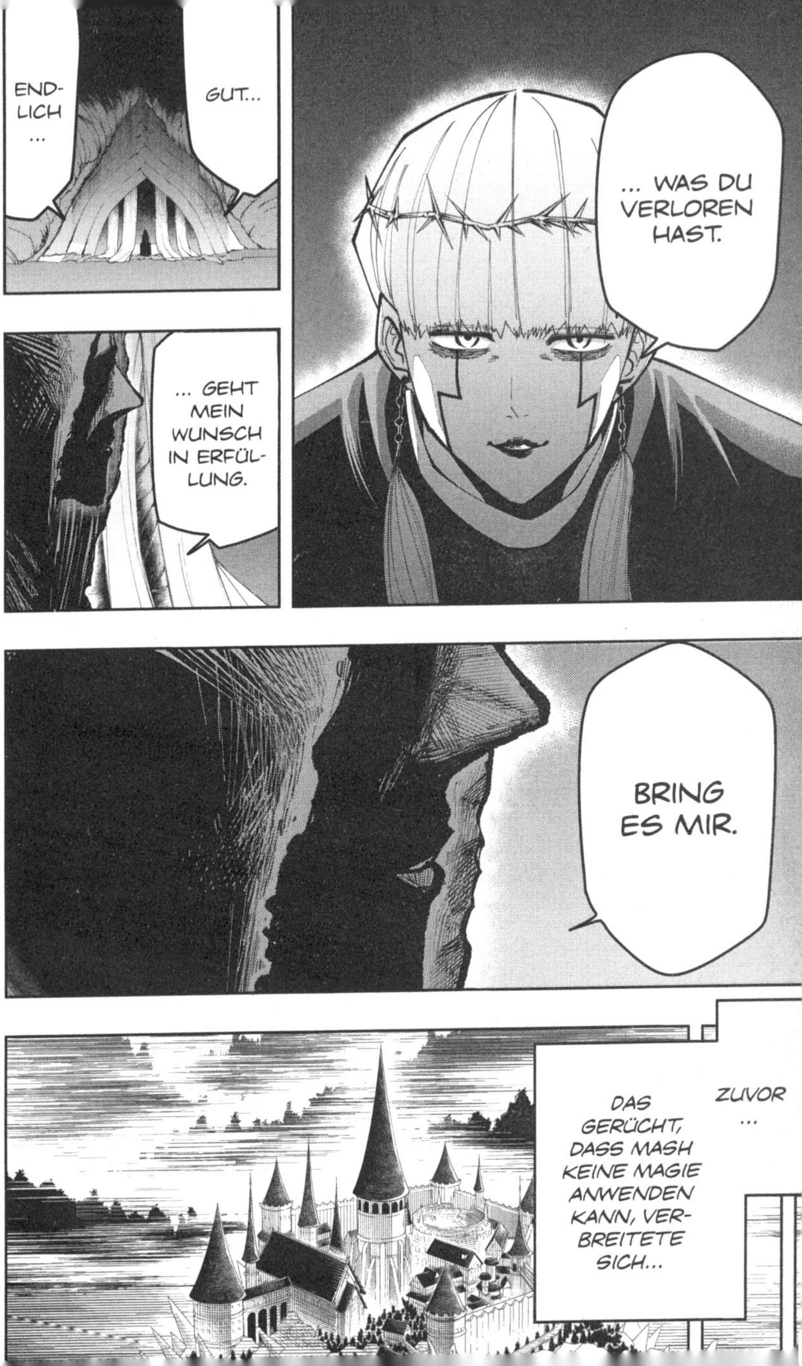
... WAS DU VERLOREN HAST.
GUT...
ENDLICH ...
... GEHT MEIN WUNSCH IN ERFÜLLUNG.
BRING ES MIR.
ZUVOR ...
DAS GERÜCHT, DASS MASH KEINE MAGIE ANWENDEN KANN, VERBREITETE SICH...

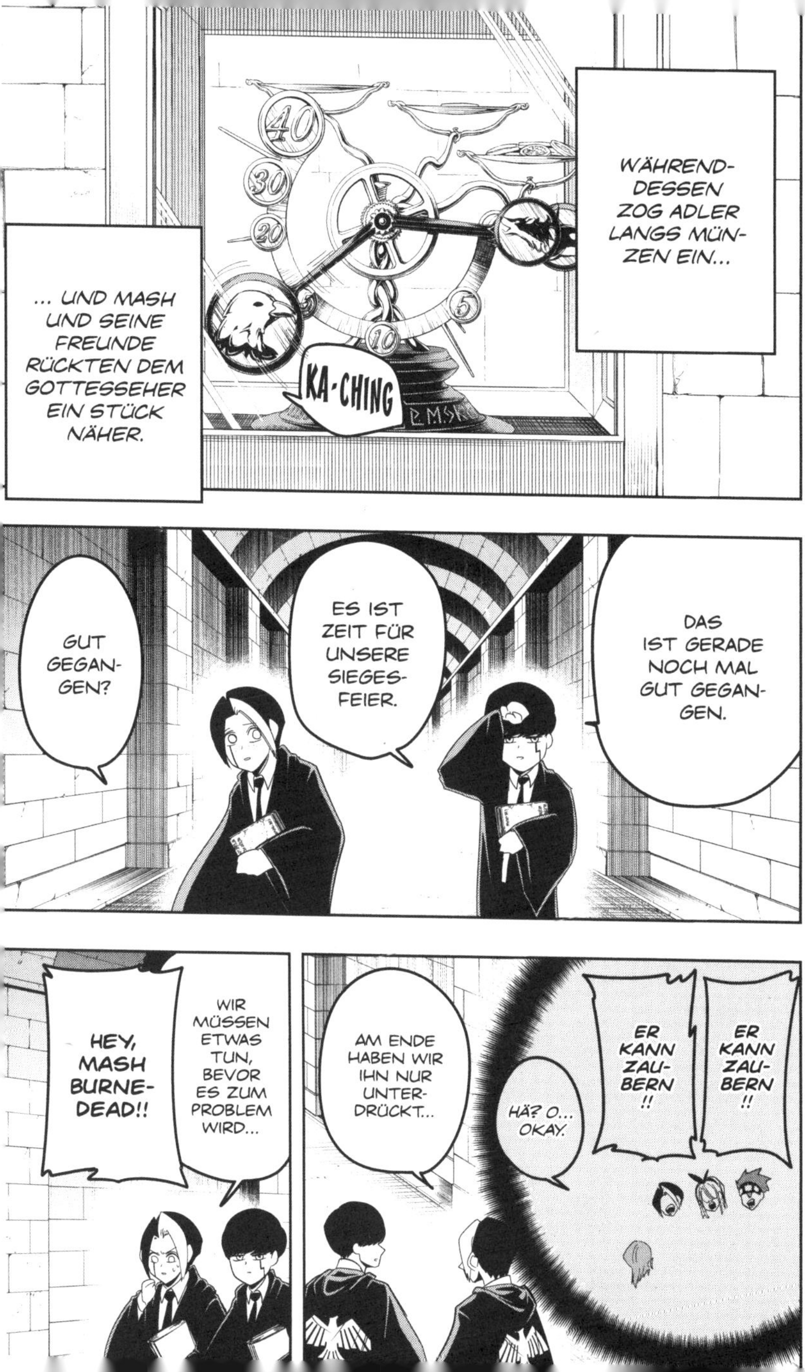
WÄHREND-DESSEN ZOG ADLER LANGS MÜNZEN EIN...
KA-CHING
... UND MASH UND SEINE FREUNDE RÜCKTEN DEM GOTTESSEHER EIN STÜCK NÄHER.
DAS IST GERADE NOCH MAL GUT GEGANGEN.
ES IST ZEIT FÜR UNSERE SIEGESFEIER.
GUT GEGANGEN?
ER KANN ZAUBERN!!
ER KANN ZAUBERN!!
HÄ? O... OKAY.
AM ENDE HABEN WIR IHN NUR UNTERDRÜCKT...
WIR MÜSSEN ETWAS TUN, BEVOR ES ZUM PROBLEM WIRD...
HEY, MASH BURNEDEAD!!

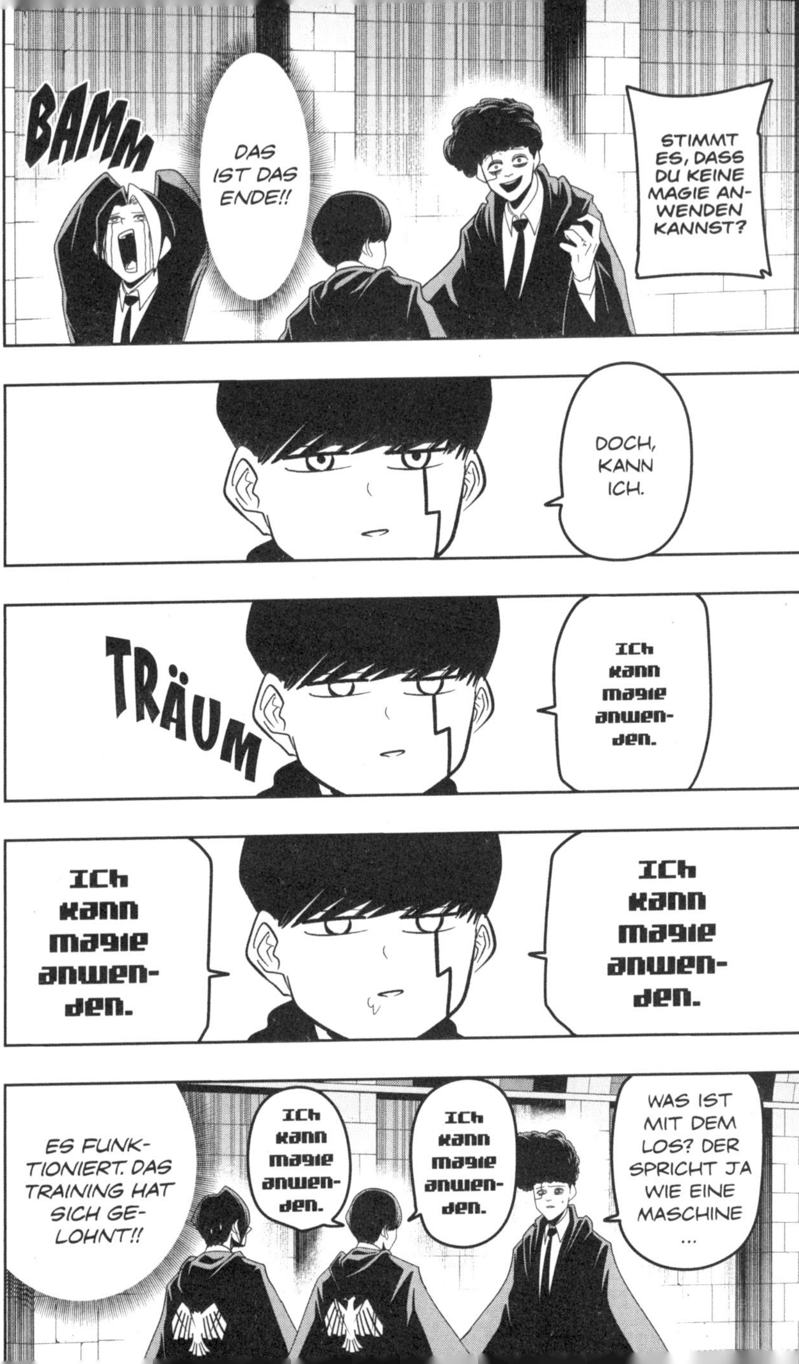
STIMMT ES, DASS DU KEINE MAGIE ANWENDEN KANNST?
DAS IST DAS ENDE!!
BAMM
DOCH, KANN ICH.
Ich kann magie anwenden.
TRÄUM
Ich kann magie anwenden.
Ich kann magie anwenden.
WAS IST MIT DEM LOS? DER SPRICHT JA WIE EINE MASCHINE ...
Ich kann magie anwenden.
Ich kann magie anwenden.
ES FUNKTIONIERT. DAS TRAINING HAT SICH GELOHNT!!

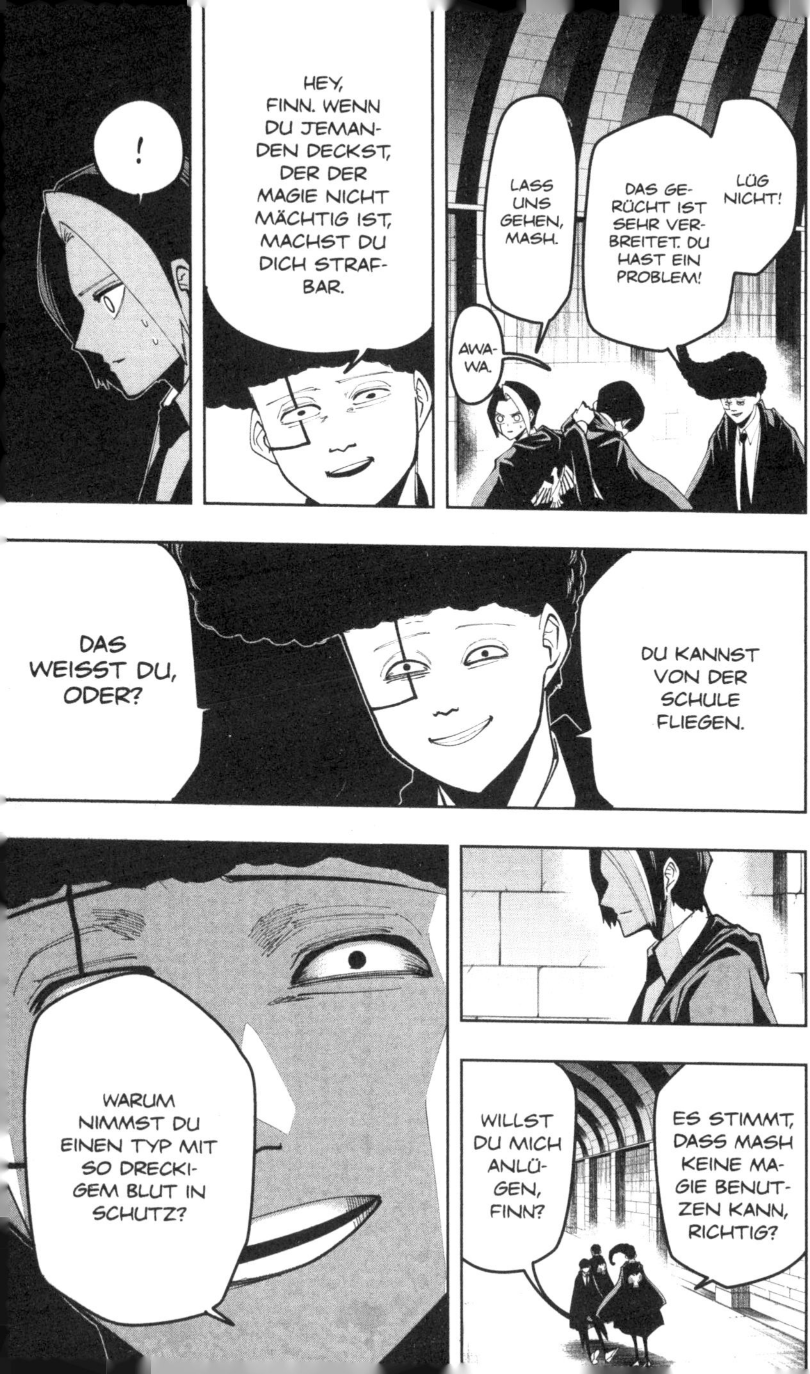
LÜG NICHT!
DAS GERÜCHT IST SEHR VERBREITET. DU HAST EIN PROBLEM!
LASS UNS GEHEN, MASH.
AWAWA.
HEY, FINN. WENN DU JEMANDEN DECKST, DER DER MAGIE NICHT MÄCHTIG IST, MACHST DU DICH STRAFBAR.
!
DU KANNST VON DER SCHULE FLIEGEN.
DAS WEISST DU, ODER?
ES STIMMT, DASS MASH KEINE MAGIE BENUTZEN KANN, RICHTIG?
WILLST DU MICH ANLÜGEN, FINN?
WARUM NIMMST DU EINEN TYP MIT SO DRECKIGEM BLUT IN SCHUTZ?

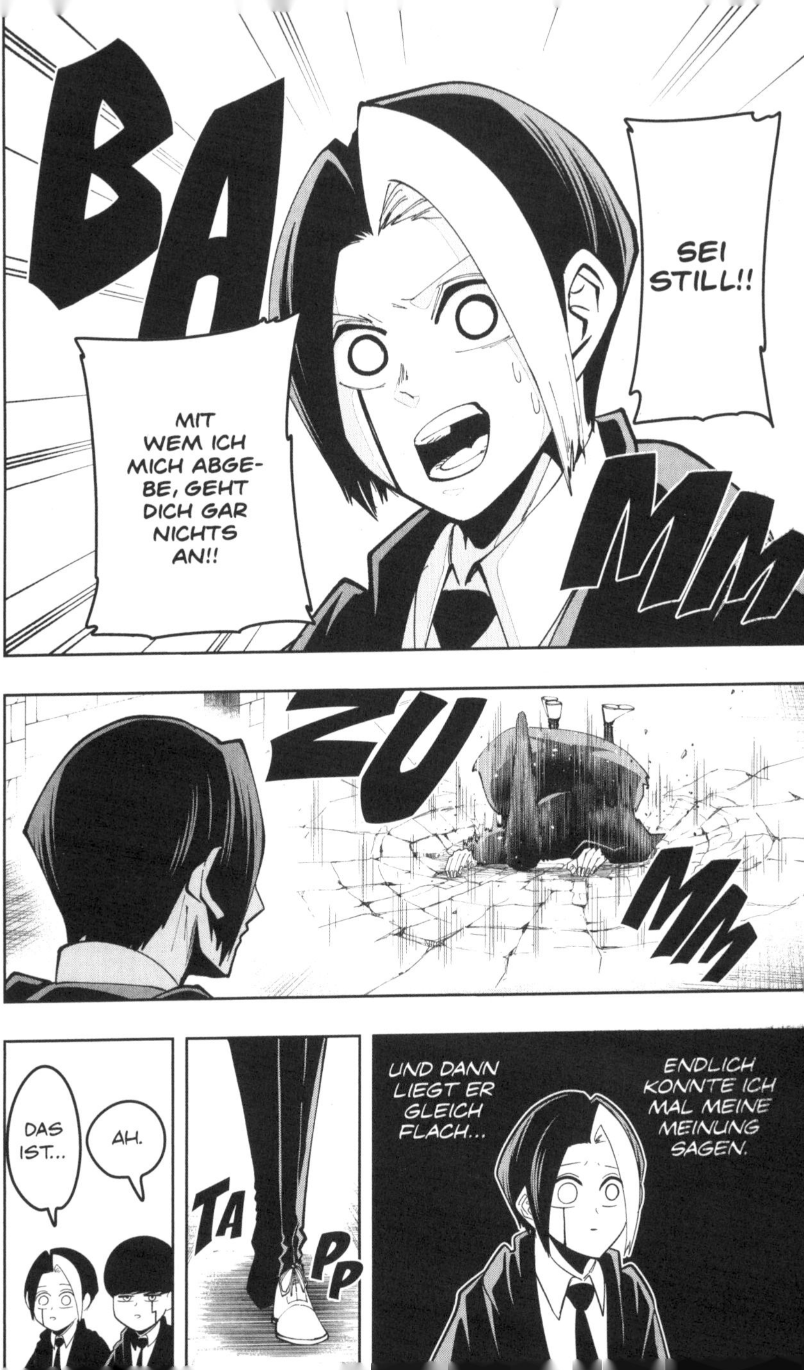
SEI STILL!!
BAMM
MIT WEM ICH MICH ABGE- BE, GEHT DICH GAR NICHTS AN!!
ZUMM
ENDLICH KONNTE ICH MAL MEINE MEINUNG SAGEN.
UND DANN LIEGT ER GLEICH FLACH...
TAPP
AH.
DAS IST...

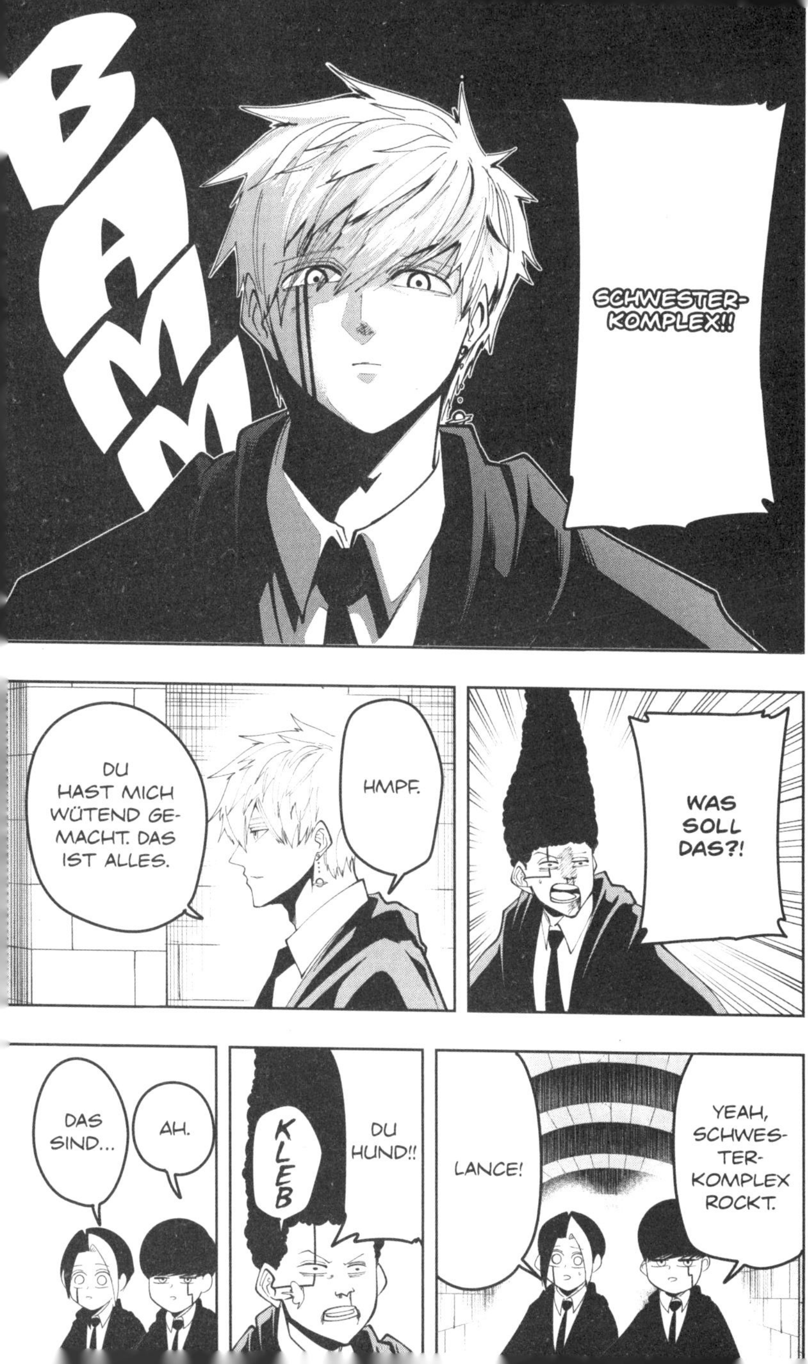
BAMM
SCHWESTER-KOMPLEX!!
WAS SOLL DAS?!
HMPF.
DU HAST MICH WÜTEND GE-MACHT. DAS IST ALLES.
YEAH, SCHWES-TER-KOMPLEX ROCKT.
LANCE!
DU HUND!!
KLEB
AH.
DAS SIND...

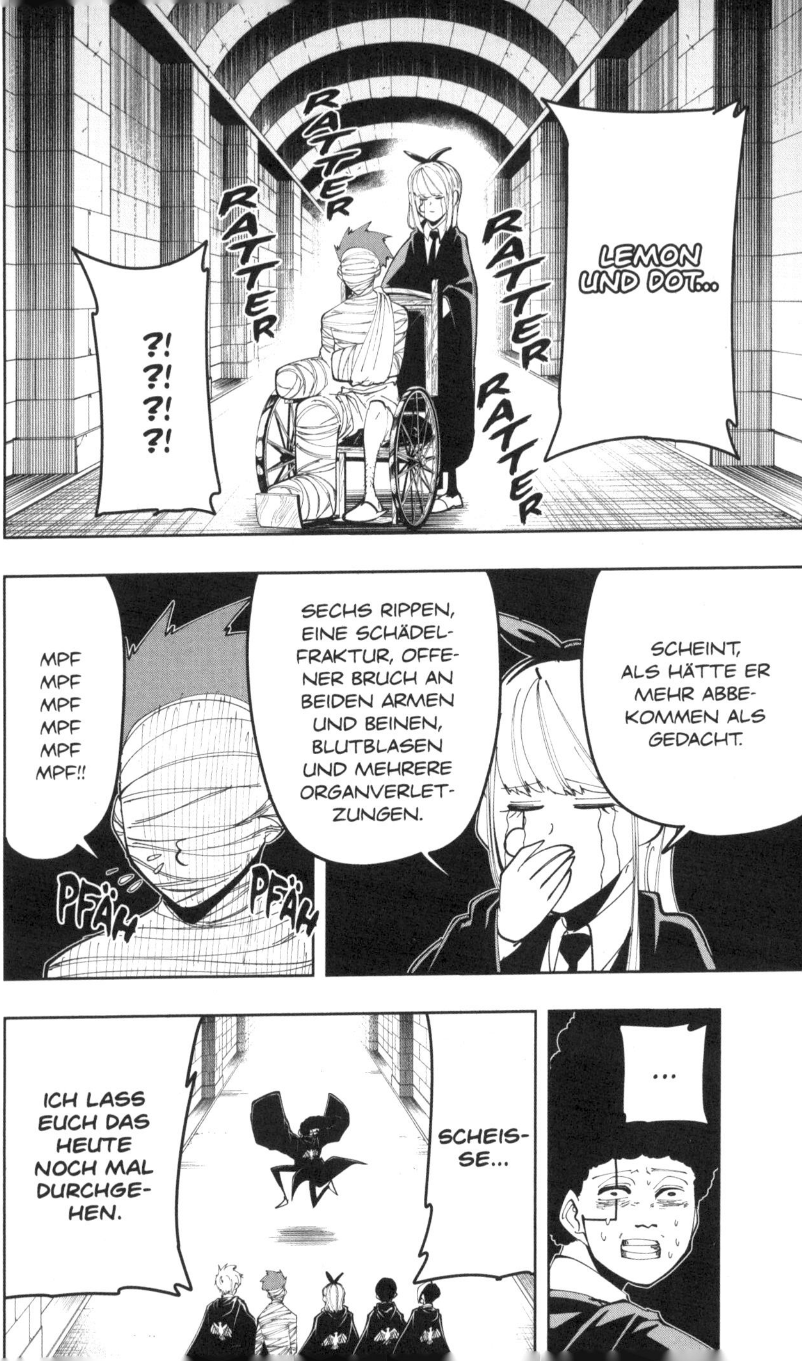
LEMON UND DOT...
RATTER RATTER
RATTER RATTER
?! ?! ?! ?!
SCHEINT, ALS HÄTTE ER MEHR ABBEKOMMEN ALS GEDACHT.
SECHS RIPPEN, EINE SCHÄDELFRAKTUR, OFFENER BRUCH AN BEIDEN ARMEN UND BEINEN, BLUTBLASEN UND MEHRERE ORGANVERLETZUNGEN.
MPF MPF MPF MPF MPF MPF!!
PFÄH PFÄH
...
SCHEISSE...
ICH LASS EUCH DAS HEUTE NOCH MAL DURCHGEHEN.

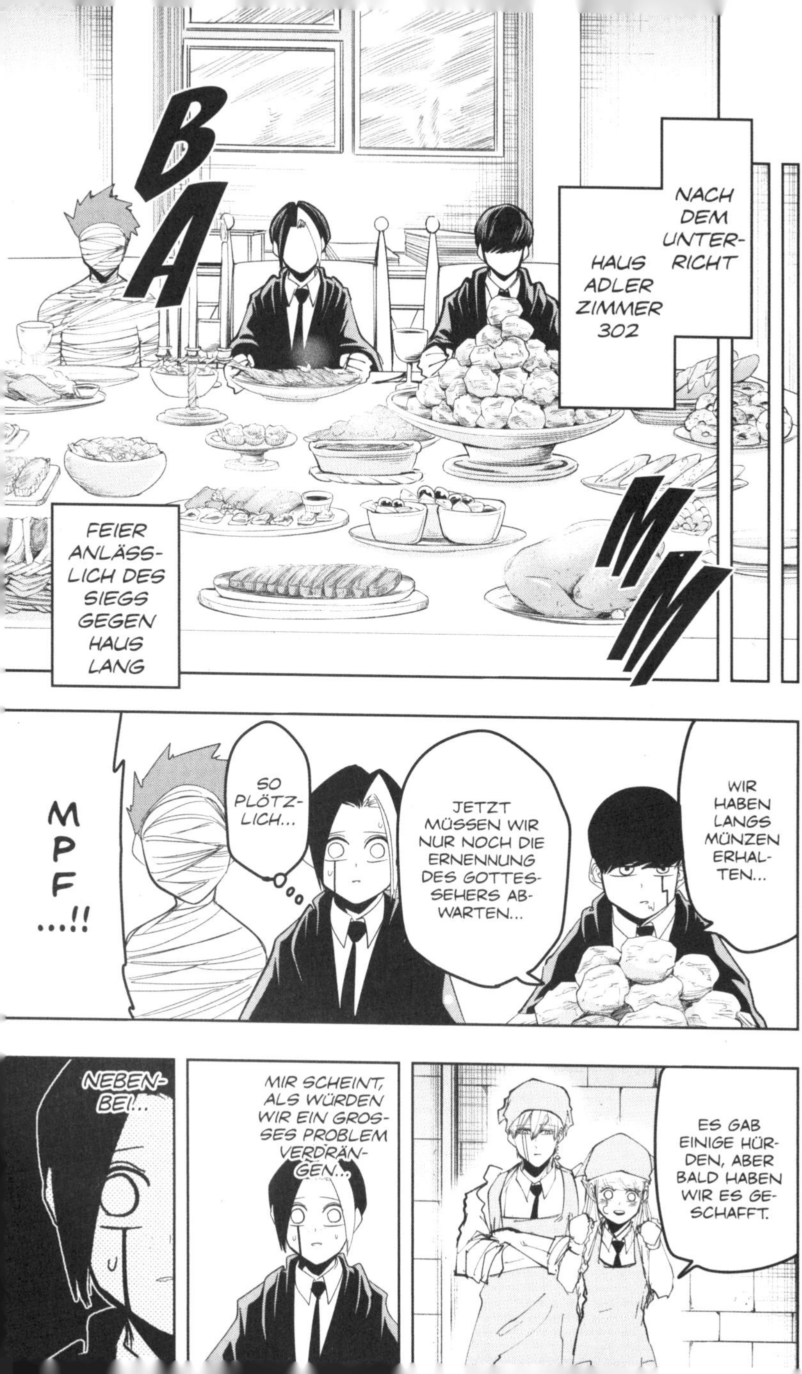
NACH DEM UNTERRICHT
HAUS ADLER ZIMMER 302
BA
MMM
FEIER ANLÄSSLICH DES SIEGS GEGEN HAUS LANG
WIR HABEN LANGS MÜNZEN ERHALTEN...
JETZT MÜSSEN WIR NUR NOCH DIE ERNENNUNG DES GOTTESSEHERS ABWARTEN...
SO PLÖTZLICH...
MPF...!!
ES GAB EINIGE HÜRDEN, ABER BALD HABEN WIR ES GESCHAFFT.
MIR SCHEINT, ALS WÜRDEN WIR EIN GROSSES PROBLEM VERDRÄNGEN...
NEBENBEI...

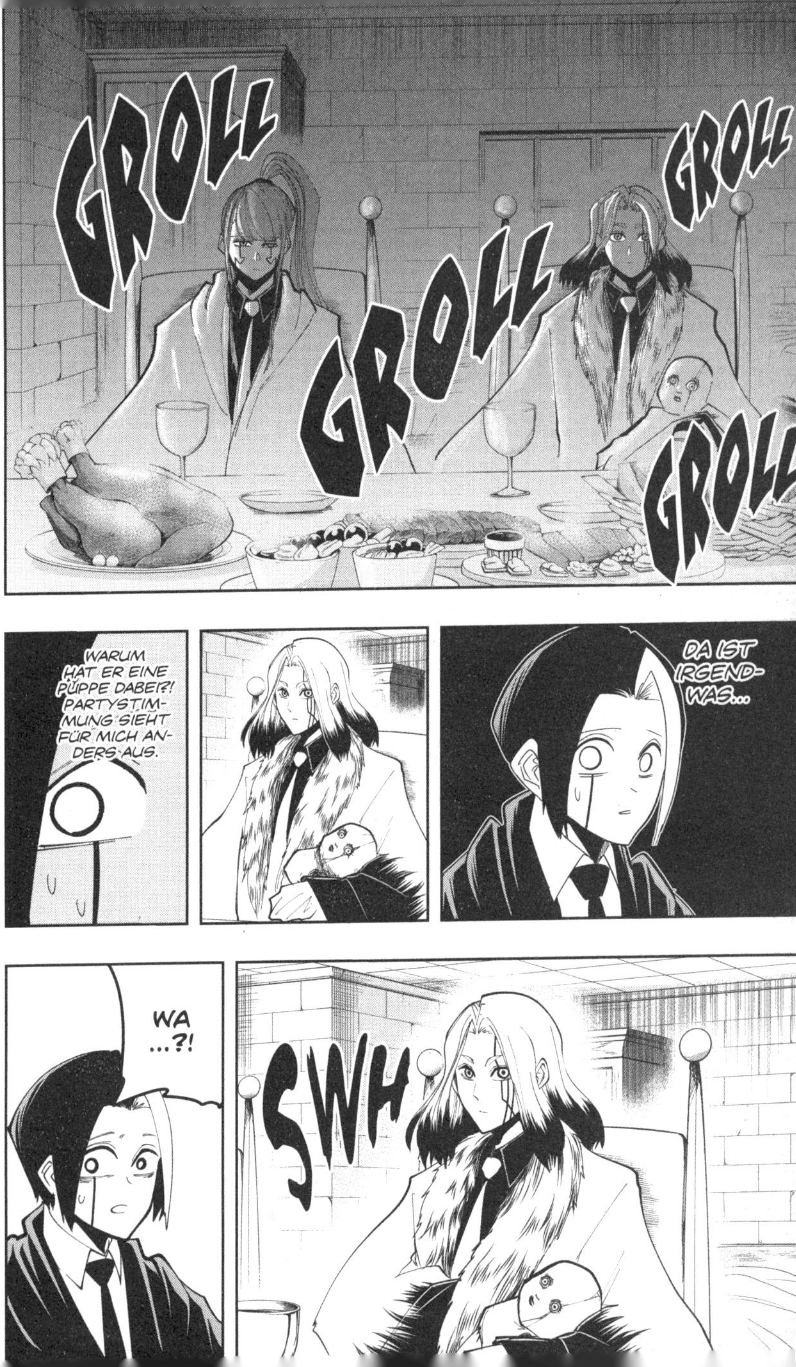
GROLL
GROLL
GROLL
GROLL
DA IST IRGEND-WAS...
WARUM HAT ER EINE PUPPE DABEI?! PARTYSTIM-MUNG SIEHT FÜR MICH AN-DERS AUS.
SWH
WA ...?!

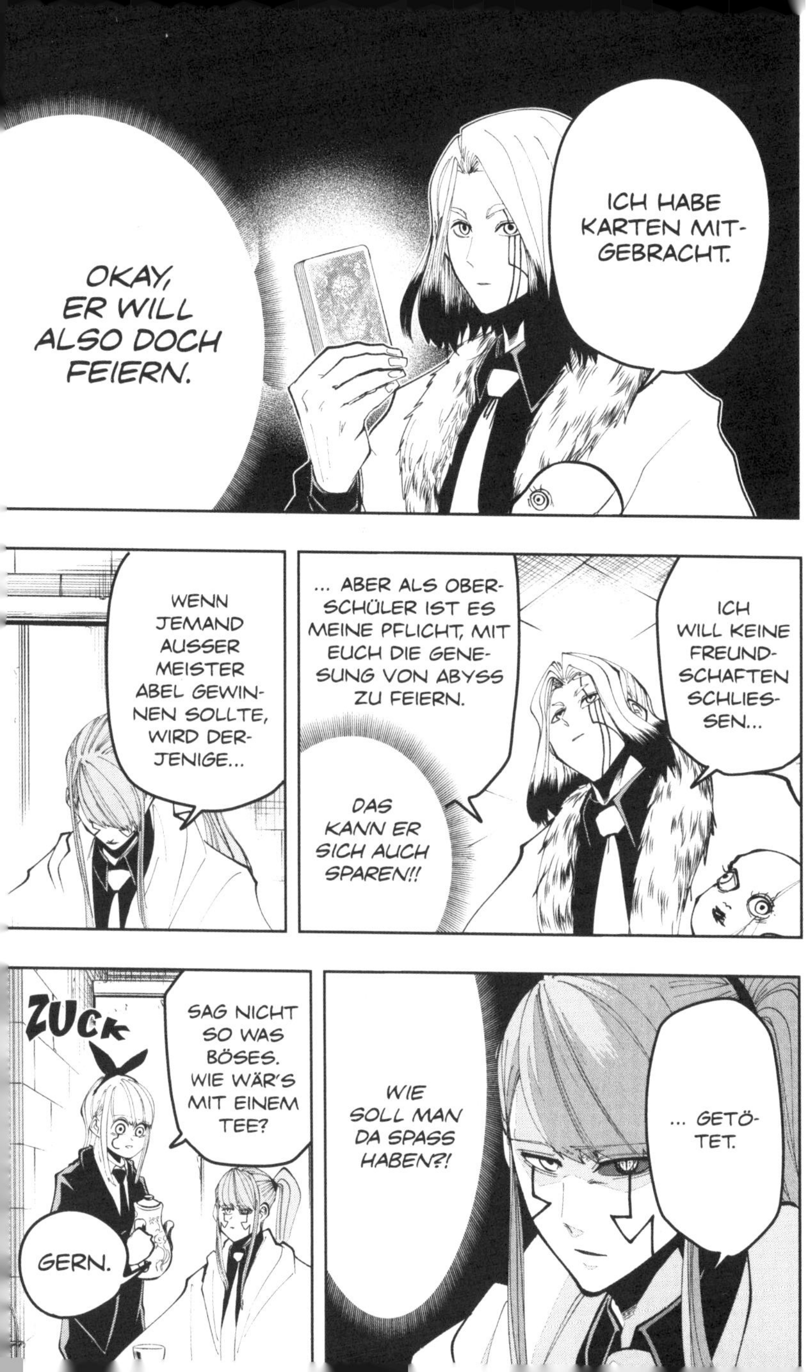

ICH HABE KARTEN MITGEBRACHT.
OKAY, ER WILL ALSO DOCH FEIERN.
ICH WILL KEINE FREUNDSCHAFTEN SCHLIESSEN...
... ABER ALS OBERSCHÜLER IST ES MEINE PFLICHT, MIT EUCH DIE GENESUNG VON ABYSS ZU FEIERN.
DAS KANN ER SICH AUCH SPAREN!!
WENN JEMAND AUSSER MEISTER ABEL GEWINNEN SOLLTE, WIRD DERJENIGE...
... GETÖTET.
WIE SOLL MAN DA SPASS HABEN?!
ZUCK
SAG NICHT SO WAS BÖSES. WIE WÄR'S MIT EINEM TEE?
GERN.

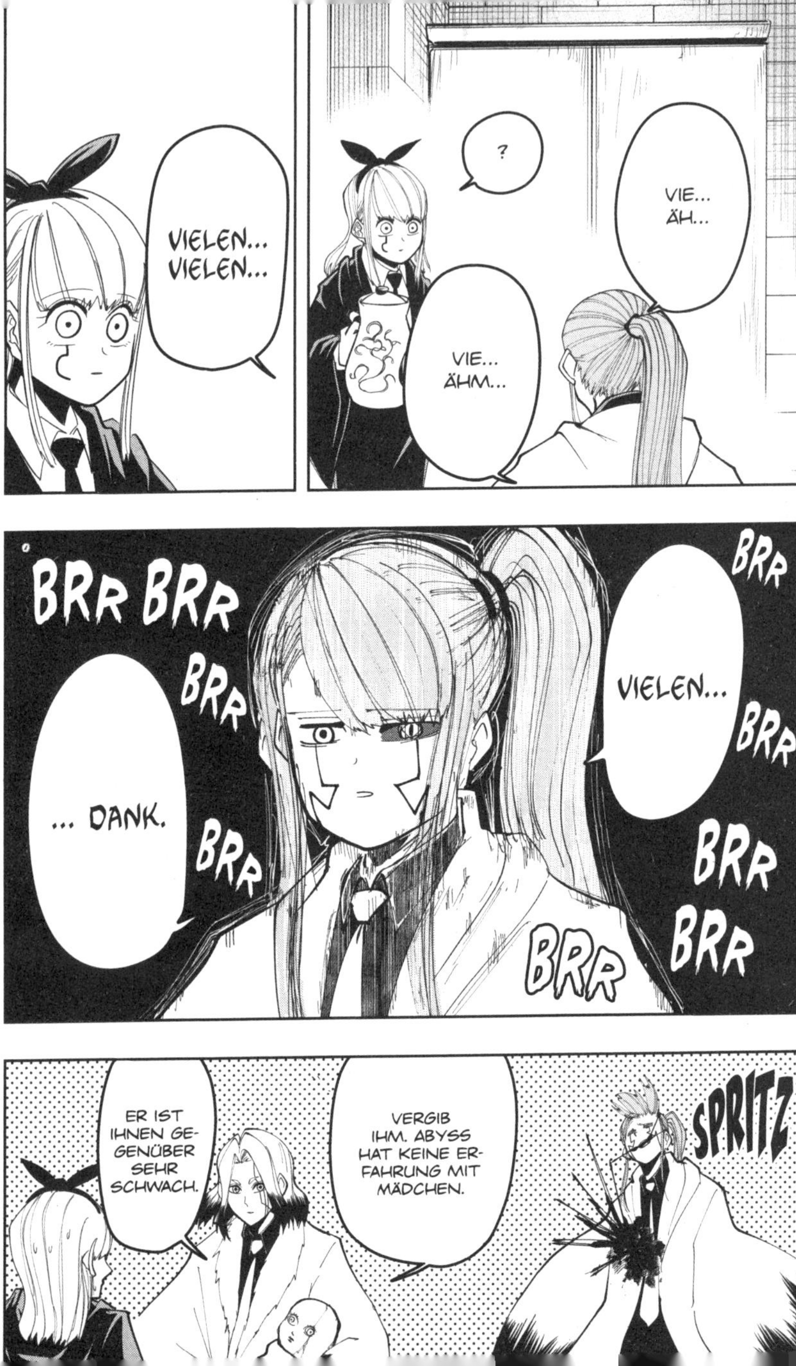
VIE... ÄH...
?
VIE... ÄHM...
VIELEN... VIELEN...
BRR
VIELEN...
BRR
BRR
BRR
BRR BRR
BRR
... DANK.
BRR
BRR
SPRITZ
VERGIB IHM. ABYSS HAT KEINE ERFAHRUNG MIT MÄDCHEN.
ER IST IHNEN GEGENÜBER SEHR SCHWACH.

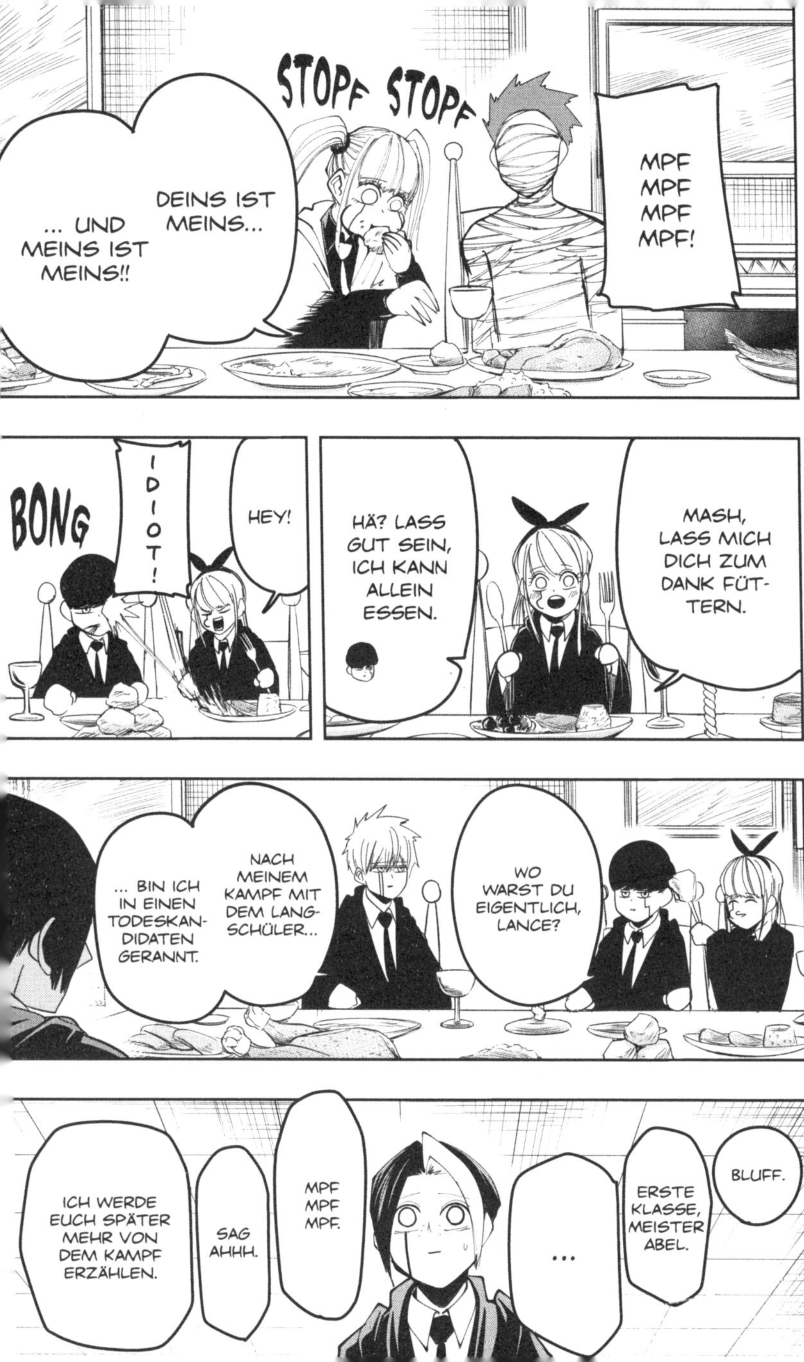
MPF MPF MPF MPF!
STOPF STOPF
DEINS IST MEINS...
... UND MEINS IST MEINS!!
MASH, LASS MICH DICH ZUM DANK FÜTTERN.
HÄ? LASS GUT SEIN, ICH KANN ALLEIN ESSEN.
HEY!
IDIOT!
BONG
WO WARST DU EIGENTLICH, LANCE?
NACH MEINEM KAMPF MIT DEM LANGSCHÜLER...
... BIN ICH IN EINEN TODESKANDIDATEN GERANNT.
BLUFF.
ERSTE KLASSE, MEISTER ABEL.
...
MPF MPF MPF.
SAG AHHH.
ICH WERDE EUCH SPÄTER MEHR VON DEM KAMPF ERZÄHLEN.

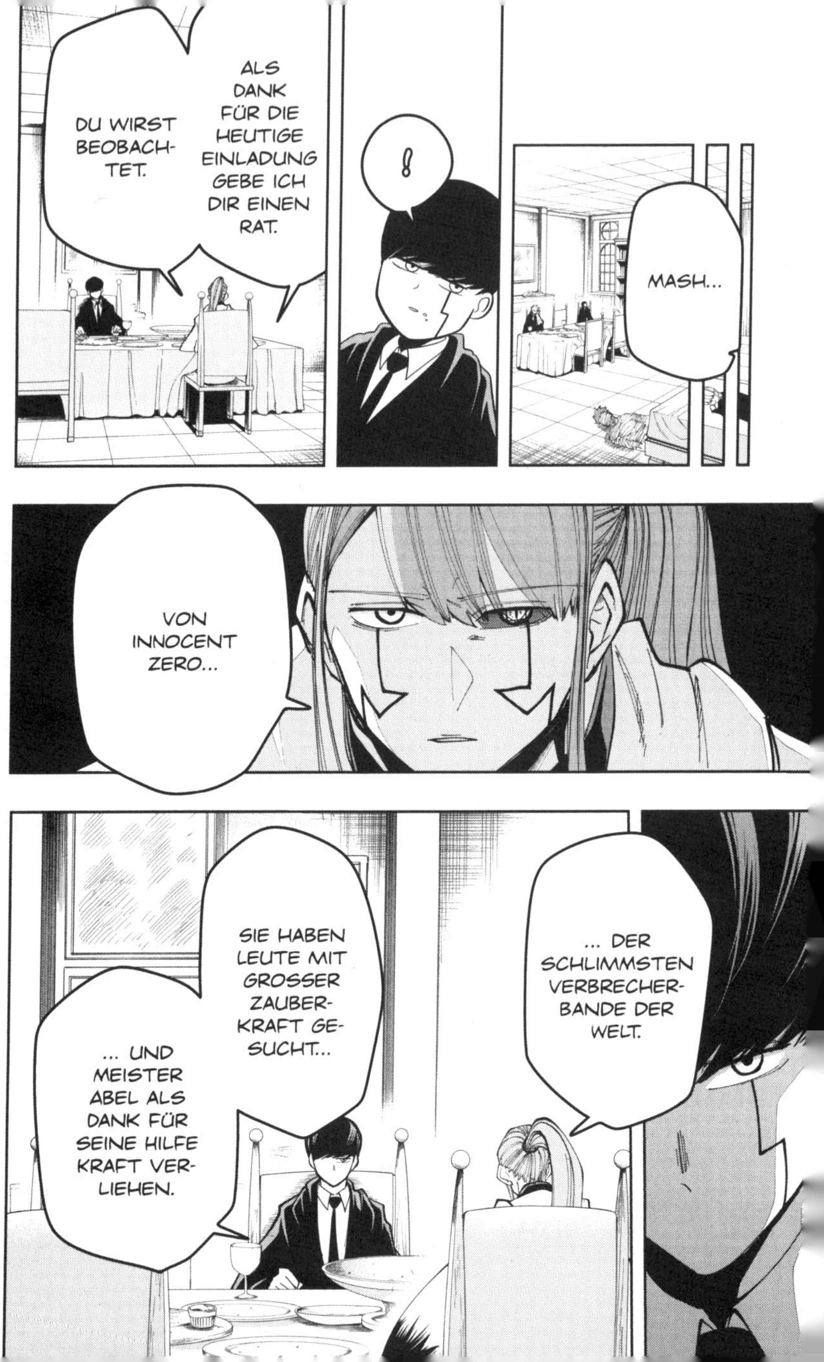
MASH...
!
ALS DANK FÜR DIE HEUTIGE EINLADUNG GEBE ICH DIR EINEN RAT.
DU WIRST BEOBACHTET.
VON INNOCENT ZERO...
... DER SCHLIMMSTEN VERBRECHERBANDE DER WELT.
SIE HABEN LEUTE MIT GROSSER ZAUBERKRAFT GESUCHT...
... UND MEISTER ABEL ALS DANK FÜR SEINE HILFE KRAFT VERLIEHEN.

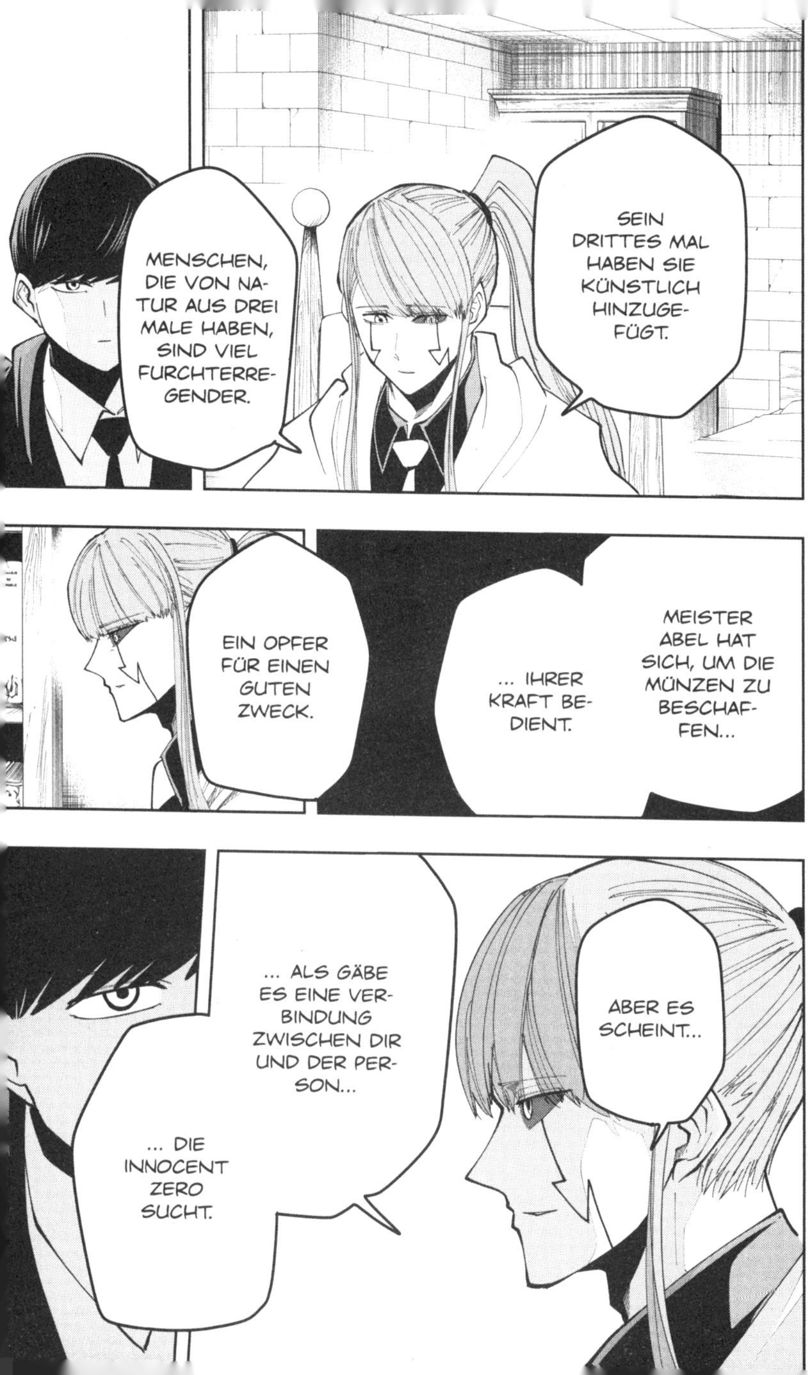
SEIN DRITTES MAL HABEN SIE KÜNSTLICH HINZUGEFÜGT.
MENSCHEN, DIE VON NATUR AUS DREI MALE HABEN, SIND VIEL FURCHTERREGENDER.
MEISTER ABEL HAT SICH, UM DIE MÜNZEN ZU BESCHAFFEN...
... IHRER KRAFT BEDIENT.
EIN OPFER FÜR EINEN GUTEN ZWECK.
ABER ES SCHEINT...
... ALS GÄBE ES EINE VERBINDUNG ZWISCHEN DIR UND DER PERSON...
... DIE INNOCENT ZERO SUCHT.

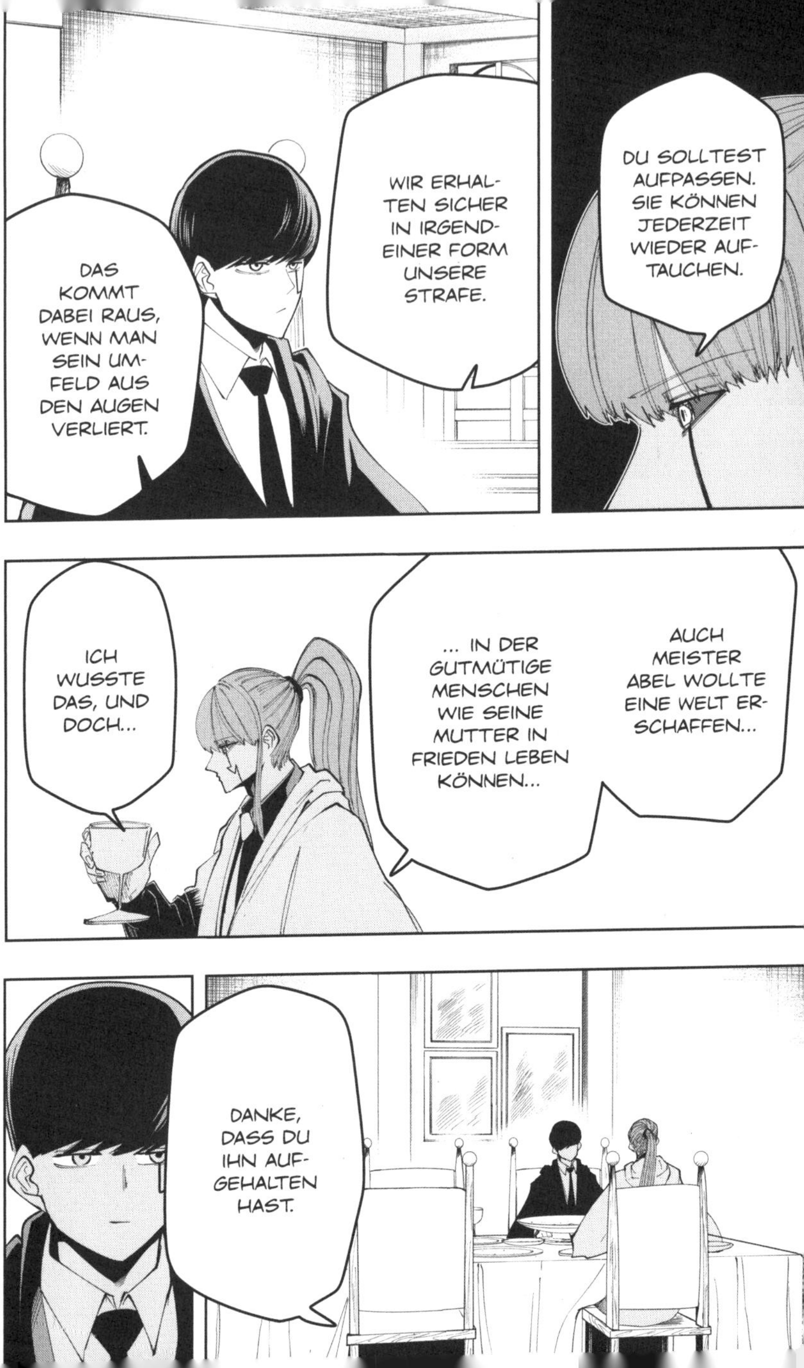
DU SOLLTEST AUFPASSEN. SIE KÖNNEN JEDERZEIT WIEDER AUFTAUCHEN.
WIR ERHALTEN SICHER IN IRGENDEINER FORM UNSERE STRAFE.
DAS KOMMT DABEI RAUS, WENN MAN SEIN UMFELD AUS DEN AUGEN VERLIERT.
AUCH MEISTER ABEL WOLLTE EINE WELT ERSCHAFFEN...
... IN DER GUTMÜTIGE MENSCHEN WIE SEINE MUTTER IN FRIEDEN LEBEN KÖNNEN...
ICH WUSSTE DAS, UND DOCH...
DANKE, DASS DU IHN AUFGEHALTEN HAST.

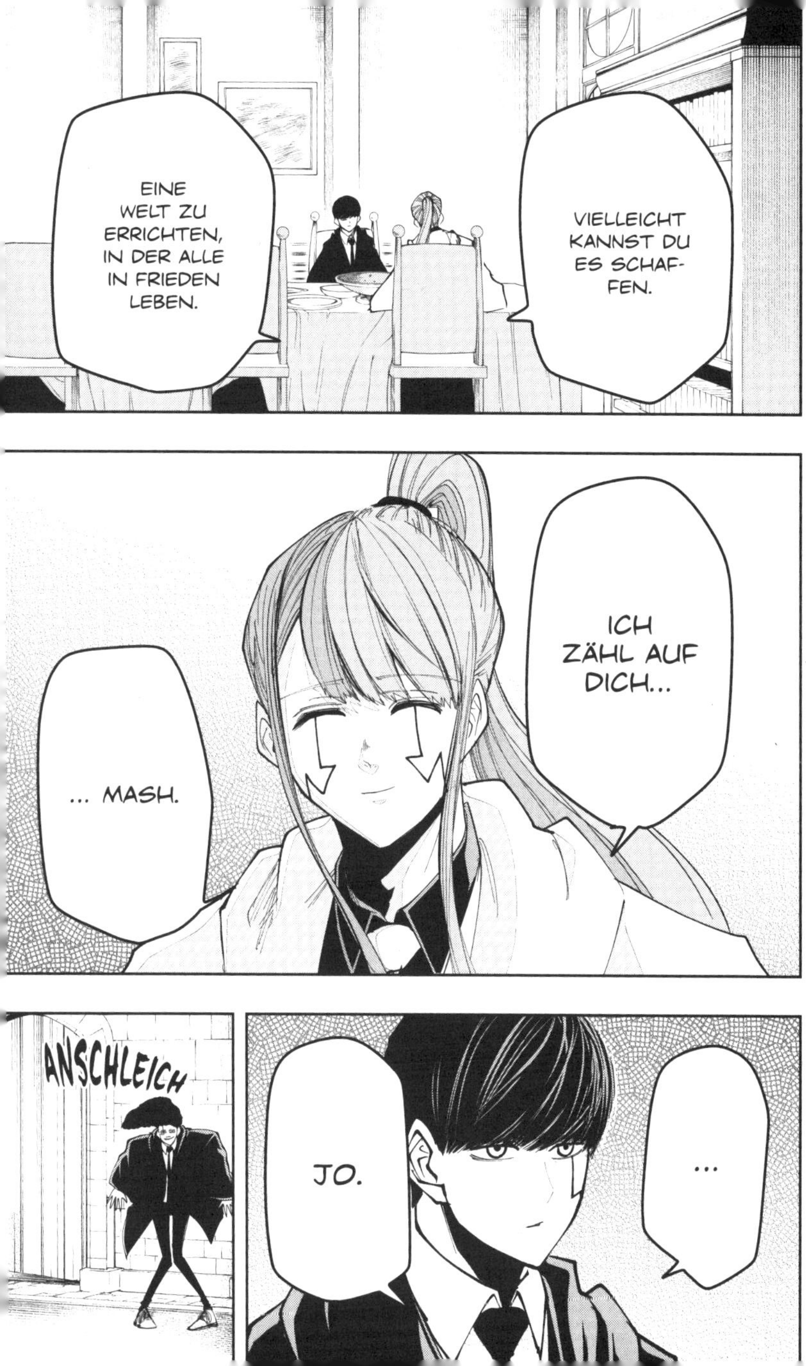
VIELLEICHT KANNST DU ES SCHAF-FEN.
EINE WELT ZU ERRICHTEN, IN DER ALLE IN FRIEDEN LEBEN.
ICH ZÄHL AUF DICH...
... MASH.
...
JO.
ANSCHLEICH

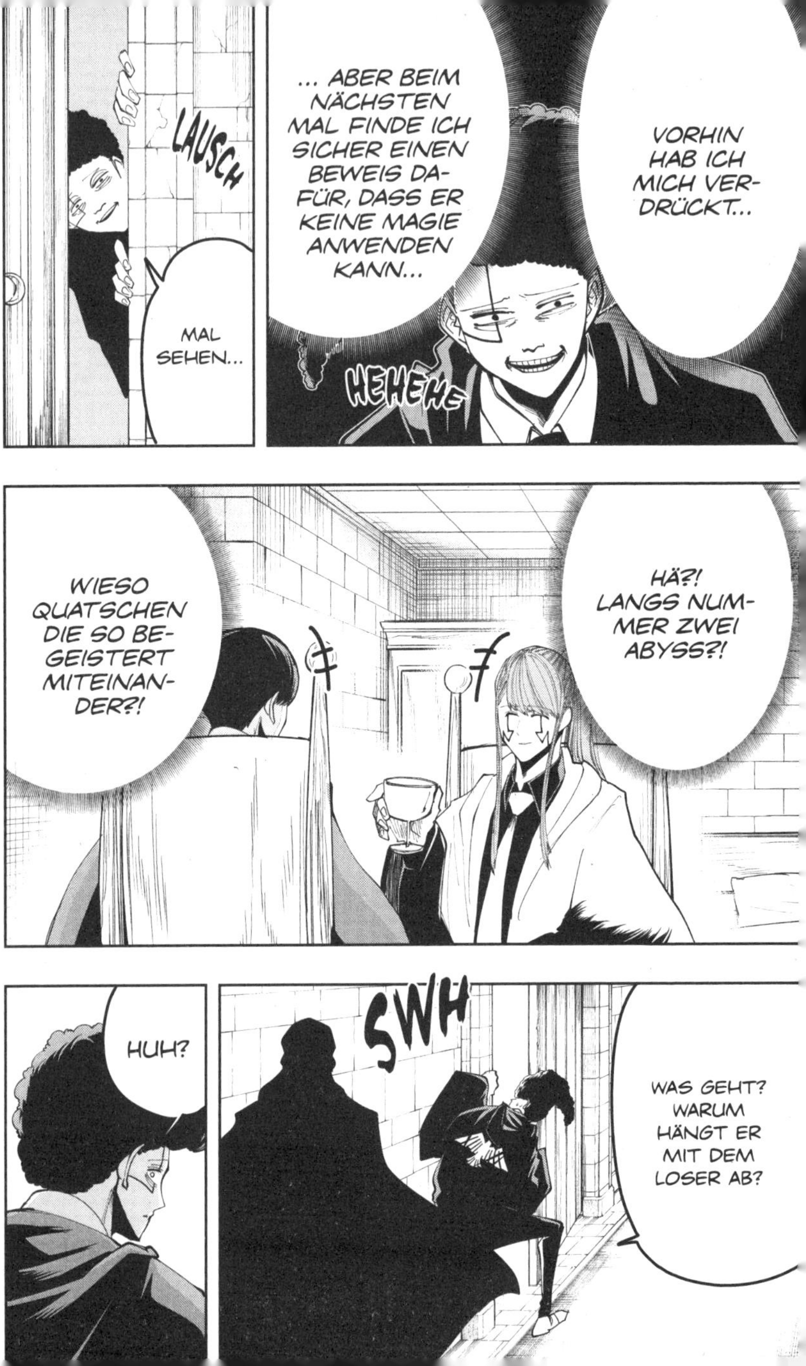
VORHIN HAB ICH MICH VERDRÜCKT...
... ABER BEIM NÄCHSTEN MAL FINDE ICH SICHER EINEN BEWEIS DAFÜR, DASS ER KEINE MAGIE ANWENDEN KANN...
HEHEHE
LAUSCH
MAL SEHEN...
HÄ?! LANGS NUMMER ZWEI ABYSS?!
WIESO QUATSCHEN DIE SO BEGEISTERT MITEINANDER?!
WAS GEHT? WARUM HÄNGT ER MIT DEM LOSER AB?
SWH
HUH?

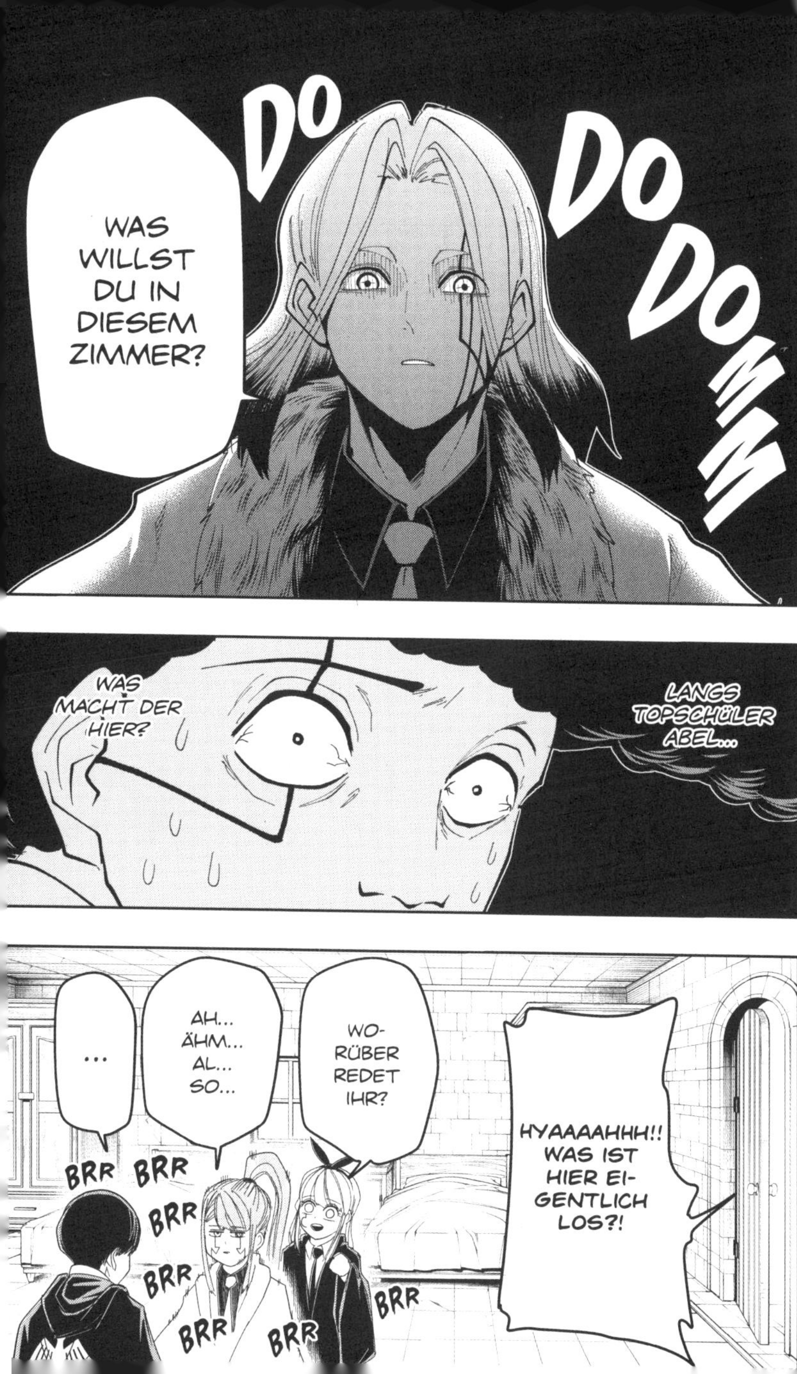
DO
DO DO DO DOMMM
WAS WILLST DU IN DIESEM ZIMMER?
LANGS TOPSCHÜLER ABEL...
WAS MACHT DER HIER?
HYAAAAHHH!! WAS IST HIER EI-GENTLICH LOS?!
WO-RÜBER REDET IHR?
AH... ÄHM... AL... SO...
...
BRR BRR BRR BRR BRR BRR BRR

Extra ③

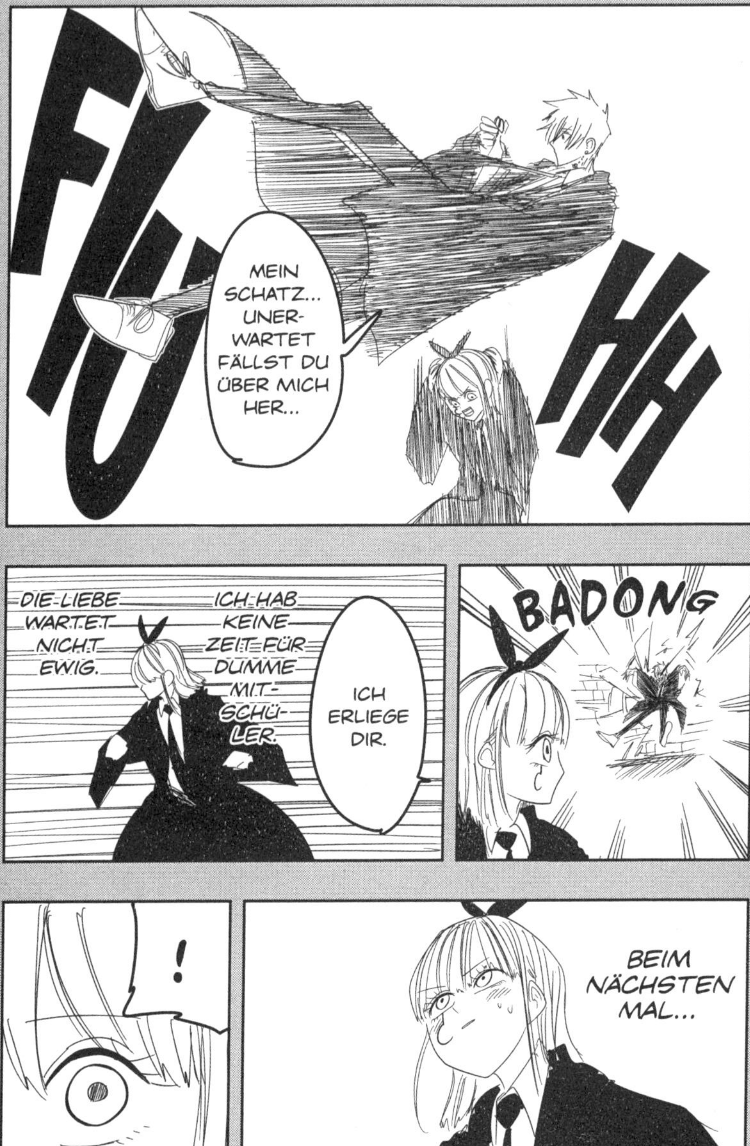

Fortsetzung auf Seite 110

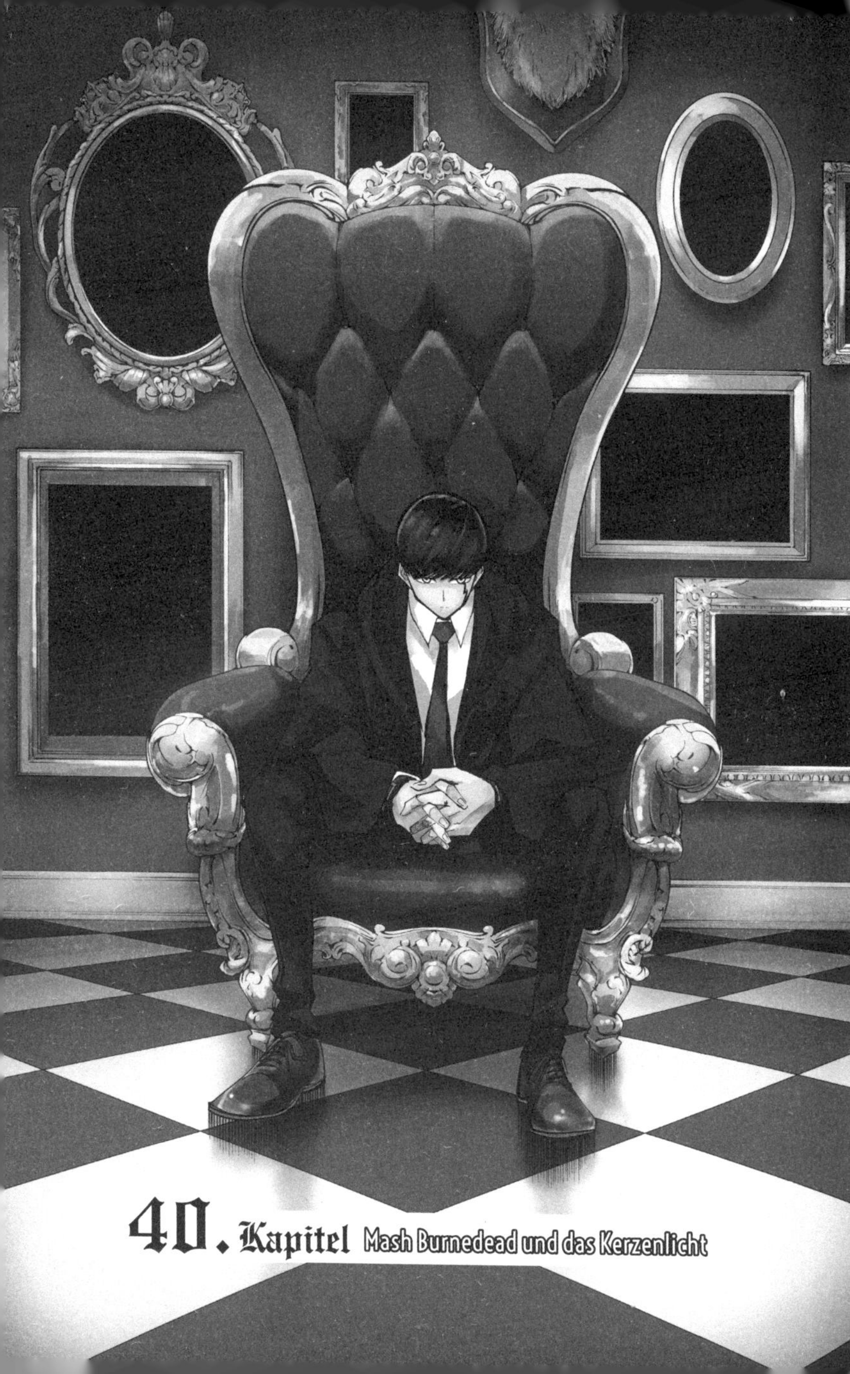

40. Kapitel Mash Burnedead und das Kerzenlicht

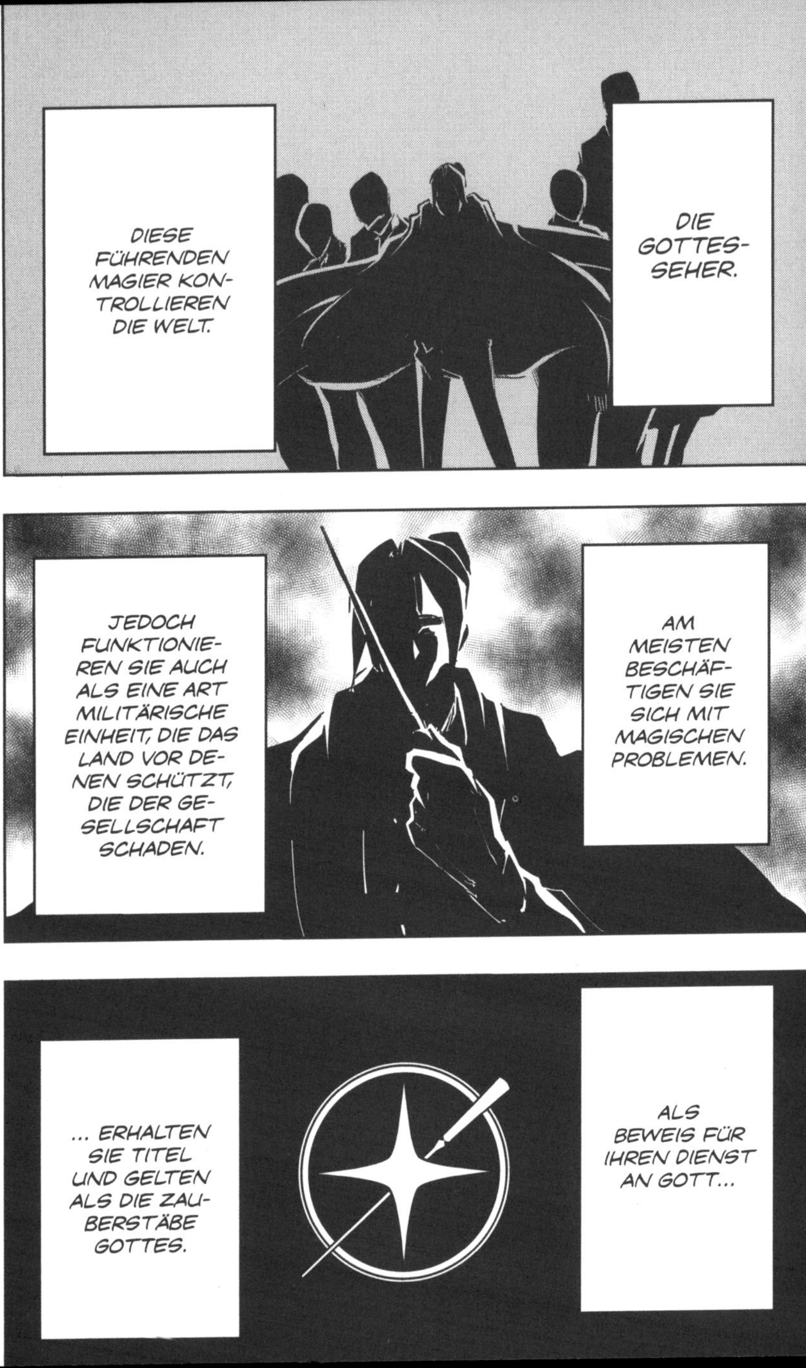
DIE GOTTES-SEHER.
DIESE FÜHRENDEN MAGIER KON-TROLLIEREN DIE WELT.
AM MEISTEN BESCHÄF-TIGEN SIE SICH MIT MAGISCHEN PROBLEMEN.
JEDOCH FUNKTIONIE-REN SIE AUCH ALS EINE ART MILITÄRISCHE EINHEIT, DIE DAS LAND VOR DE-NEN SCHÜTZT, DIE DER GE-SELLSCHAFT SCHADEN.
ALS BEWEIS FÜR IHREN DIENST AN GOTT...
... ERHALTEN SIE TITEL UND GELTEN ALS DIE ZAU-BERSTÄBE GOTTES.

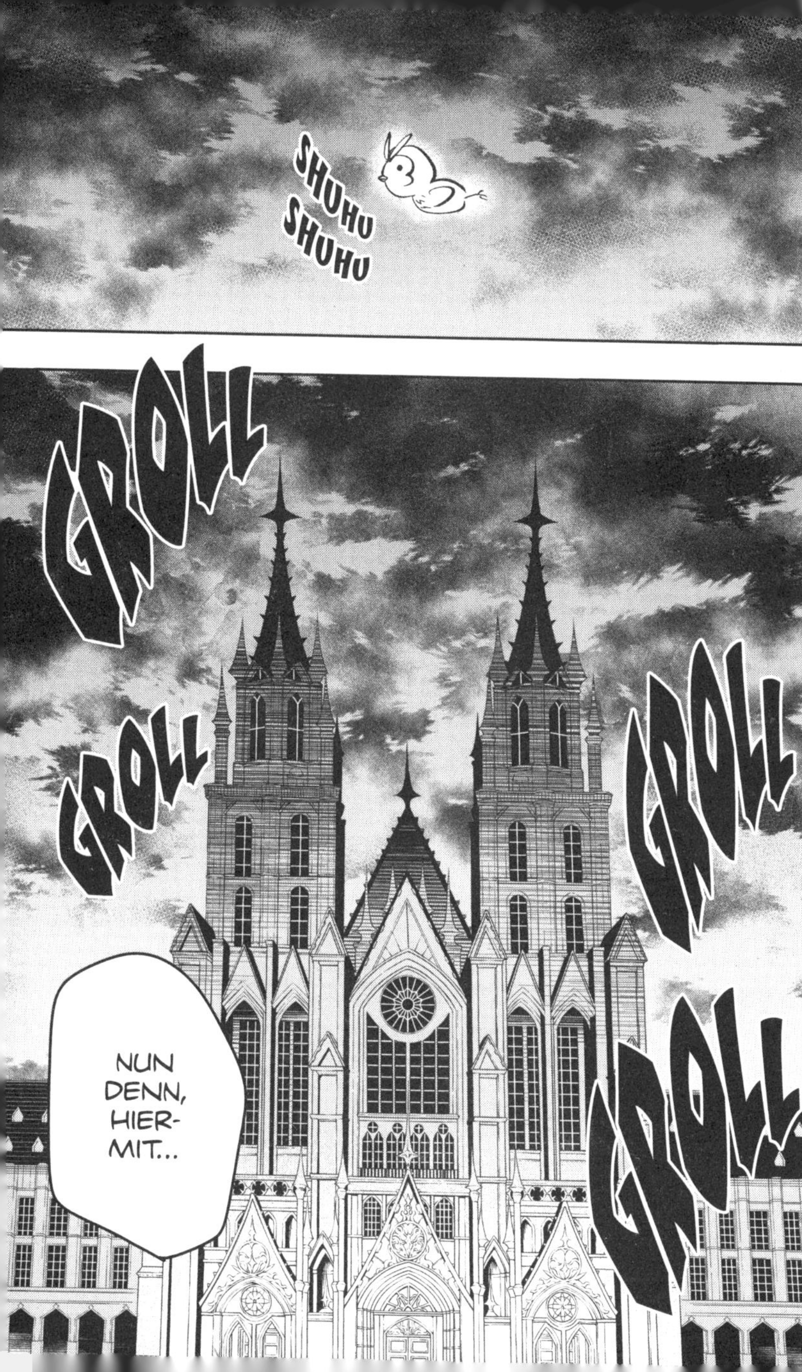
SHUHU SHUHU
GROLL
GROLL
GROLL
GROLL
NUN DENN, HIER-MIT...

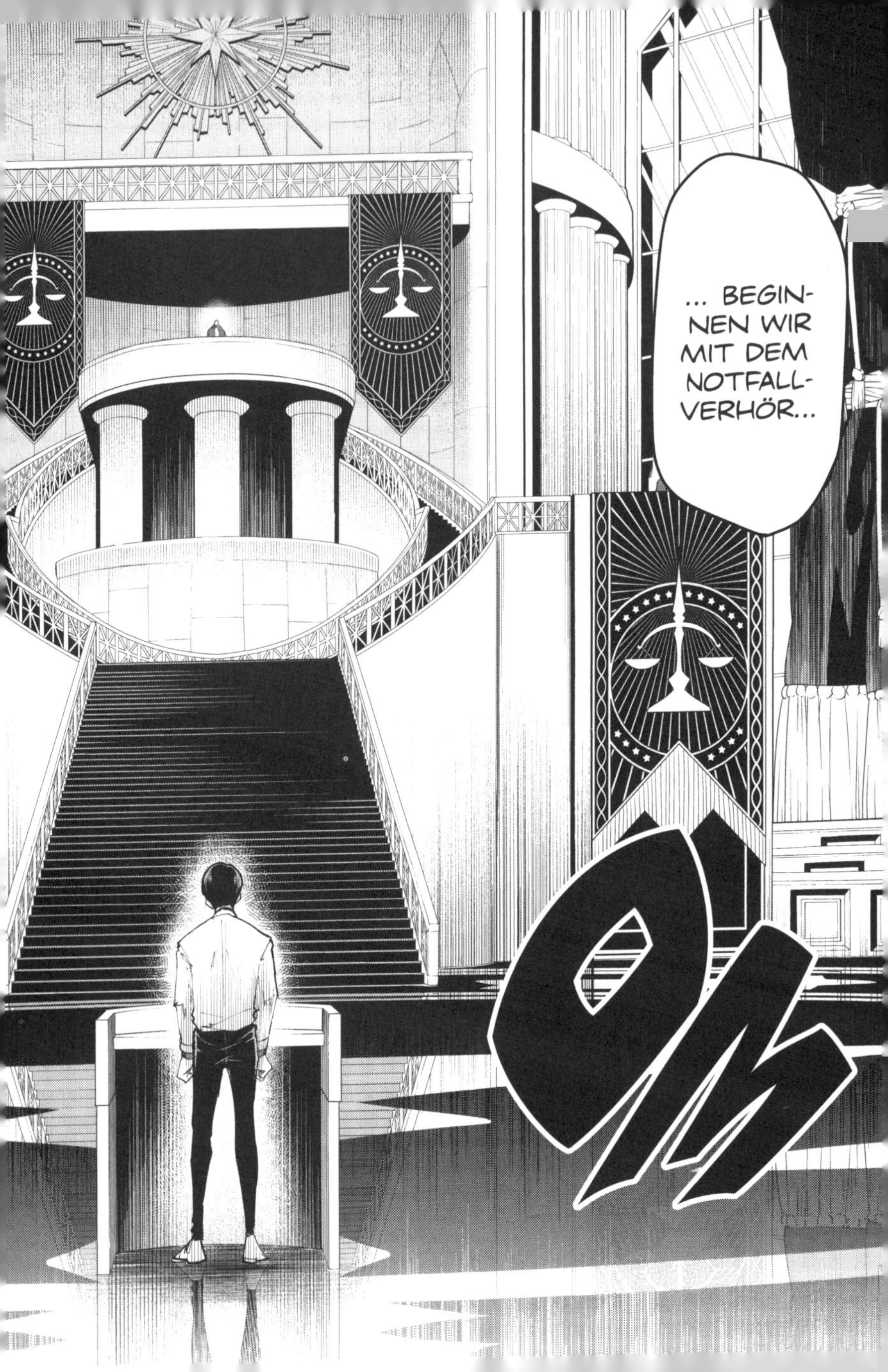
... BEGINNEN WIR MIT DEM NOTFALLVERHÖR...

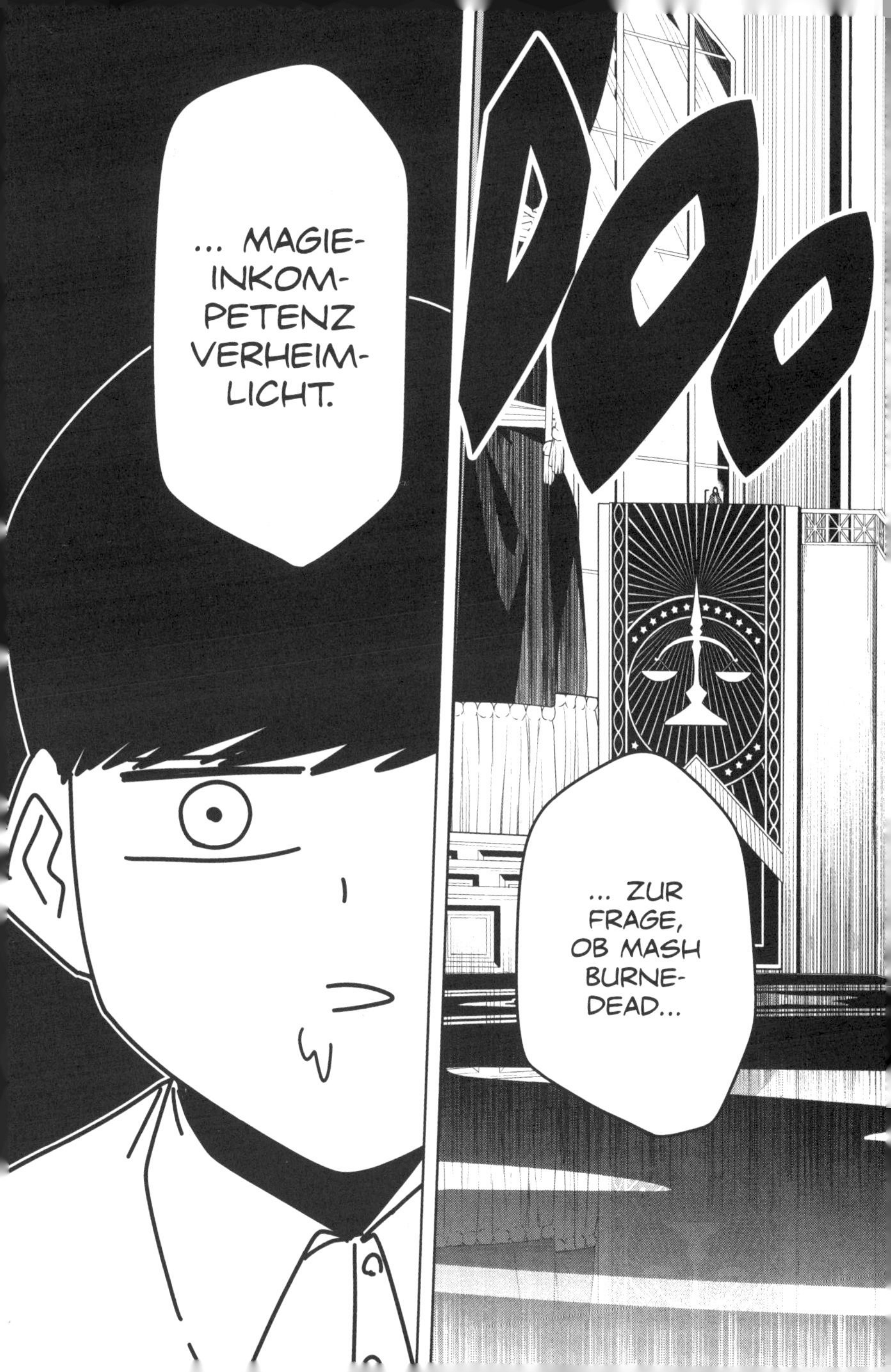
... ZUR FRAGE, OB MASH BURNEDEAD...
... MAGIEINKOMPETENZ VERHEIMLICHT.

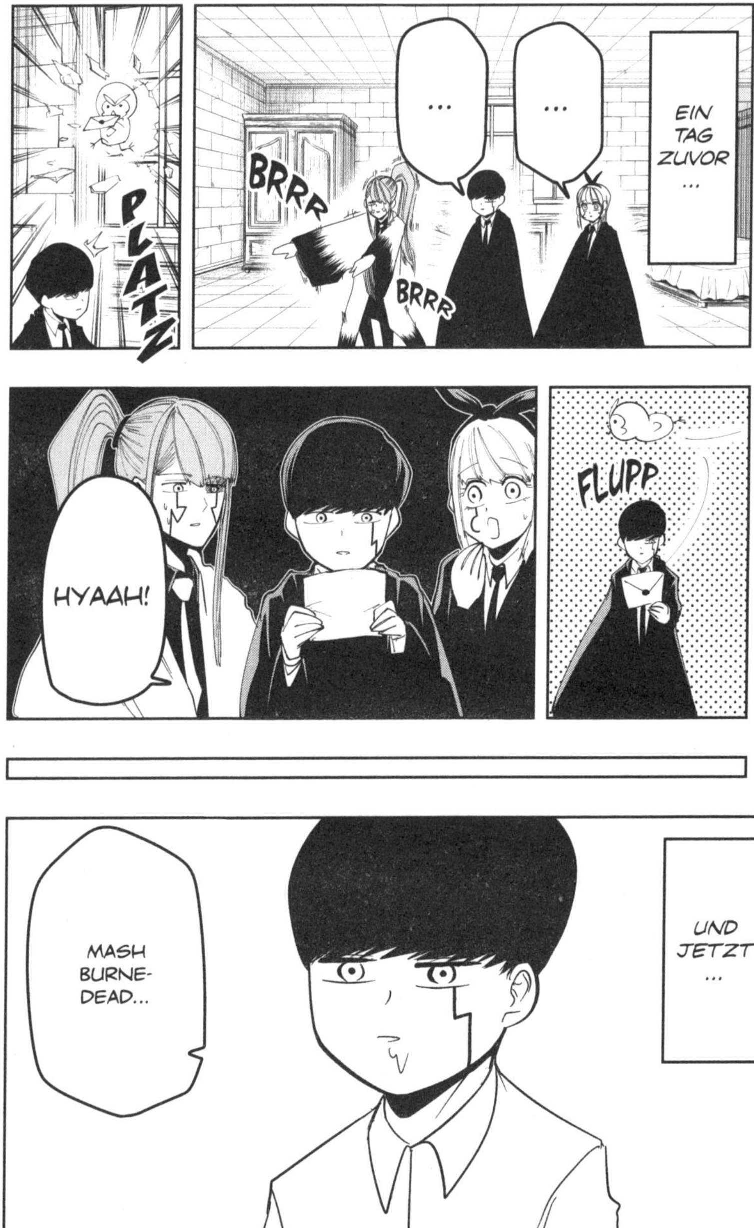
EIN TAG ZUVOR ...
...
...
BRRR
BRRR
PLATZ
FLUPP
HYAAH!
UND JETZT ...
MASH BURNE-DEAD...

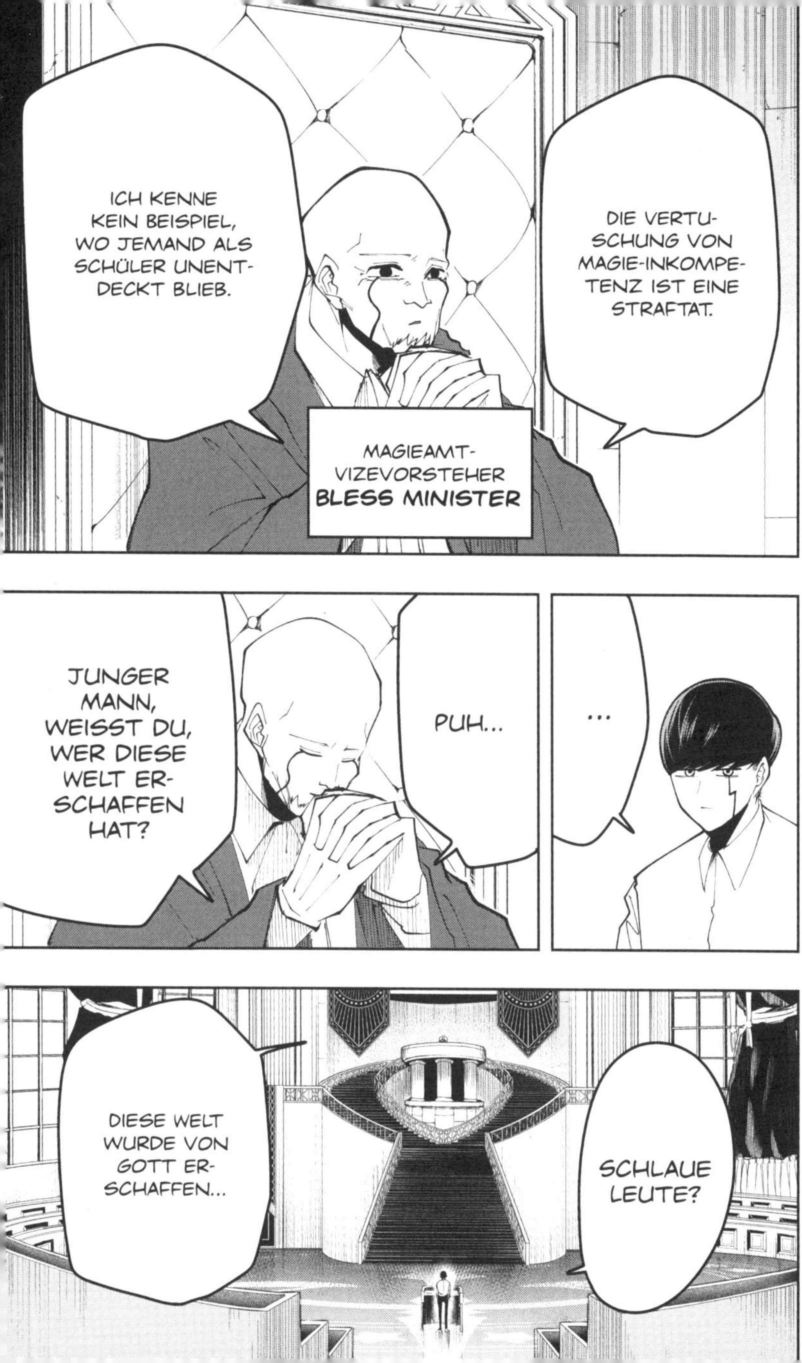

DIE VERTUSCHUNG VON MAGIE-INKOMPETENZ IST EINE STRAFTAT.
ICH KENNE KEIN BEISPIEL, WO JEMAND ALS SCHÜLER UNENTDECKT BLIEB.
MAGIEAMT-VIZEVORSTEHER **BLESS MINISTER**
...
PUH...
JUNGER MANN, WEISST DU, WER DIESE WELT ERSCHAFFEN HAT?
SCHLAUE LEUTE?
DIESE WELT WURDE VON GOTT ERSCHAFFEN...

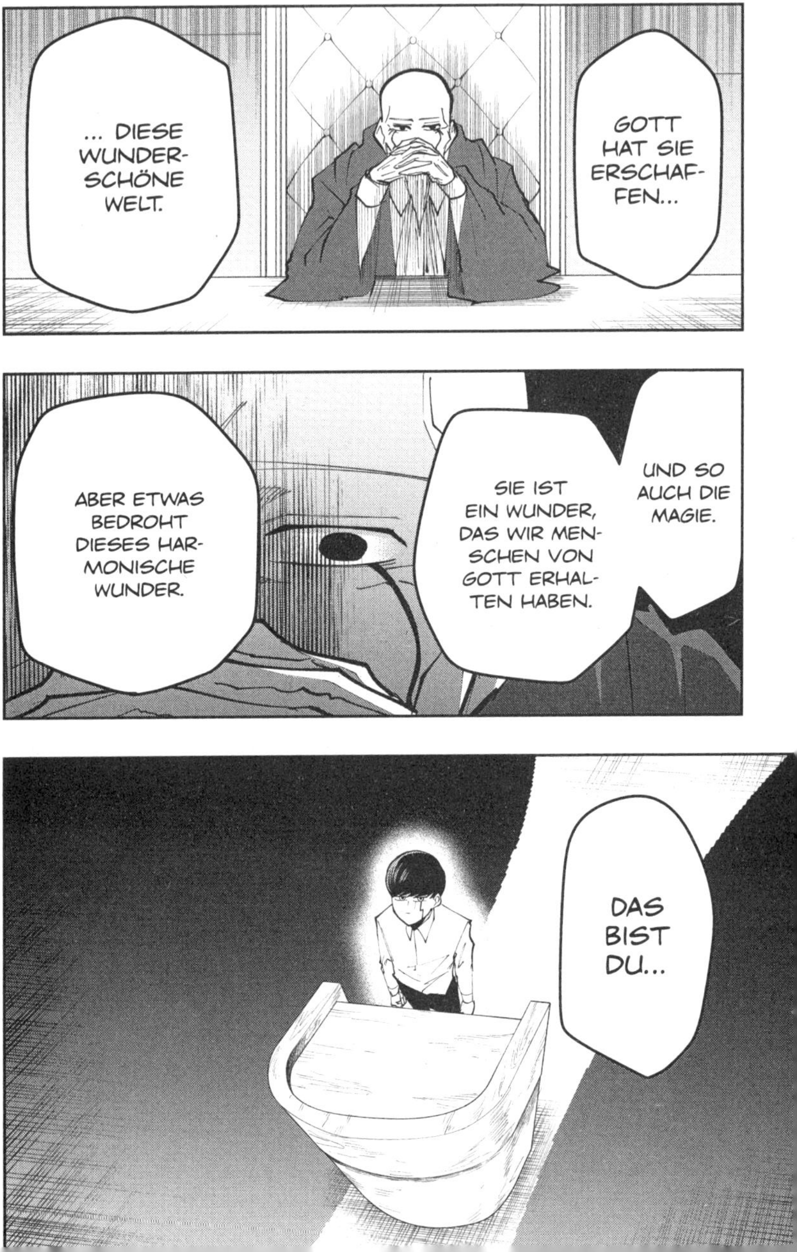
GOTT HAT SIE ERSCHAFFEN...
... DIESE WUNDERSCHÖNE WELT.
UND SO AUCH DIE MAGIE.
SIE IST EIN WUNDER, DAS WIR MENSCHEN VON GOTT ERHALTEN HABEN.
ABER ETWAS BEDROHT DIESES HARMONISCHE WUNDER.
DAS BIST DU...

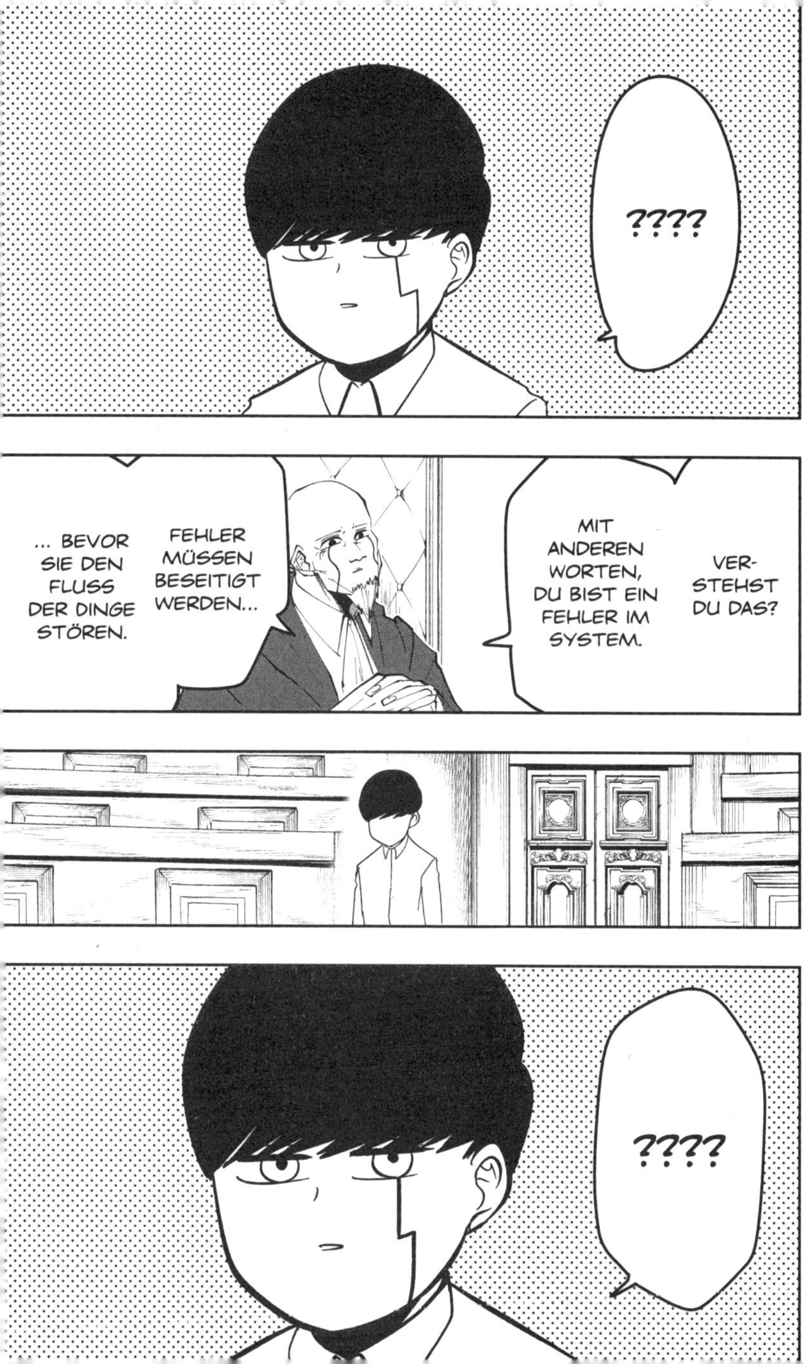
????
VER-
STEHST
DU DAS?
MIT
ANDEREN
WORTEN,
DU BIST EIN
FEHLER IM
SYSTEM.
FEHLER
MÜSSEN
BESEITIGT
WERDEN...
... BEVOR
SIE DEN
FLUSS
DER DINGE
STÖREN.
????

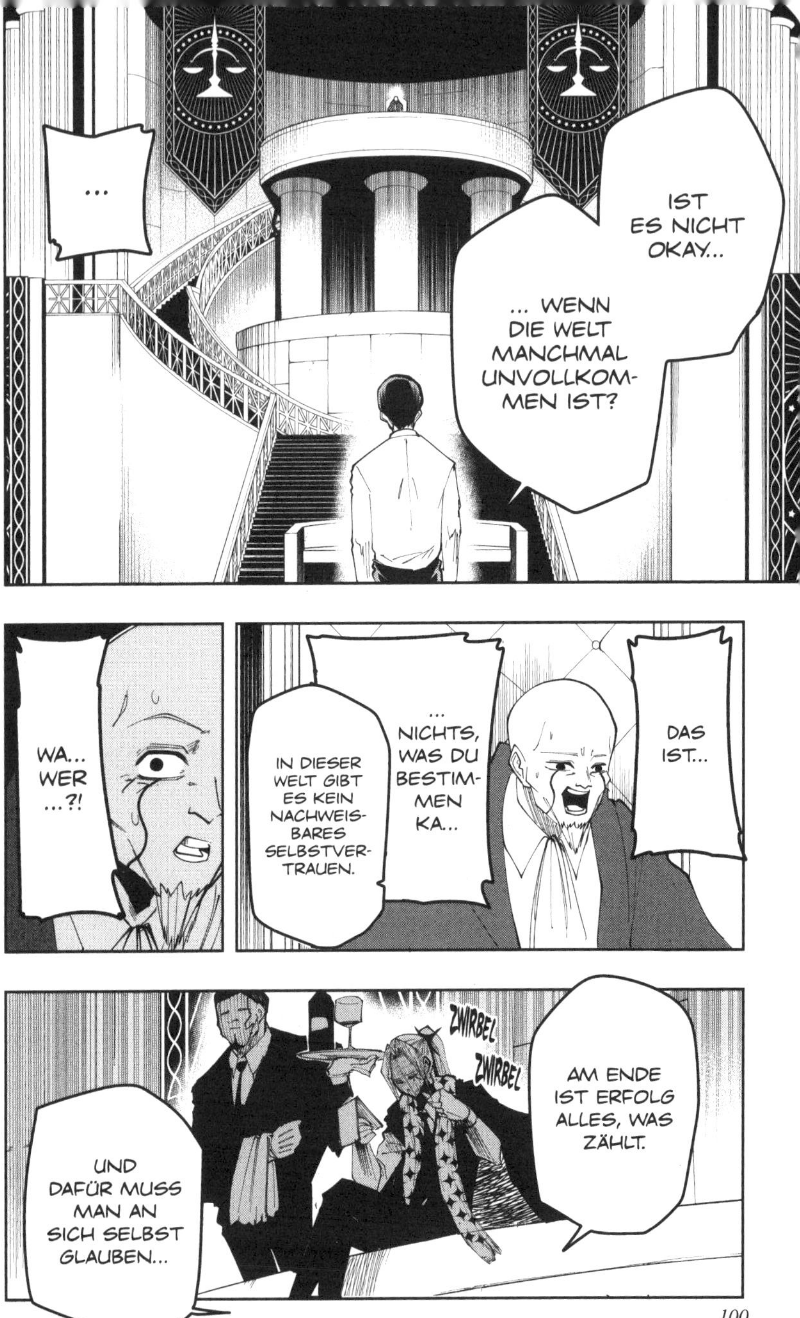
IST ES NICHT OKAY...
... WENN DIE WELT MANCHMAL UNVOLLKOMMEN IST?
...
DAS IST...
... NICHTS, WAS DU BESTIMMEN KA...
IN DIESER WELT GIBT ES KEIN NACHWEISBARES SELBSTVERTRAUEN.
WA... WER ...?!
AM ENDE IST ERFOLG ALLES, WAS ZÄHLT.
ZWIRBEL
ZWIRBEL
UND DAFÜR MUSS MAN AN SICH SELBST GLAUBEN...

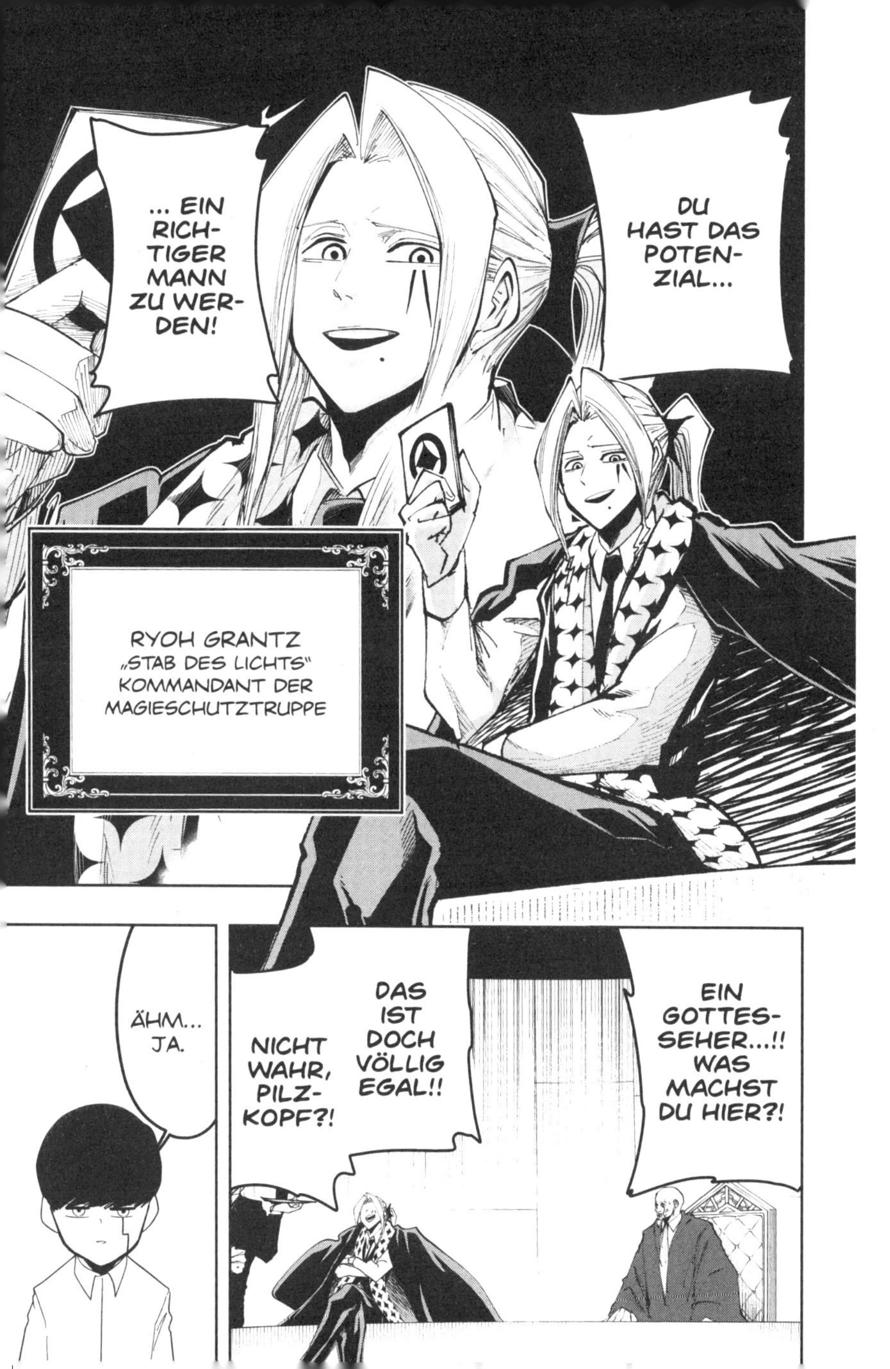
DU HAST DAS POTEN-ZIAL...
... EIN RICH-TIGER MANN ZU WER-DEN!
RYOH GRANTZ
„STAB DES LICHTS“
KOMMANDANT DER MAGIESCHUTZTRUPPE
EIN GOTTES-SEHER...!! WAS MACHST DU HIER?!
DAS IST DOCH VÖLLIG EGAL!!
NICHT WAHR, PILZ-KOPF?!
ÄHM... JA.

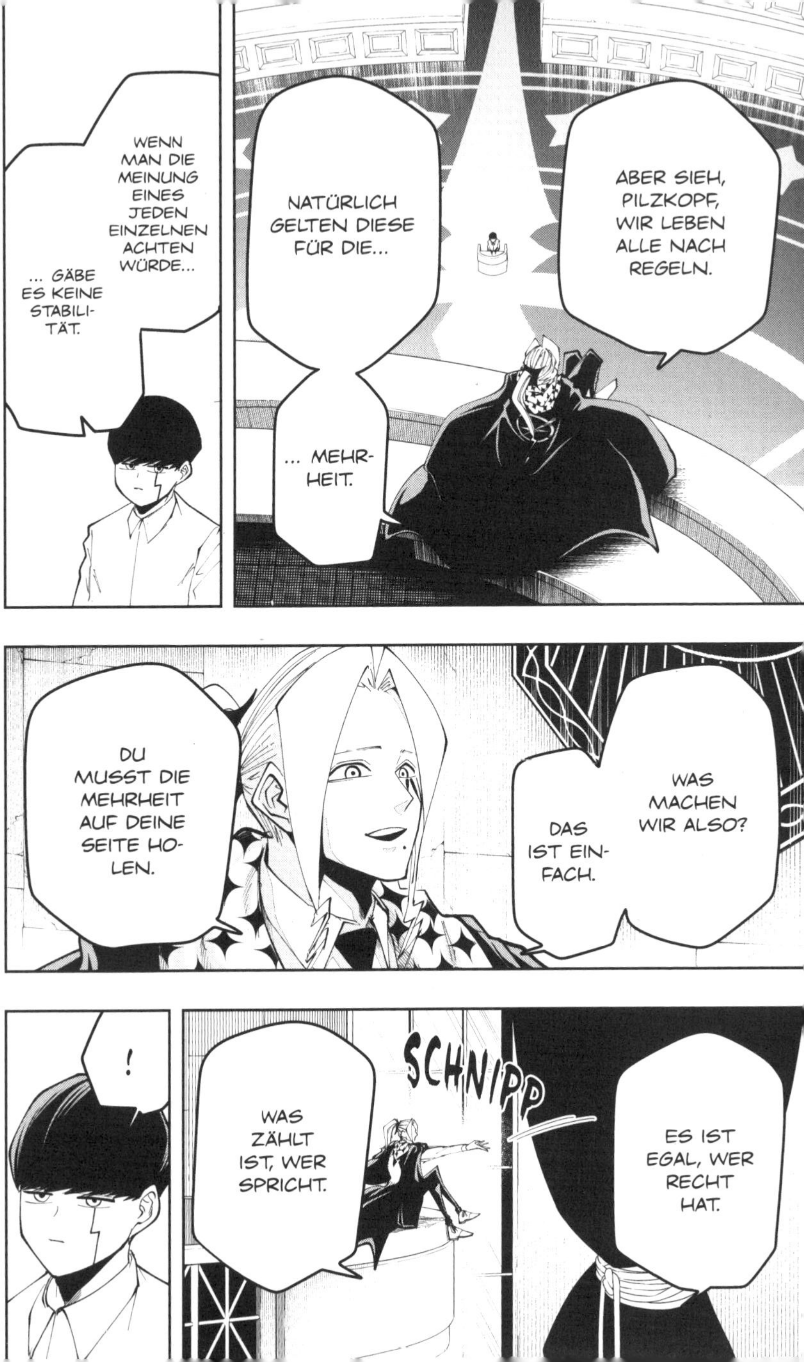
ABER SIEH, PILZKOPF, WIR LEBEN ALLE NACH REGELN.
NATÜRLICH GELTEN DIESE FÜR DIE...
... MEHRHEIT.
WENN MAN DIE MEINUNG EINES JEDEN EINZELNEN ACHTEN WÜRDE...
... GÄBE ES KEINE STABILITÄT.
WAS MACHEN WIR ALSO?
DAS IST EINFACH.
DU MUSST DIE MEHRHEIT AUF DEINE SEITE HOLEN.
ES IST EGAL, WER RECHT HAT.
SCHNIPP
WAS ZÄHLT IST, WER SPRICHT.
!

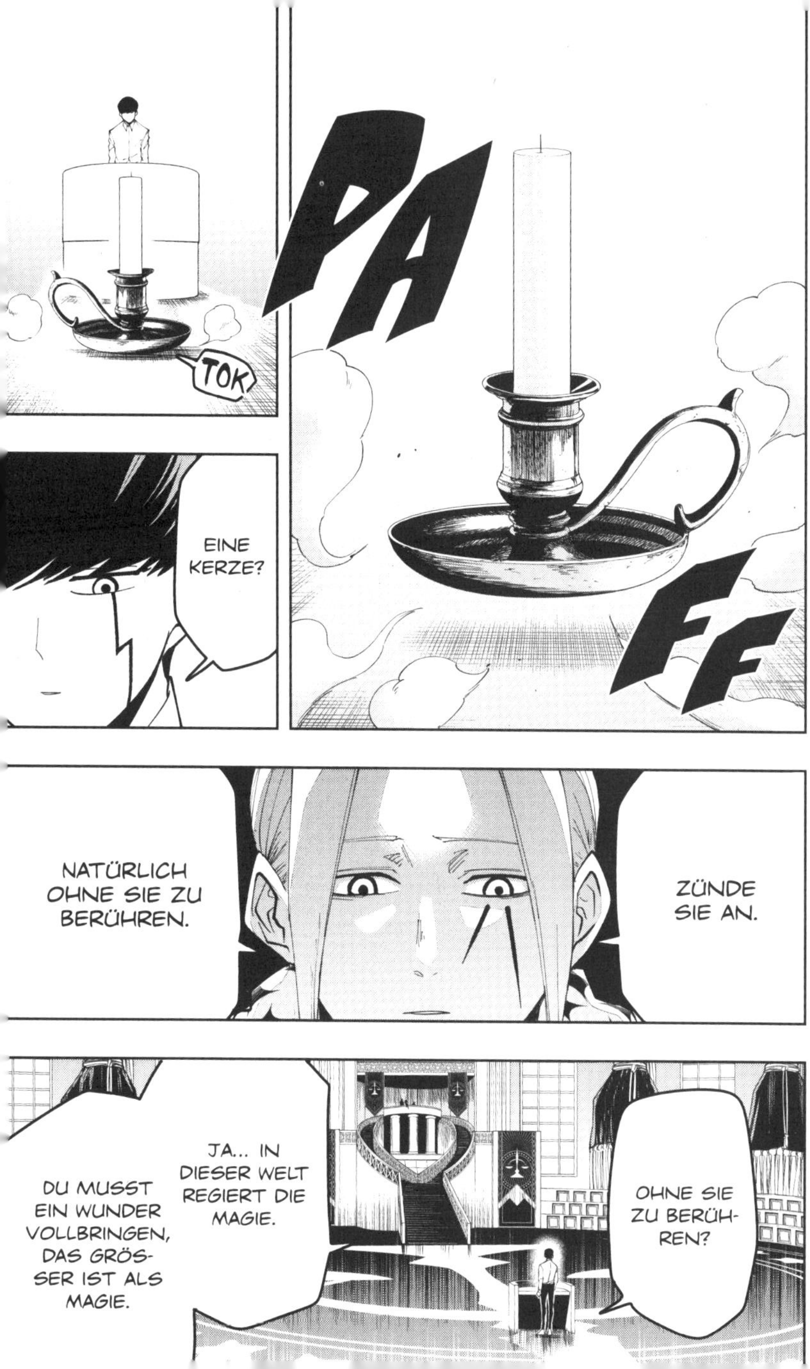
PA
FF
TOK
EINE KERZE?
ZÜNDE SIE AN.
NATÜRLICH OHNE SIE ZU BERÜHREN.
OHNE SIE ZU BERÜH-REN?
JA... IN DIESER WELT REGIERT DIE MAGIE.
DU MUSST EIN WUNDER VOLLBRINGEN, DAS GRÖS-SER IST ALS MAGIE.

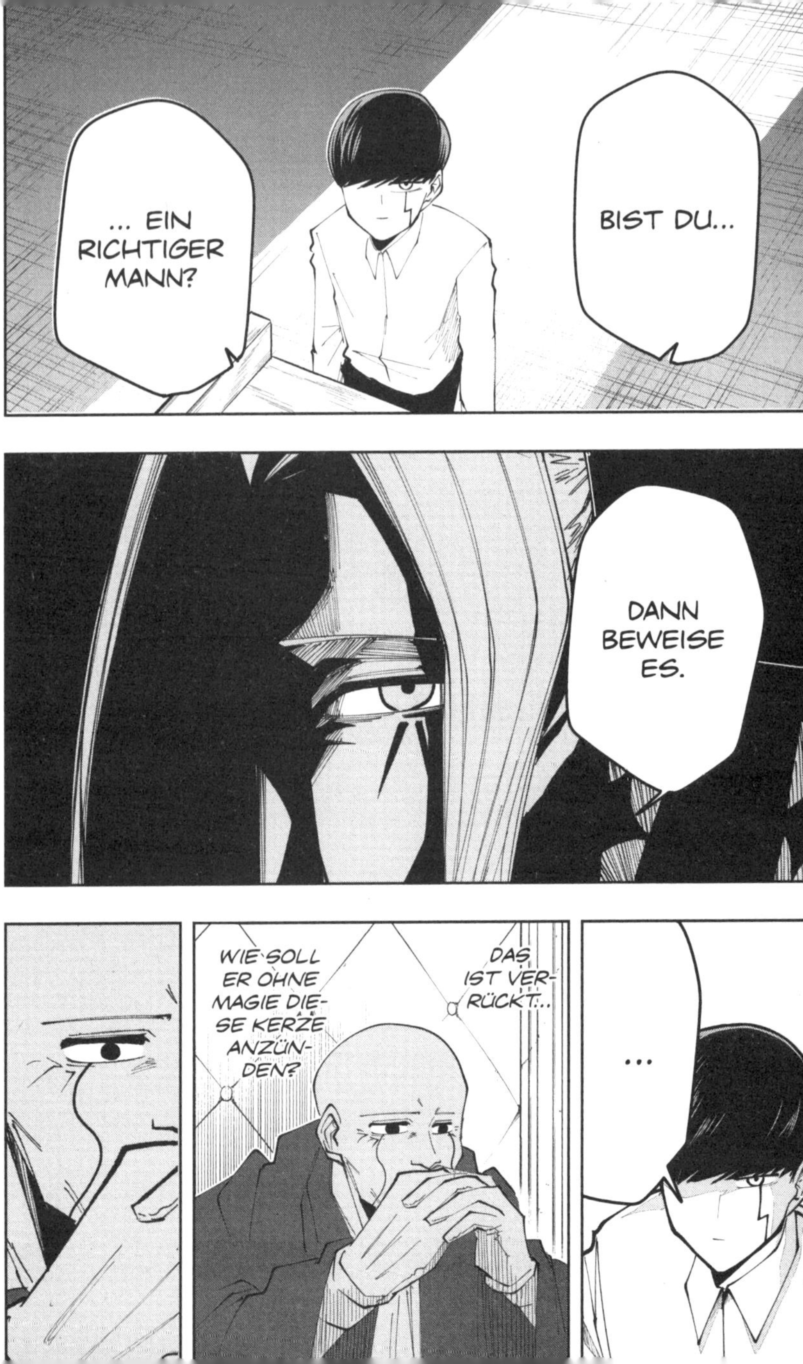
BIST DU...
... EIN RICHTIGER MANN?
DANN BEWEISE ES.
...
DAS IST VERRÜCKT...
WIE SOLL ER OHNE MAGIE DIESE KERZE ANZÜNDEN?

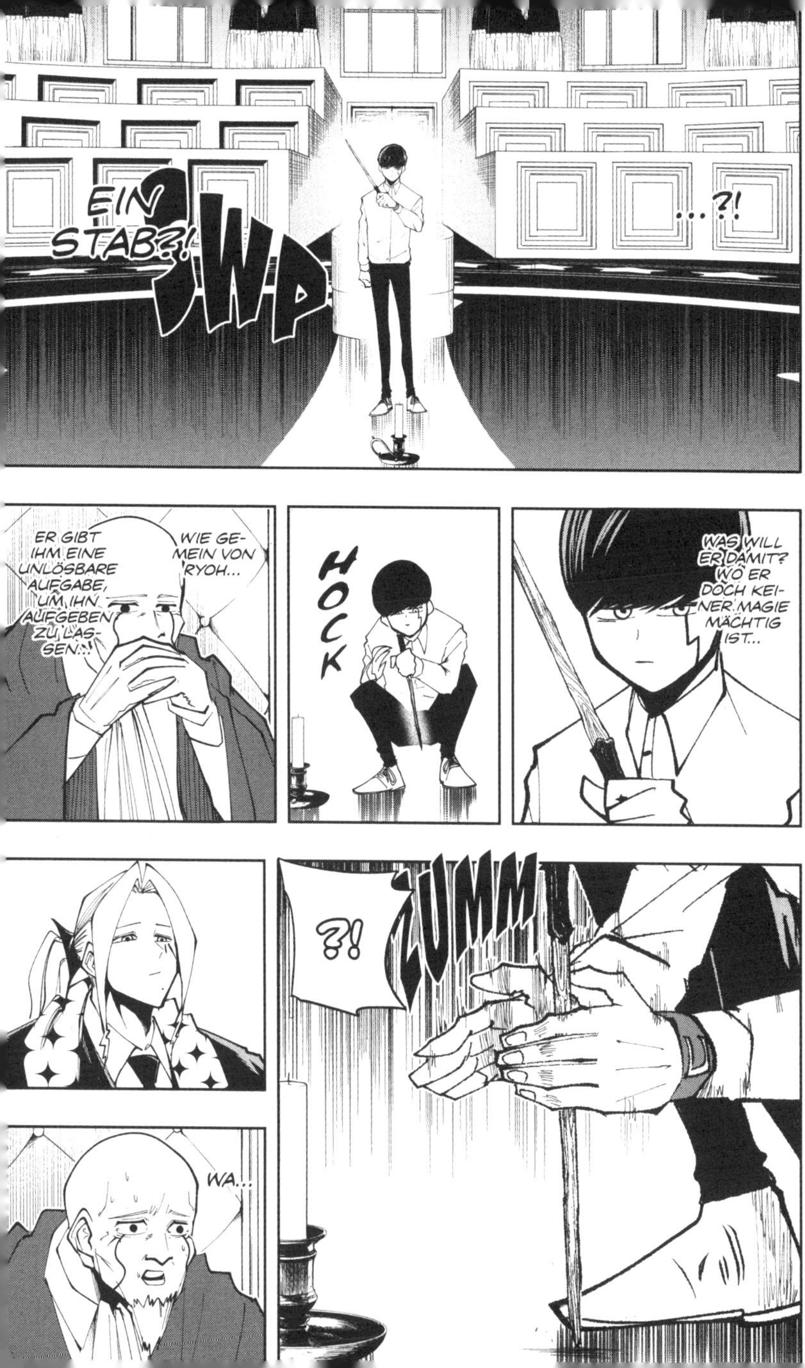
...?!
EIN STAB?!
SWP
WAS WILL ER DAMIT? WO ER DOCH KEINER MAGIE MÄCHTIG IST...
HOCK
WIE GEMEIN VON RYOH...
ER GIBT IHM EINE UNLÖSBARE AUFGABE, UM IHN AUFGEBEN ZU LASSEN...!
ZUMM
?!
WA...

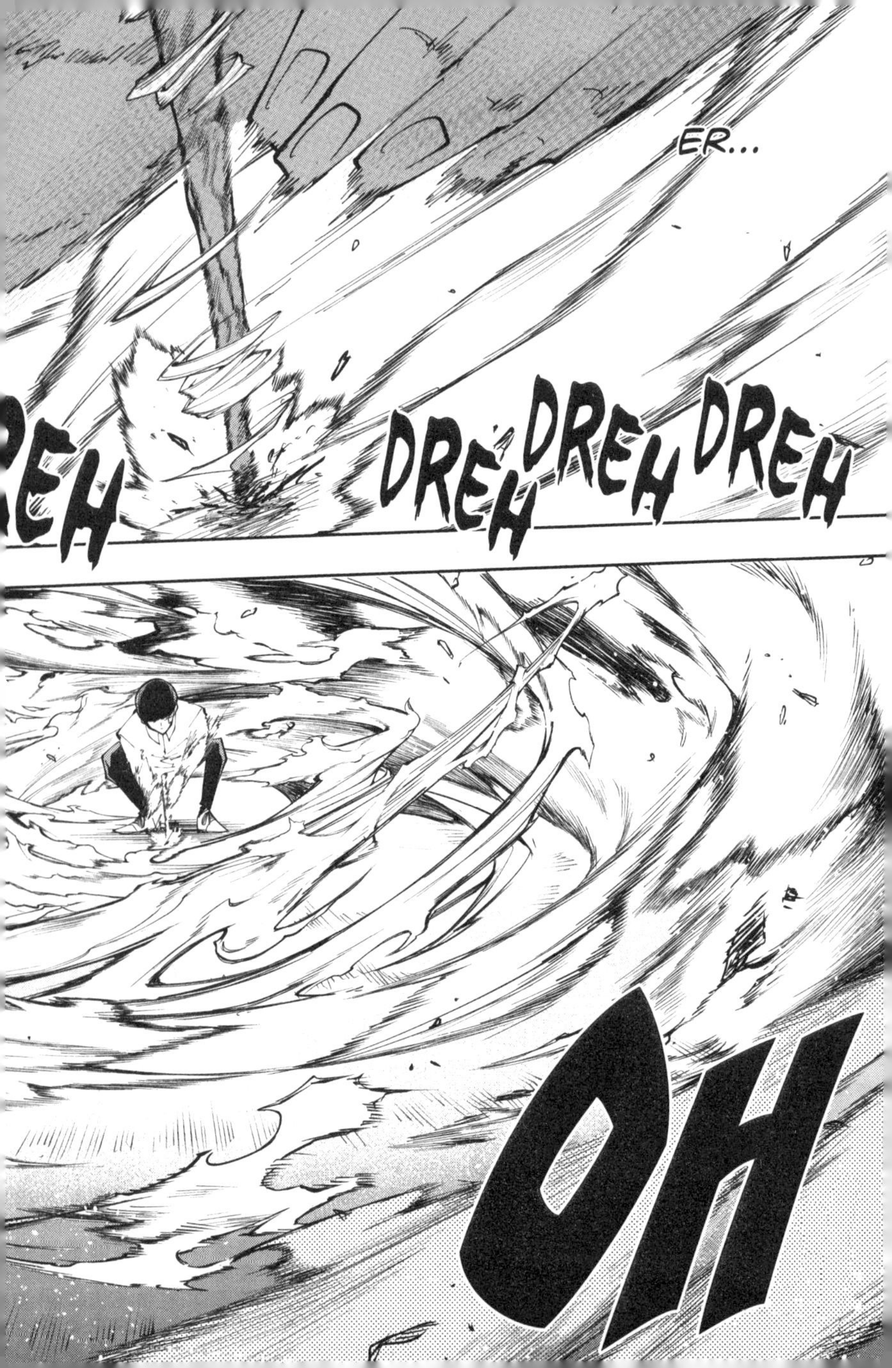
ER...
DREH DREH DREH
REH
OH

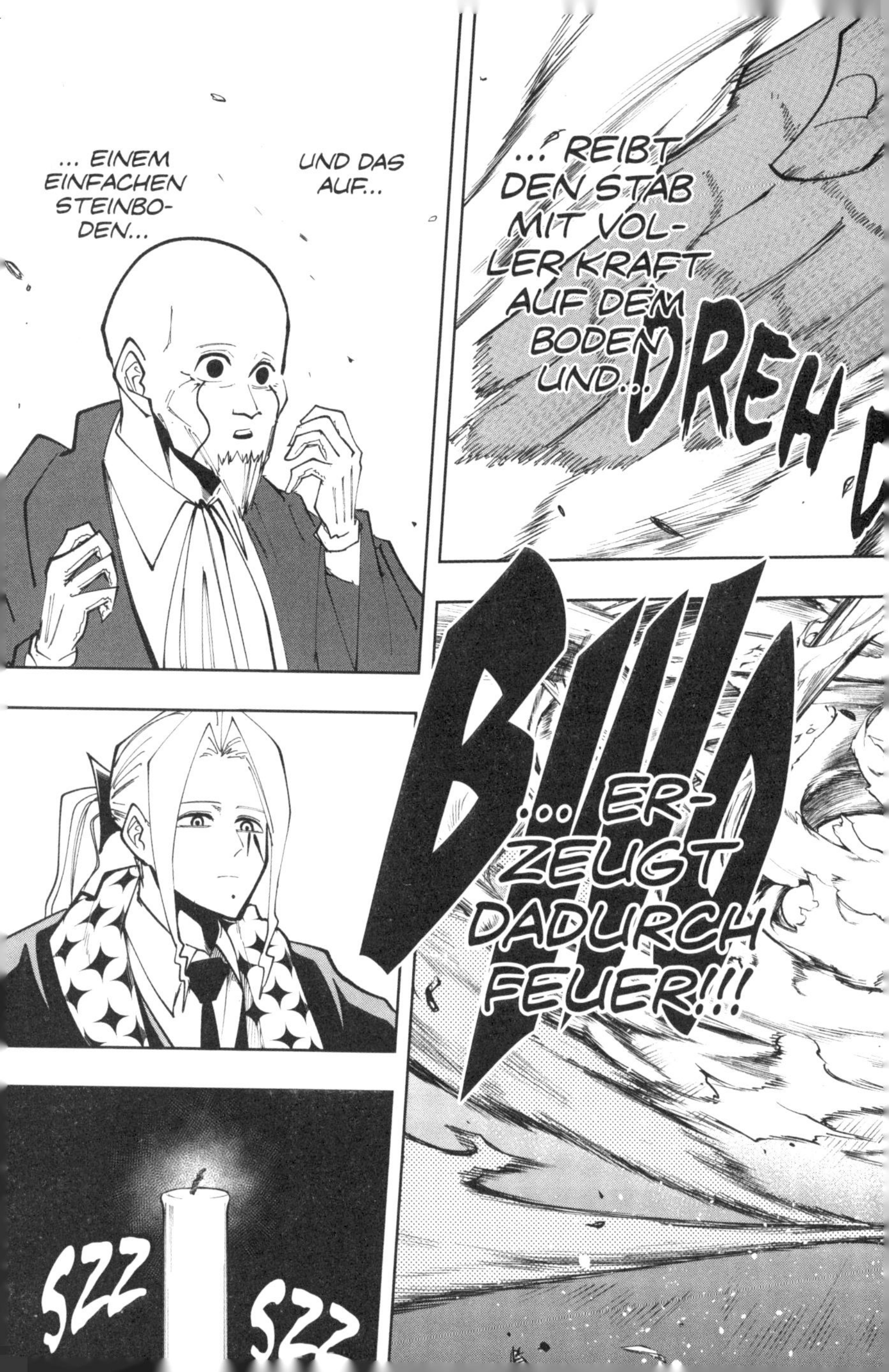
... REIBT DEN STAB MIT VOL-LER KRAFT AUF DEM BODEN UND...
DREH
UND DAS AUF...
... EINEM EINFACHEN STEINBO-DEN...
BUM
... ER-ZEUGT DADURCH FEUER!!!
SZZ
SZZ

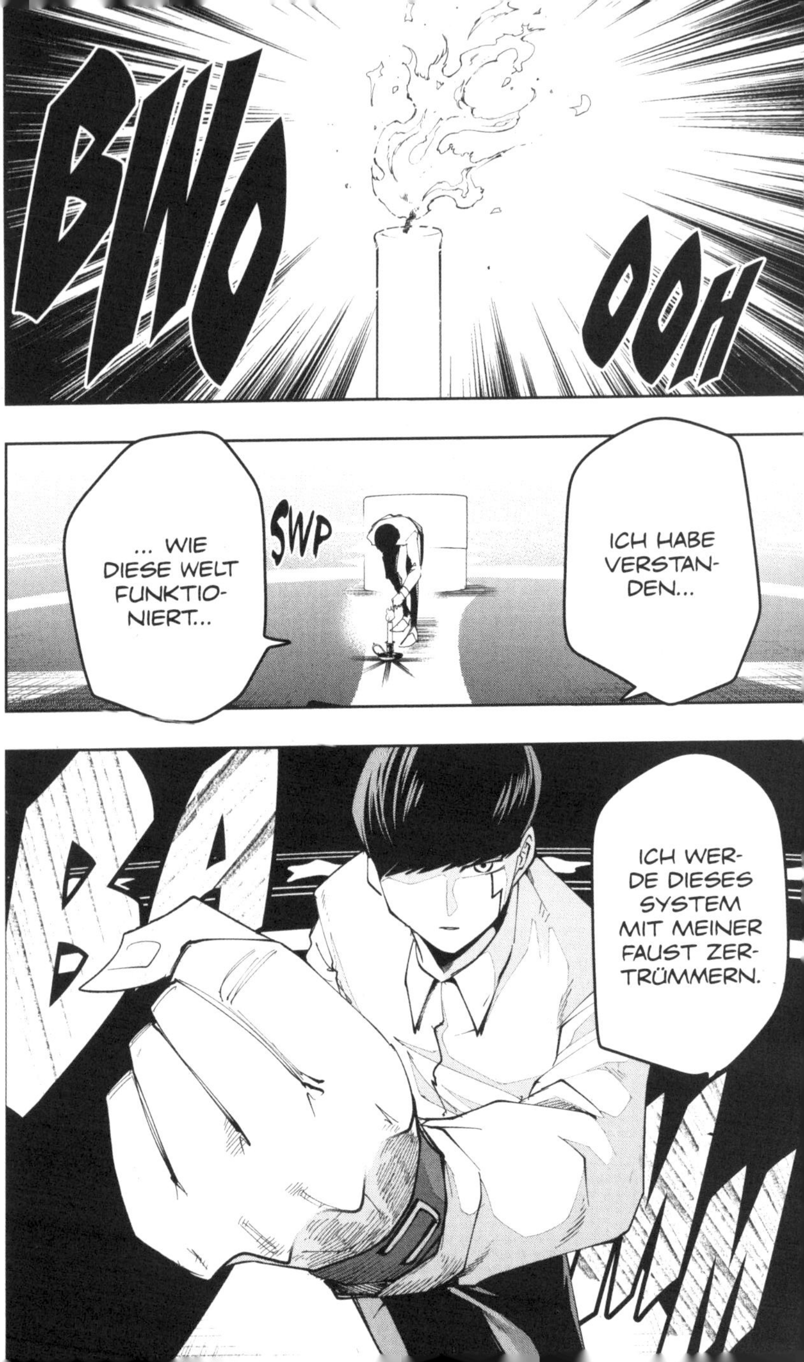
BWO
OOH
ICH HABE VERSTANDEN...
SWP
... WIE DIESE WELT FUNKTIONIERT...
ICH WERDE DIESES SYSTEM MIT MEINER FAUST ZERTRÜMMERN.

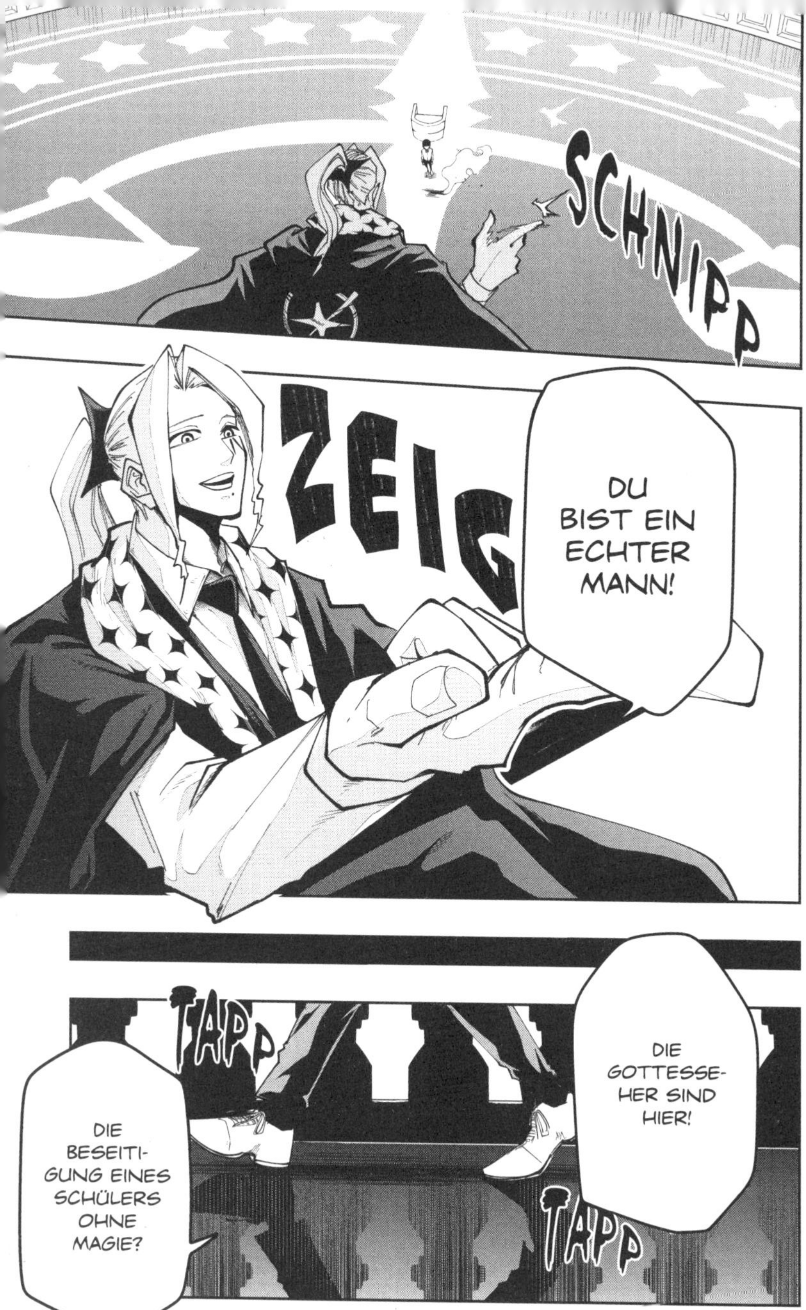
SCHNIPP
DU BIST EIN ECHTER MANN!
ZEIG
DIE GOTTESSEHER SIND HIER!
TAPP
TAPP
DIE BESEITIGUNG EINES SCHÜLERS OHNE MAGIE?

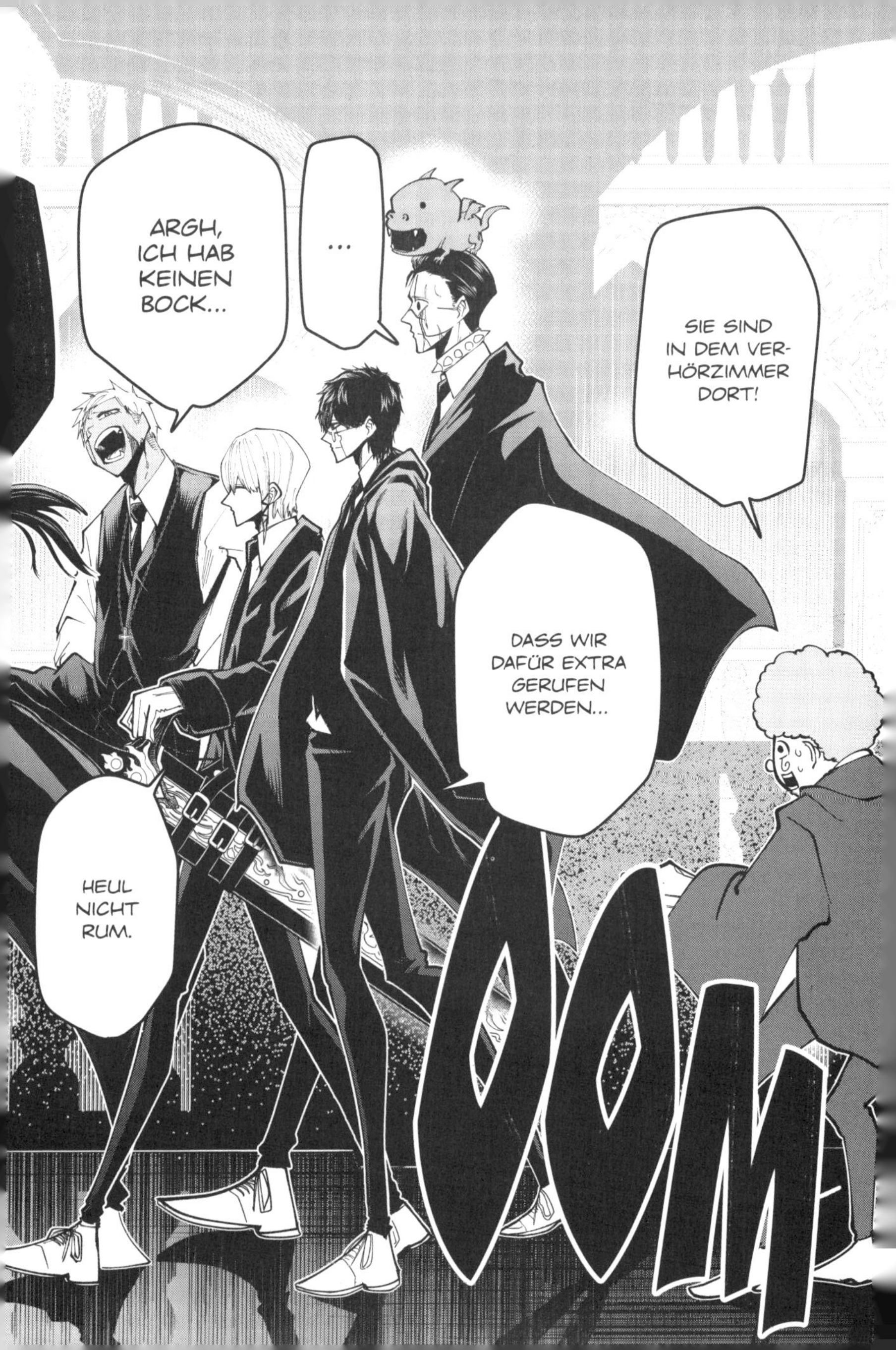

SIE SIND IN DEM VER-HÖRZIMMER DORT!
...
ARGH, ICH HAB KEINEN BOCK...
DASS WIR DAFÜR EXTRA GERUFEN WERDEN...
HEUL NICHT RUM.
OOM

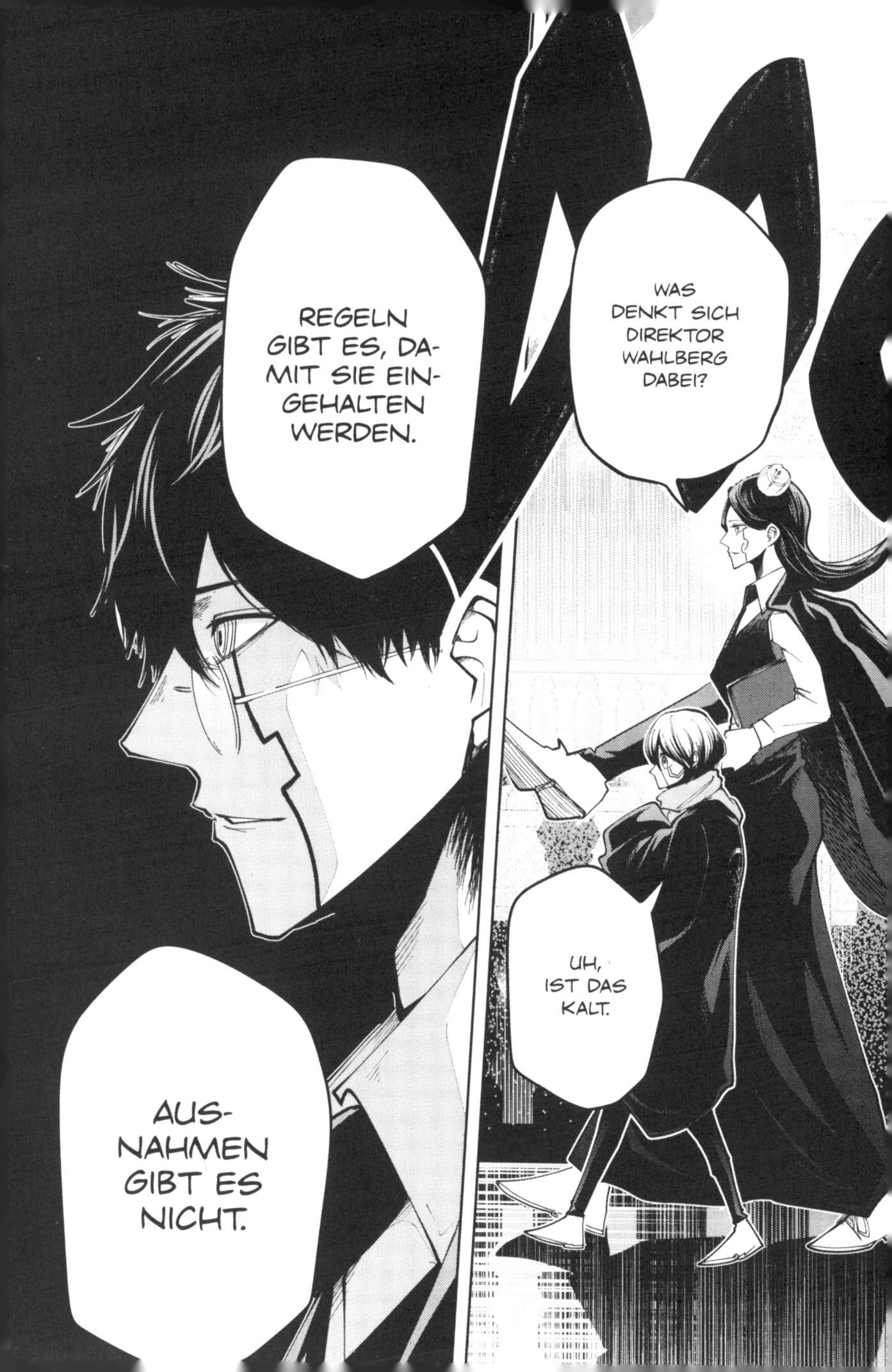
WAS DENKT SICH DIREKTOR WAHLBERG DABEI?
REGELN GIBT ES, DAMIT SIE EINGEHALTEN WERDEN.
UH, IST DAS KALT.
AUSNAHMEN GIBT ES NICHT.

Extra ④

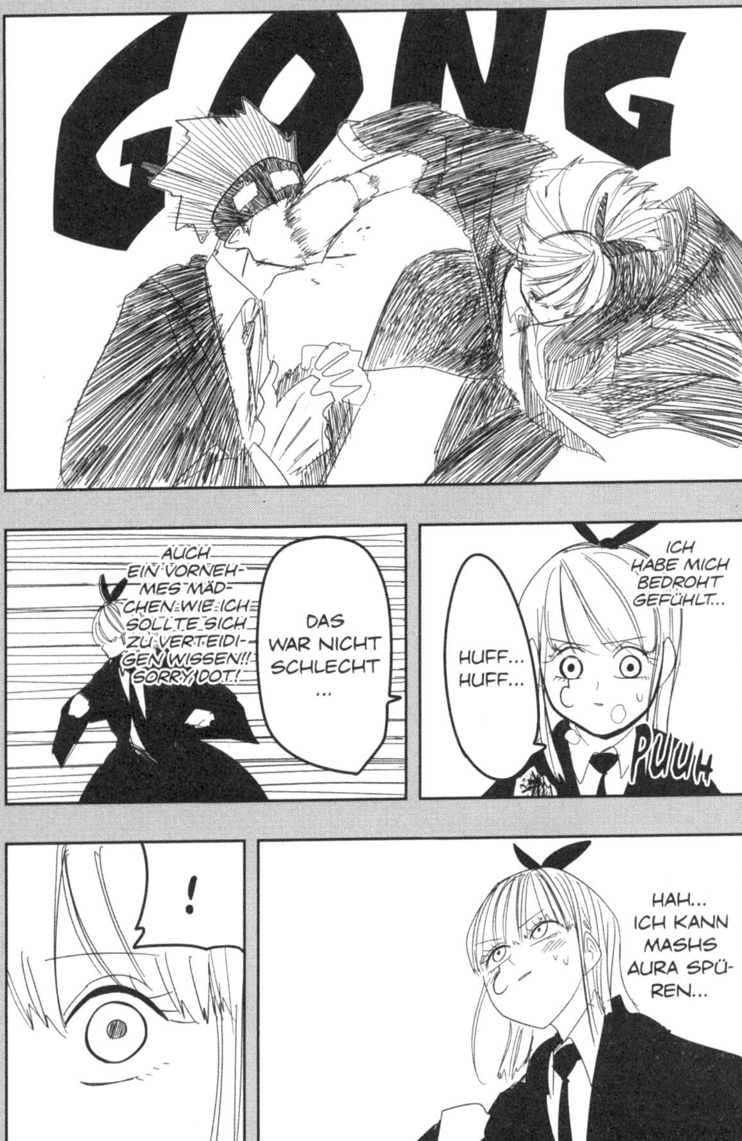

Fortsetzung auf Seite 130

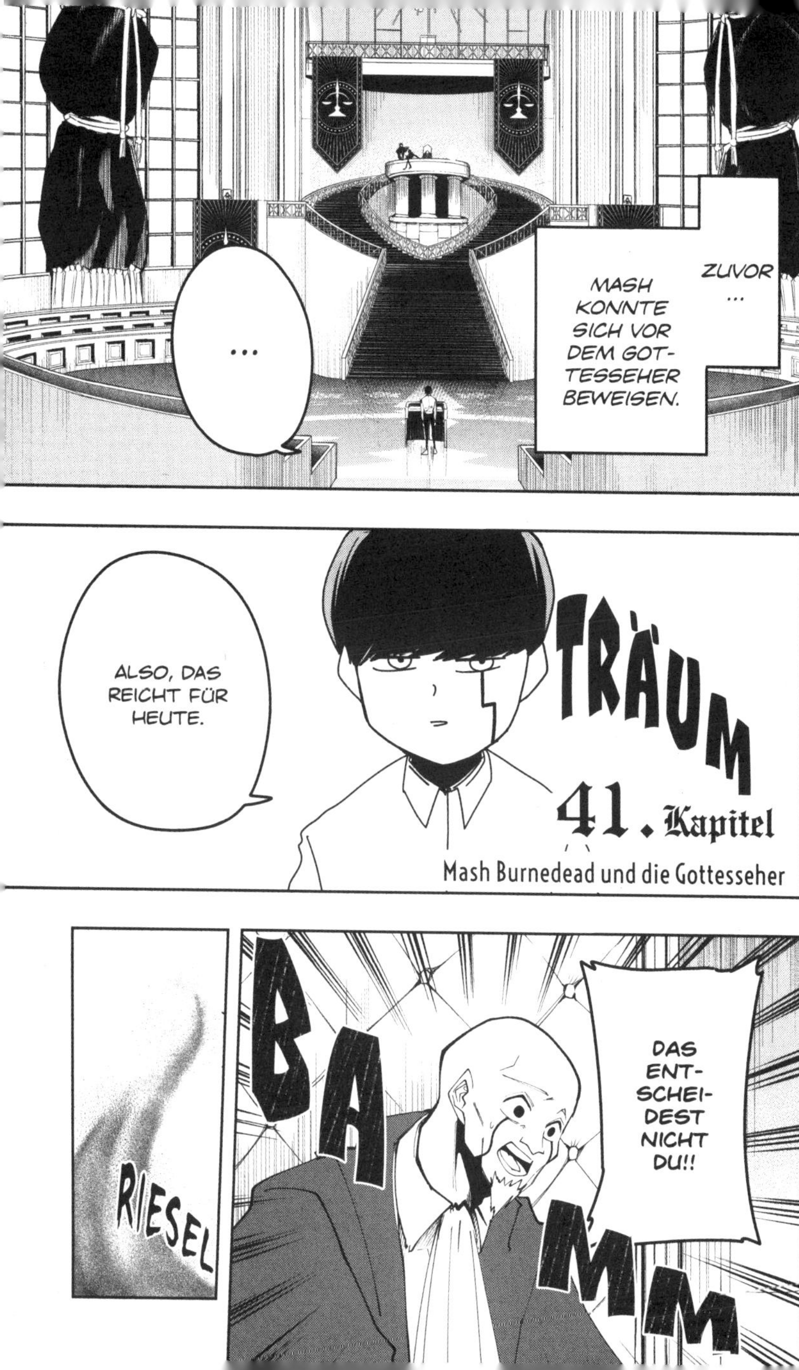
ZUVOR …
MASH KONNTE SICH VOR DEM GOTTESSEHER BEWEISEN.
…
TRÄUM
ALSO, DAS REICHT FÜR HEUTE.
41. Kapitel
Mash Burnedead und die Gottesseher
BAMMM
DAS ENTSCHEIDEST NICHT DU!!
RIESEL

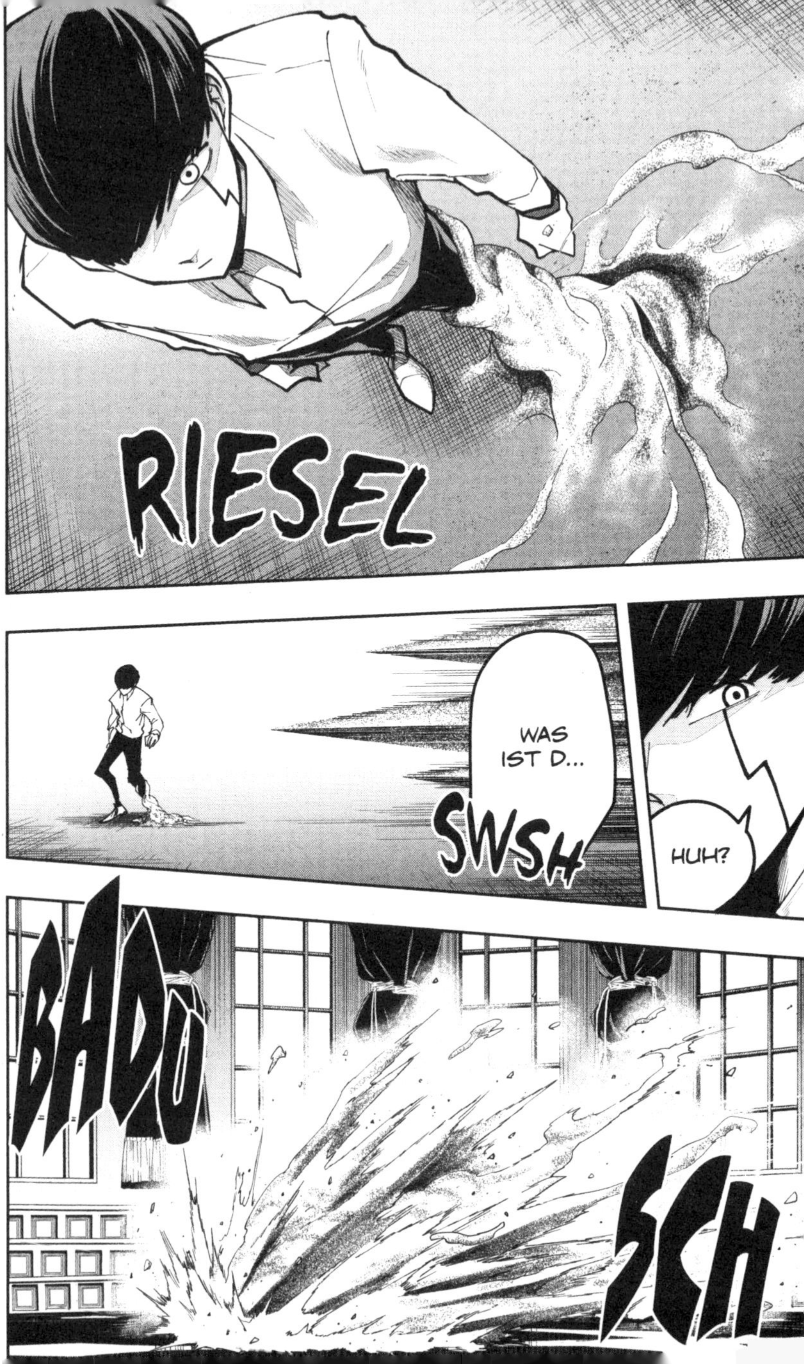
RIESEL
HUH?
WAS IST D...
SWSH
BADÖ
SCH

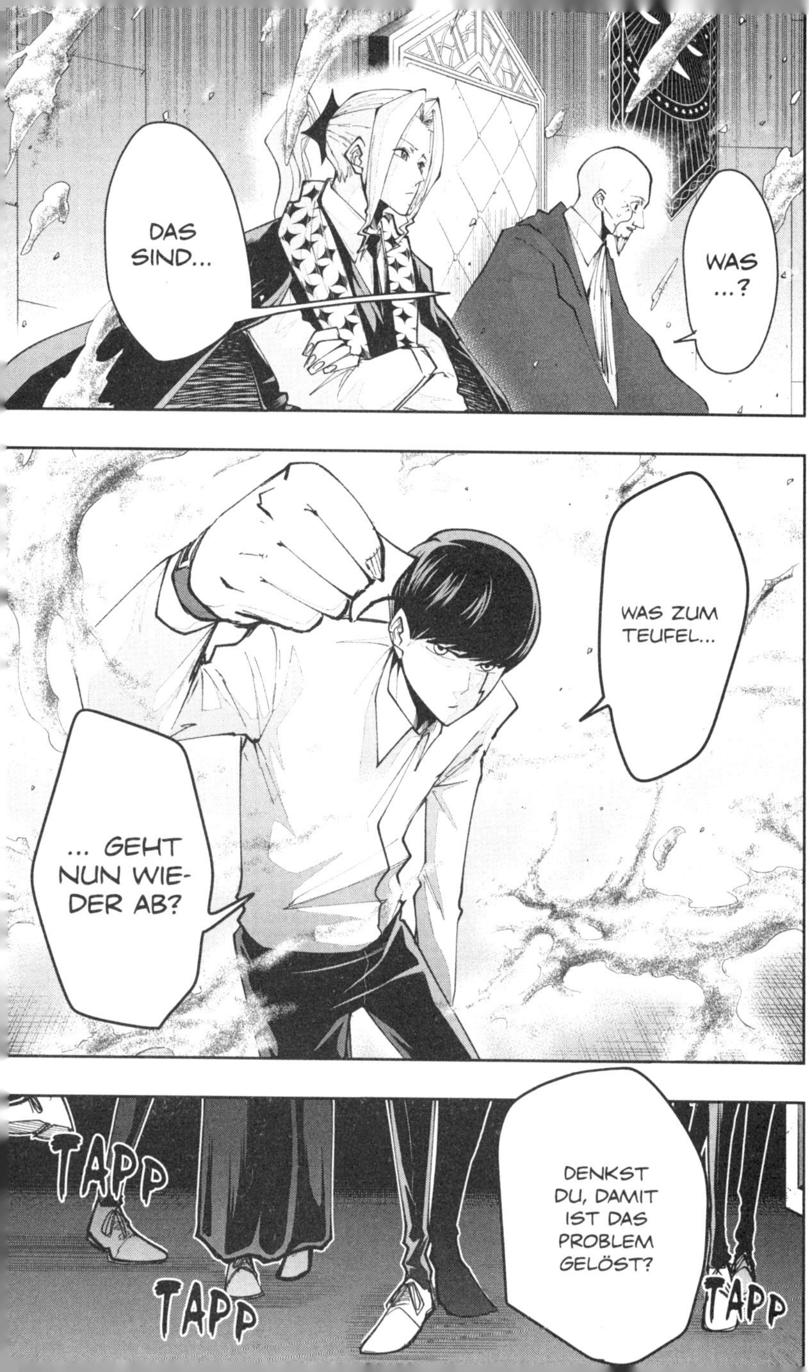
WAS ...?
DAS SIND...
WAS ZUM TEUFEL...
... GEHT NUN WIEDER AB?
DENKST DU, DAMIT IST DAS PROBLEM GELÖST?
TAPP
TAPP
TAPP

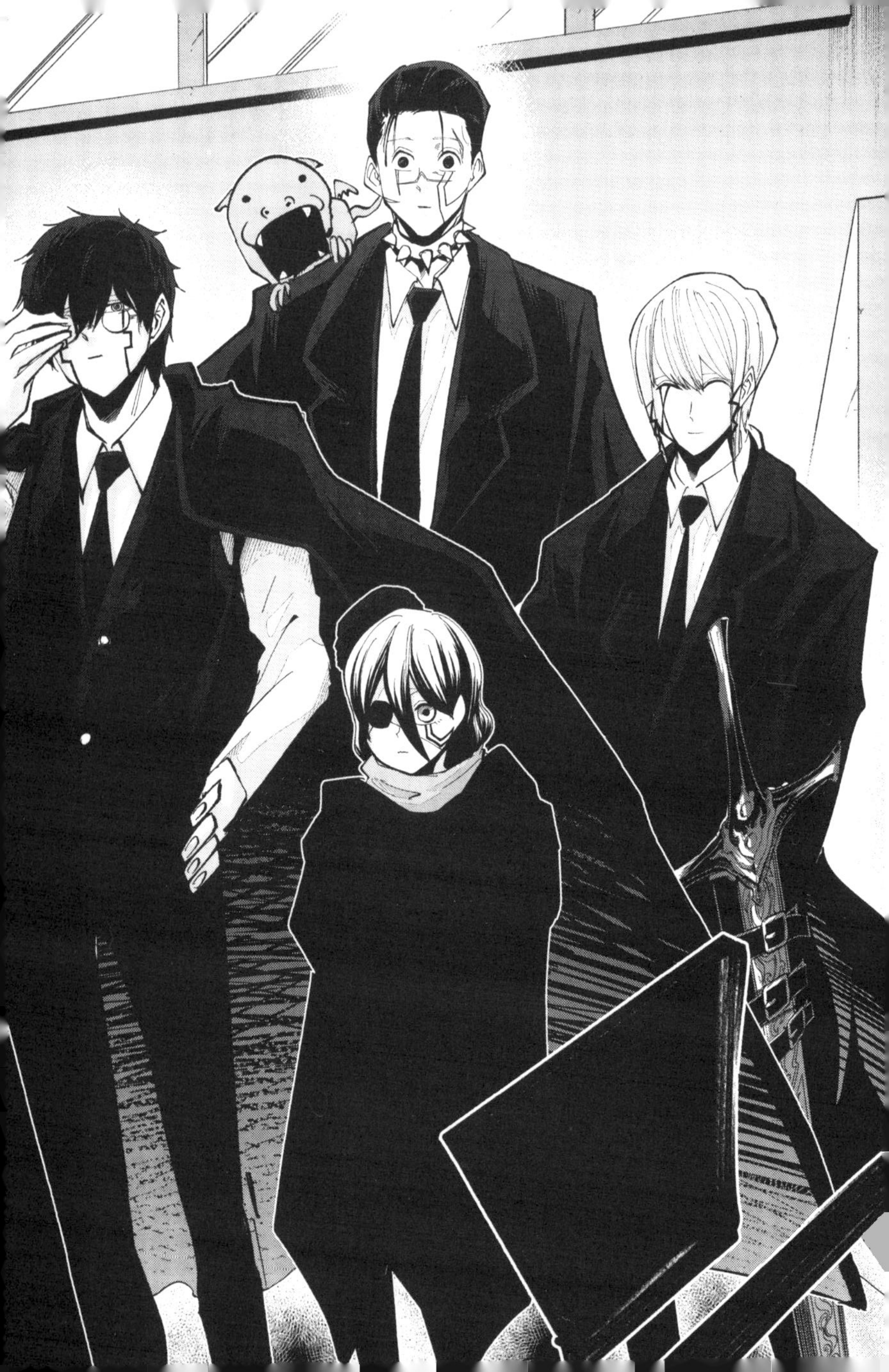

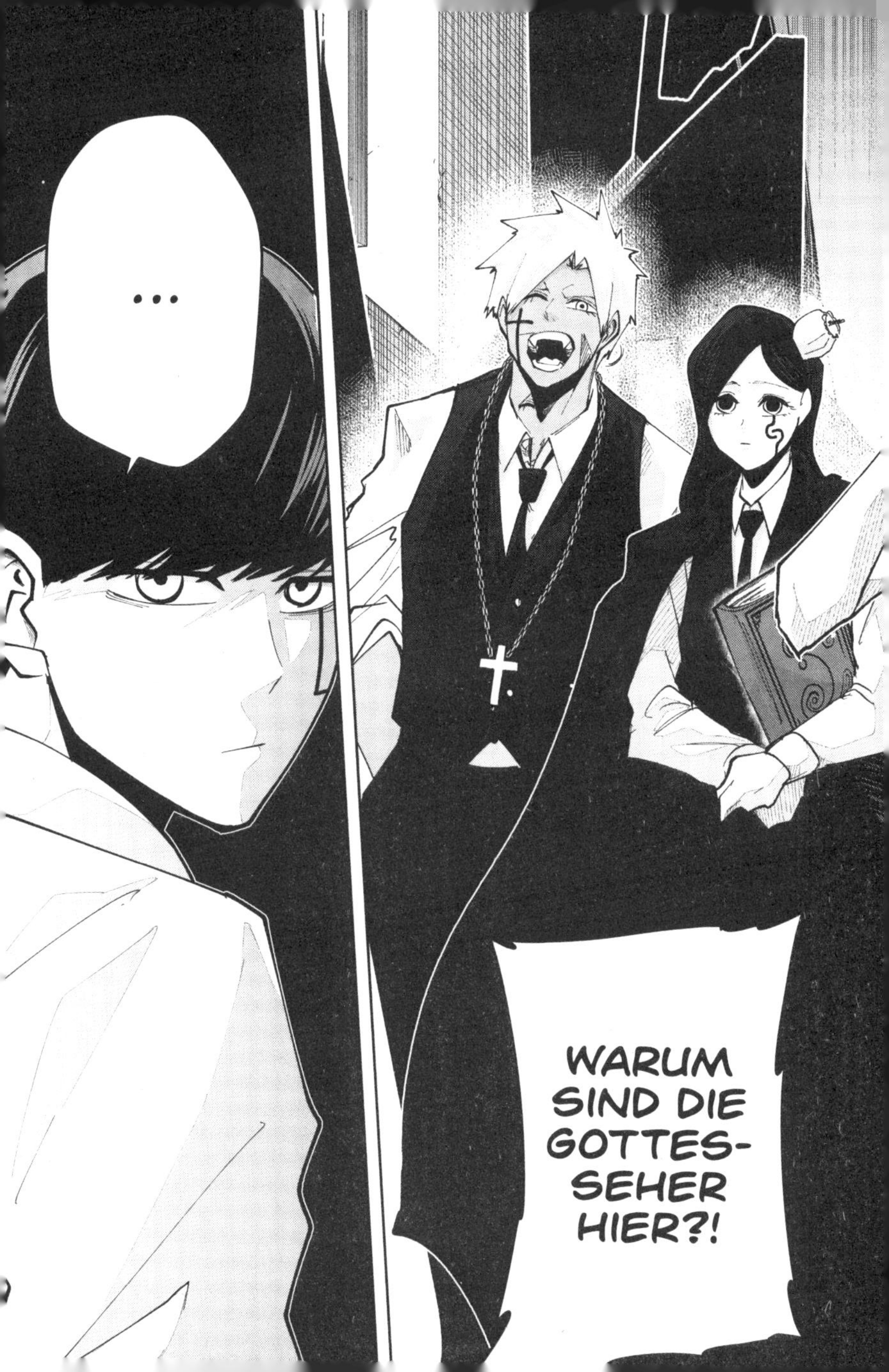
WARUM SIND DIE GOTTES-SEHER HIER?!
...

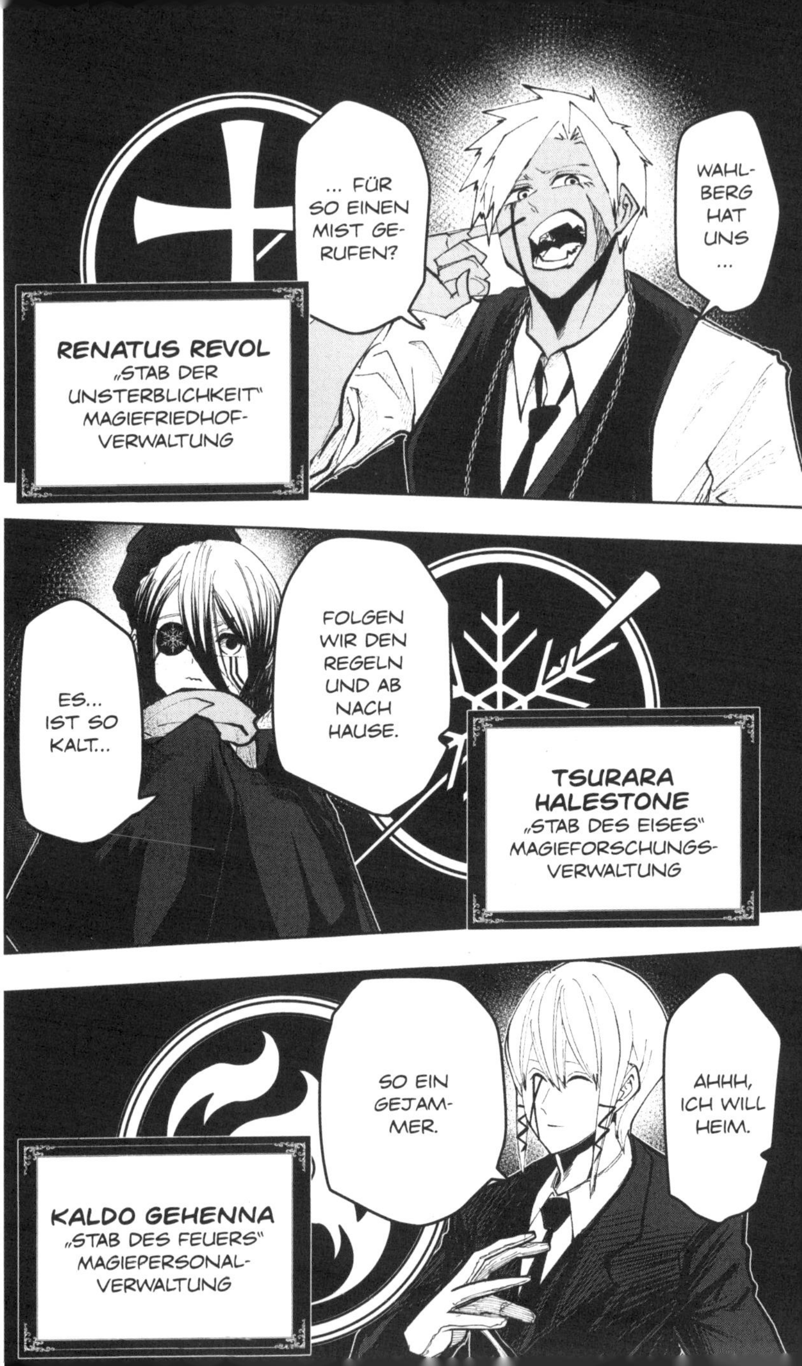
WAHLBERG HAT UNS ...
... FÜR SO EINEN MIST GERUFEN?
RENATUS REVOL „STAB DER UNSTERBLICHKEIT" MAGIEFRIEDHOF-VERWALTUNG
FOLGEN WIR DEN REGELN UND AB NACH HAUSE.
ES... IST SO KALT...
TSURARA HALESTONE „STAB DES EISES" MAGIEFORSCHUNGS-VERWALTUNG
AHHH, ICH WILL HEIM.
SO EIN GEJAMMER.
KALDO GEHENNA „STAB DES FEUERS" MAGIEPERSONAL-VERWALTUNG

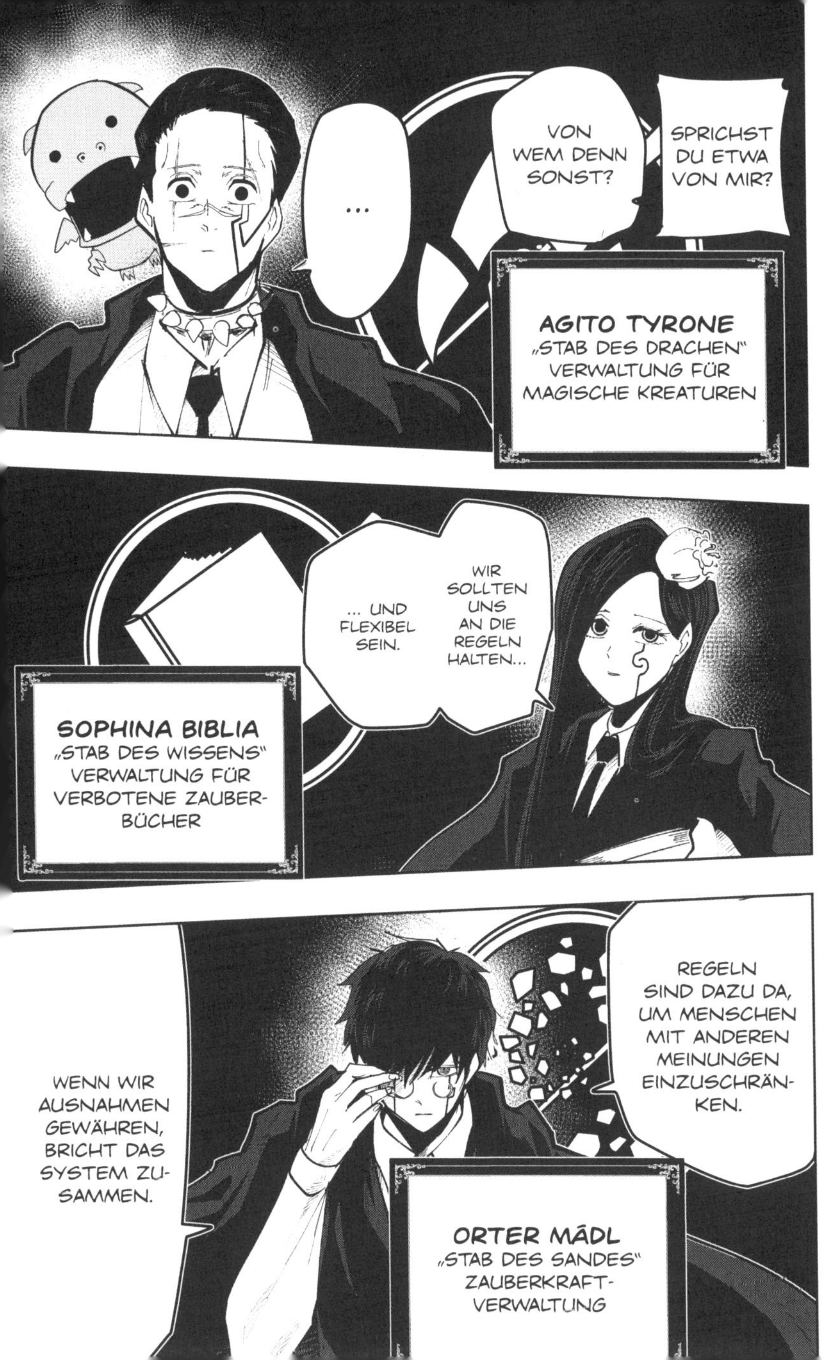
SPRICHST DU ETWA VON MIR?
VON WEM DENN SONST?
...
AGITO TYRONE „STAB DES DRACHEN“ VERWALTUNG FÜR MAGISCHE KREATUREN
WIR SOLLTEN UNS AN DIE REGELN HALTEN...
... UND FLEXIBEL SEIN.
SOPHINA BIBLIA „STAB DES WISSENS“ VERWALTUNG FÜR VERBOTENE ZAUBER-BÜCHER
REGELN SIND DAZU DA, UM MENSCHEN MIT ANDEREN MEINUNGEN EINZUSCHRÄN-KEN.
WENN WIR AUSNAHMEN GEWÄHREN, BRICHT DAS SYSTEM ZU-SAMMEN.
ORTER MÄDL „STAB DES SANDES“ ZAUBERKRAFT-VERWALTUNG

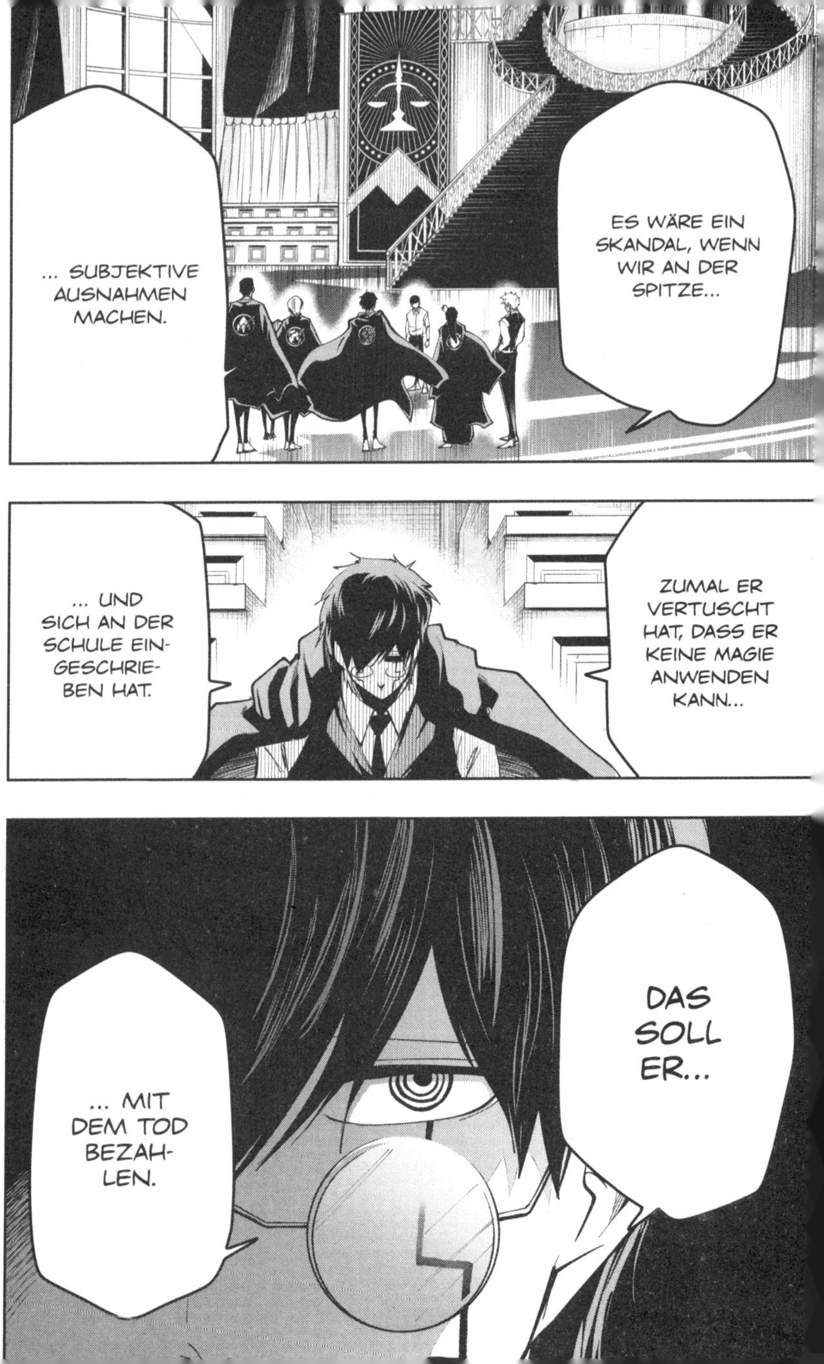
ES WÄRE EIN SKANDAL, WENN WIR AN DER SPITZE...
... SUBJEKTIVE AUSNAHMEN MACHEN.
ZUMAL ER VERTUSCHT HAT, DASS ER KEINE MAGIE ANWENDEN KANN...
... UND SICH AN DER SCHULE EIN-GESCHRIE-BEN HAT.
DAS SOLL ER...
... MIT DEM TOD BEZAH-LEN.

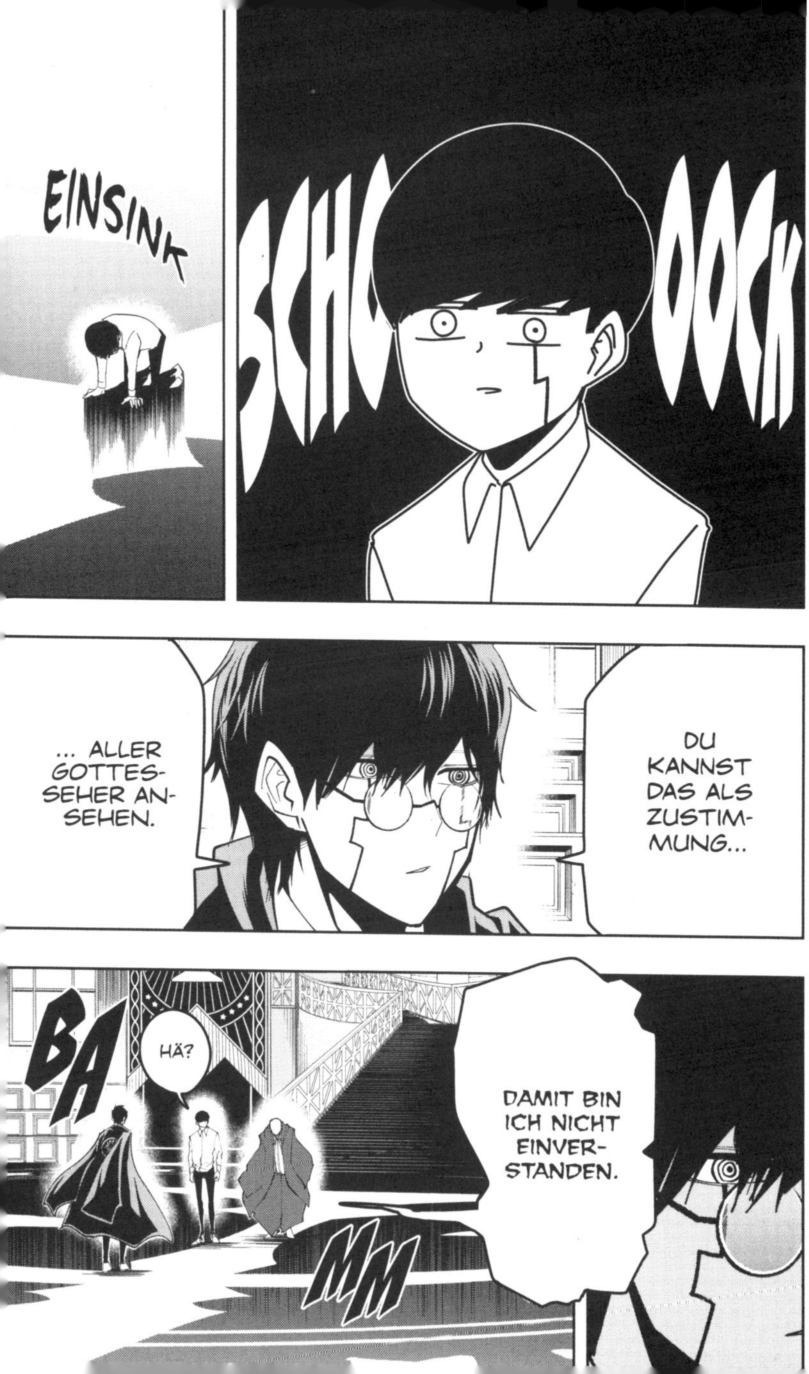

SCHOOCK
EINSINK
DU KANNST DAS ALS ZUSTIMMUNG...
... ALLER GOTTESSEHER ANSEHEN.
DAMIT BIN ICH NICHT EINVERSTANDEN.
BAMM
HÄ?

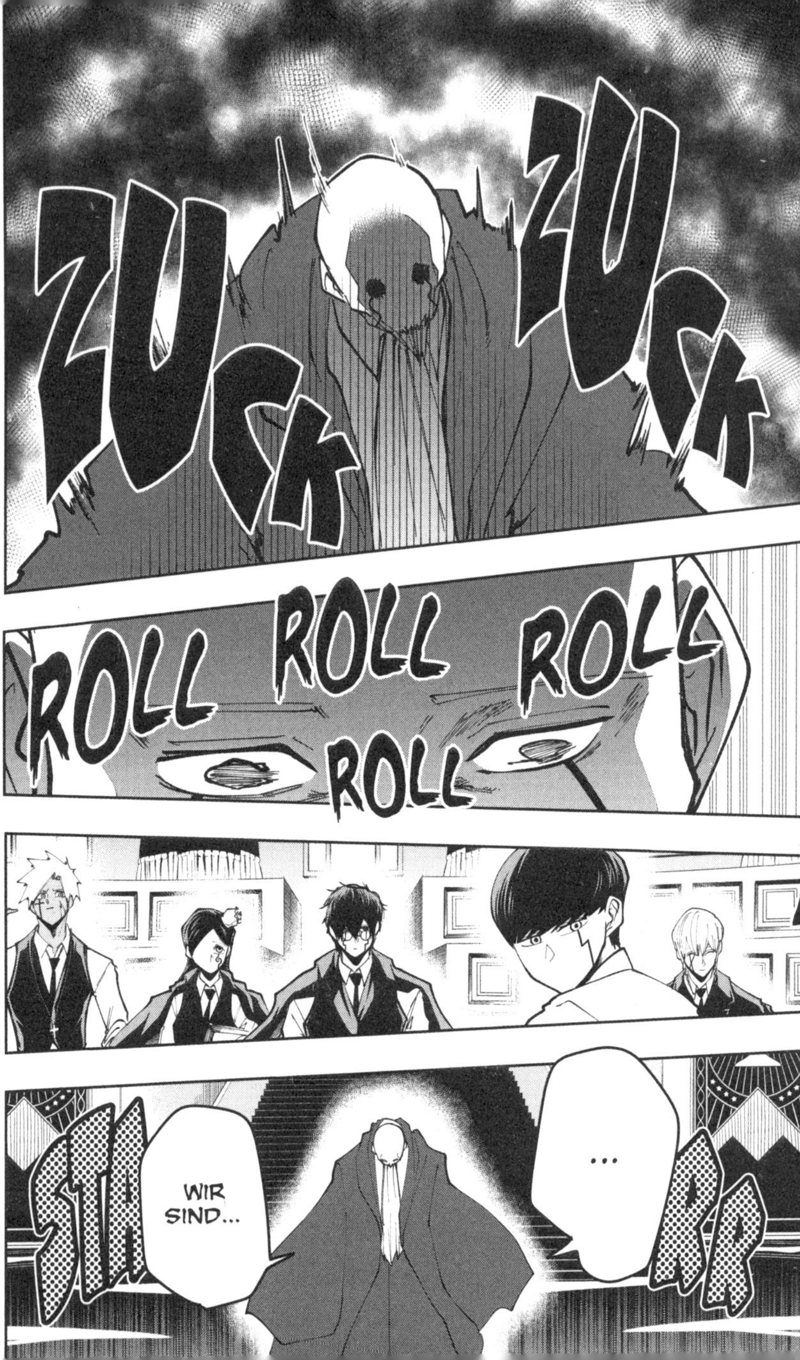
ZUCK ZUCK
ZUCK
ROLL ROLL ROLL ROLL
...
WIR SIND...
STARR

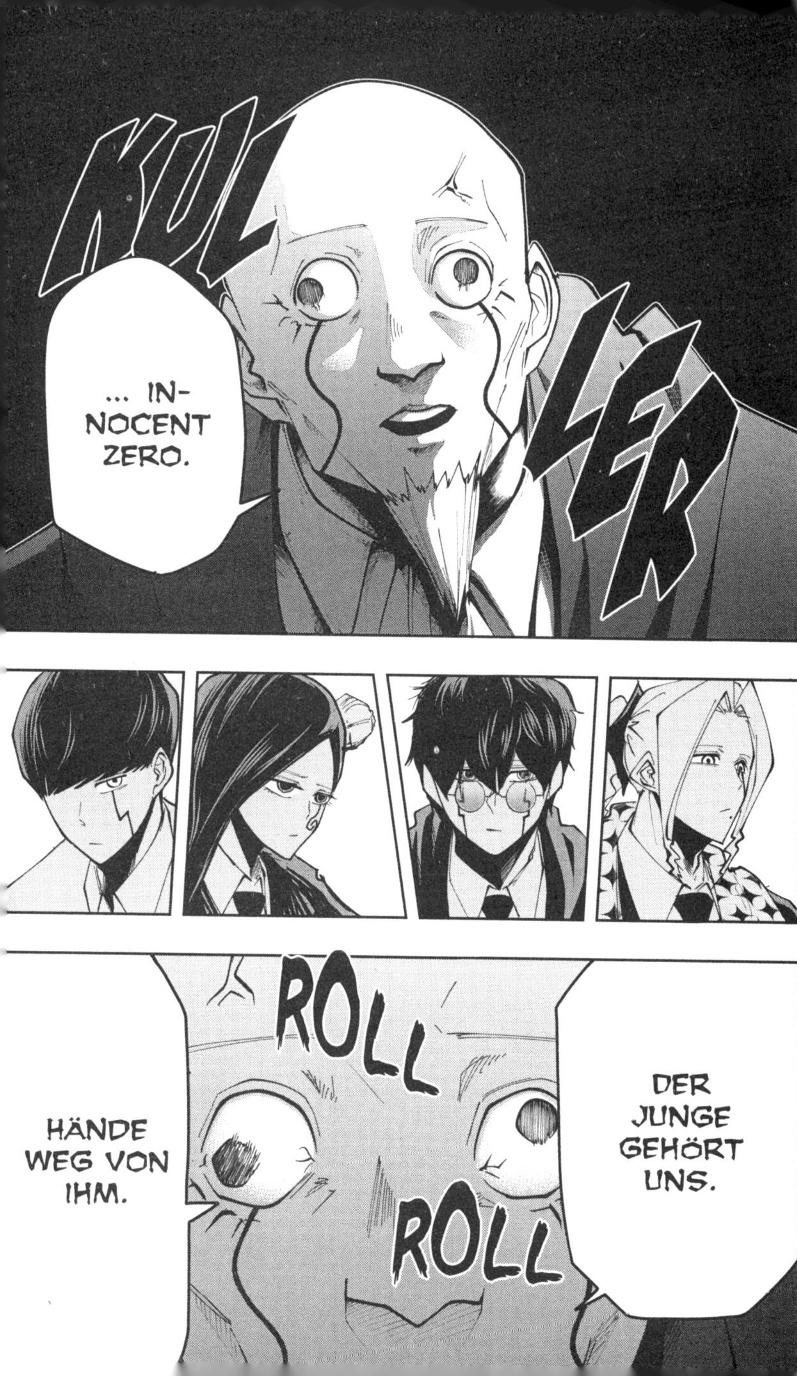
KUL
LER
... IN-
NOCENT
ZERO.
ROLL
ROLL
DER
JUNGE
GEHÖRT
UNS.
HÄNDE
WEG VON
IHM.

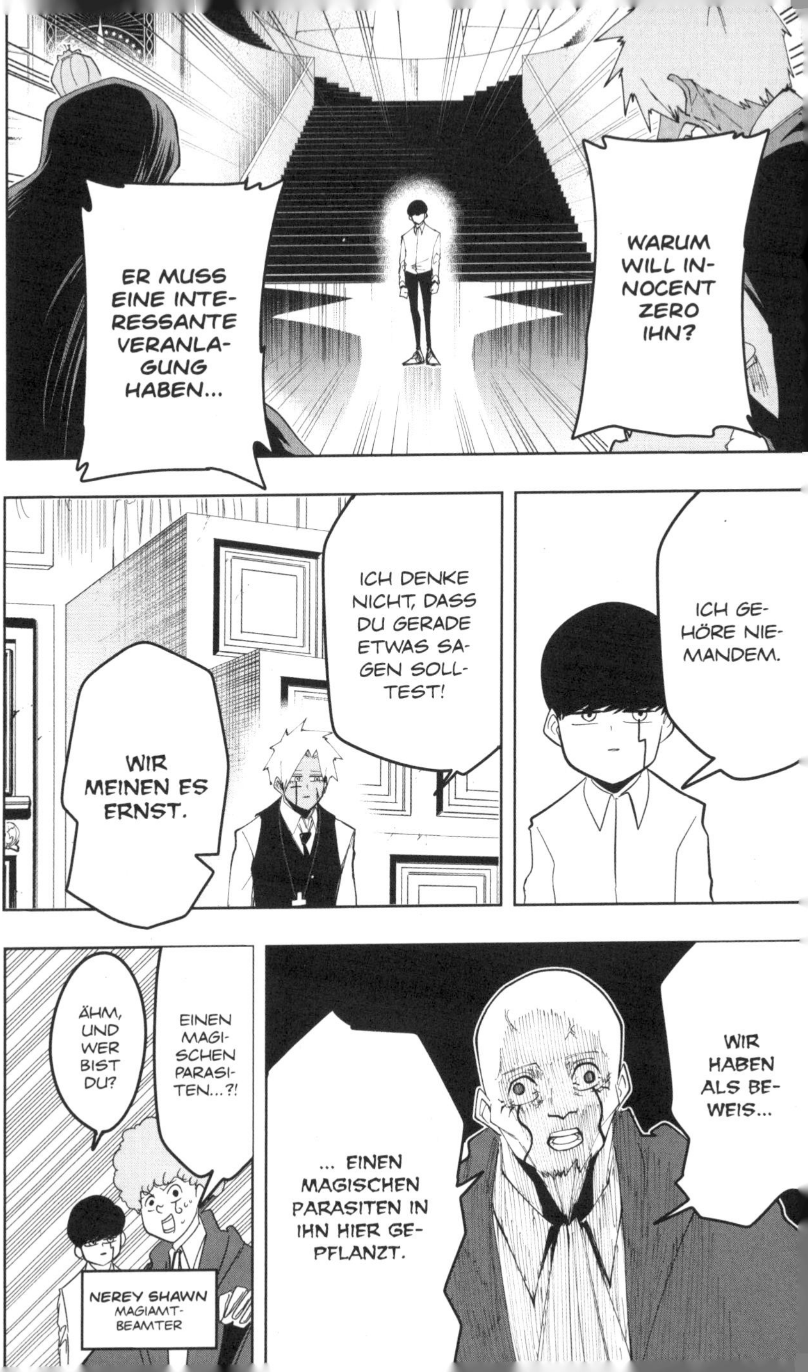
WARUM WILL INNOCENT ZERO IHN?
ER MUSS EINE INTERESSANTE VERANLAGUNG HABEN...
ICH GEHÖRE NIEMANDEM.
ICH DENKE NICHT, DASS DU GERADE ETWAS SAGEN SOLLTEST!
WIR MEINEN ES ERNST.
WIR HABEN ALS BEWEIS...
... EINEN MAGISCHEN PARASITEN IN IHN HIER GEPFLANZT.
EINEN MAGISCHEN PARASITEN...?!
ÄHM, UND WER BIST DU?
NEREY SHAWN
MAGIAMT-BEAMTER

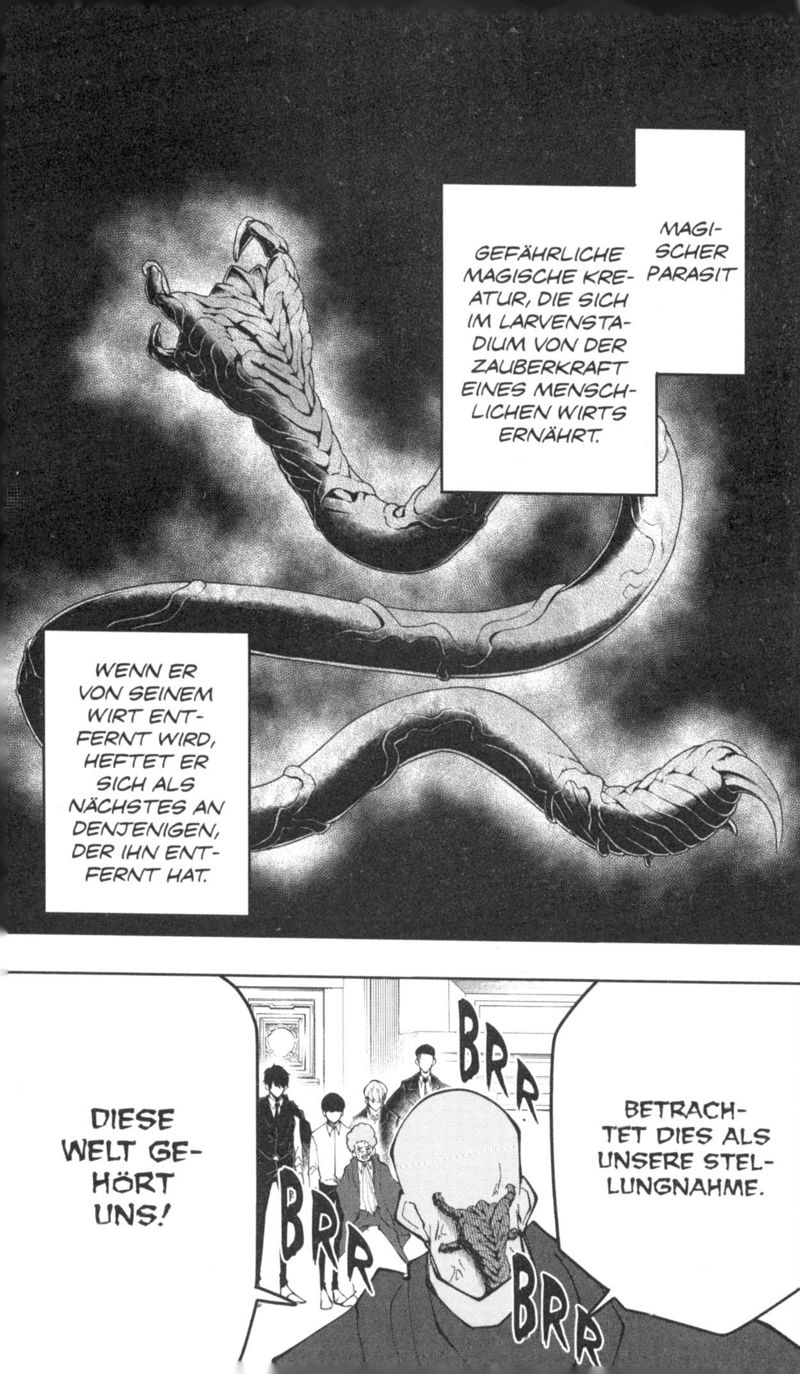
MAGISCHER PARASIT
GEFÄHRLICHE MAGISCHE KREATUR, DIE SICH IM LARVENSTADIUM VON DER ZAUBERKRAFT EINES MENSCHLICHEN WIRTS ERNÄHRT.
WENN ER VON SEINEM WIRT ENTFERNT WIRD, HEFTET ER SICH ALS NÄCHSTES AN DENJENIGEN, DER IHN ENTFERNT HAT.
BETRACHTET DIES ALS UNSERE STELLUNGNAHME.
BRR
DIESE WELT GEHÖRT UNS!
BRR
BRR

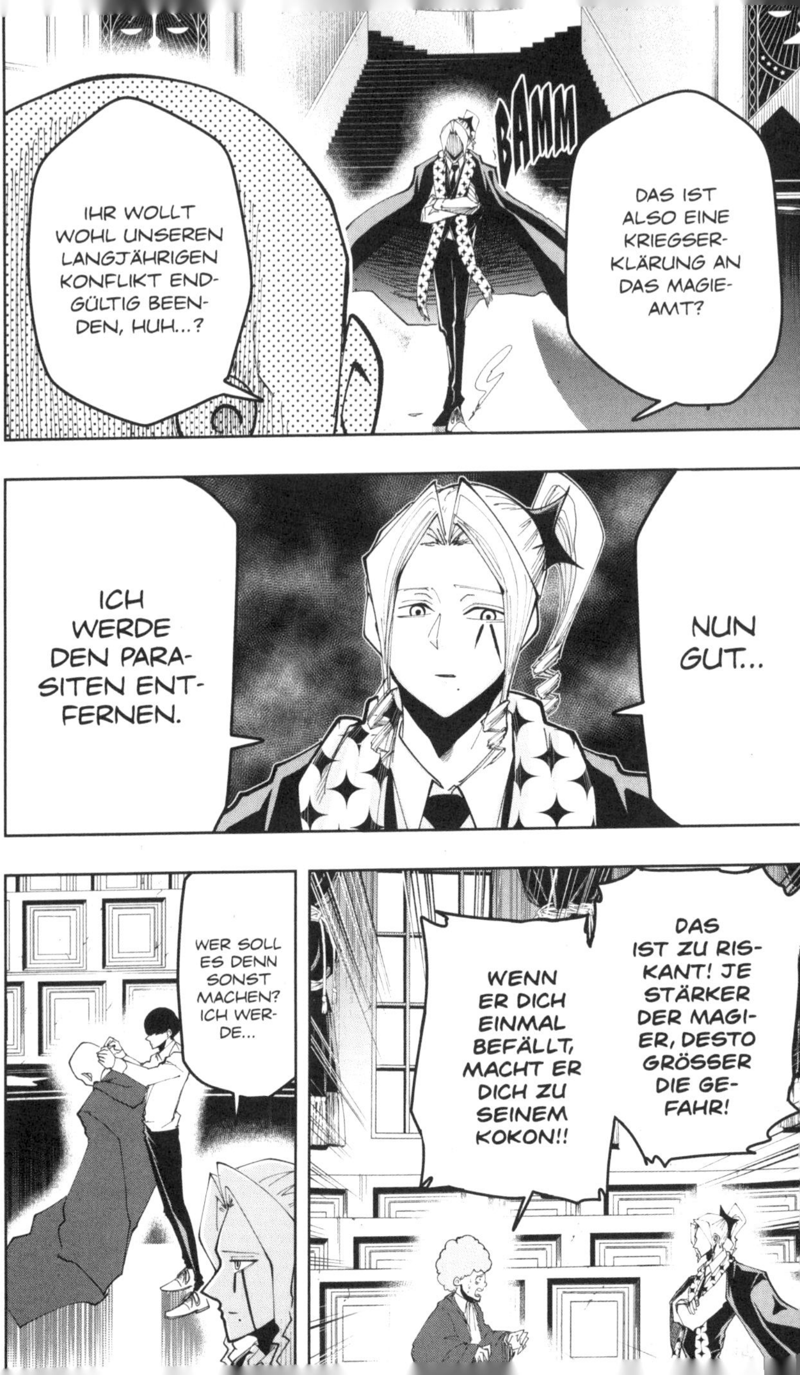
DAS IST ALSO EINE KRIEGSER-KLÄRUNG AN DAS MAGIE-AMT?
BAMM
IHR WOLLT WOHL UNSEREN LANGJÄHRIGEN KONFLIKT END-GÜLTIG BEEN-DEN, HUH...?
NUN GUT...
ICH WERDE DEN PARA-SITEN ENT-FERNEN.
DAS IST ZU RIS-KANT! JE STÄRKER DER MAGI-ER, DESTO GRÖSSER DIE GE-FAHR!
WENN ER DICH EINMAL BEFÄLLT, MACHT ER DICH ZU SEINEM KOKON!!
WER SOLL ES DENN SONST MACHEN? ICH WER-DE...

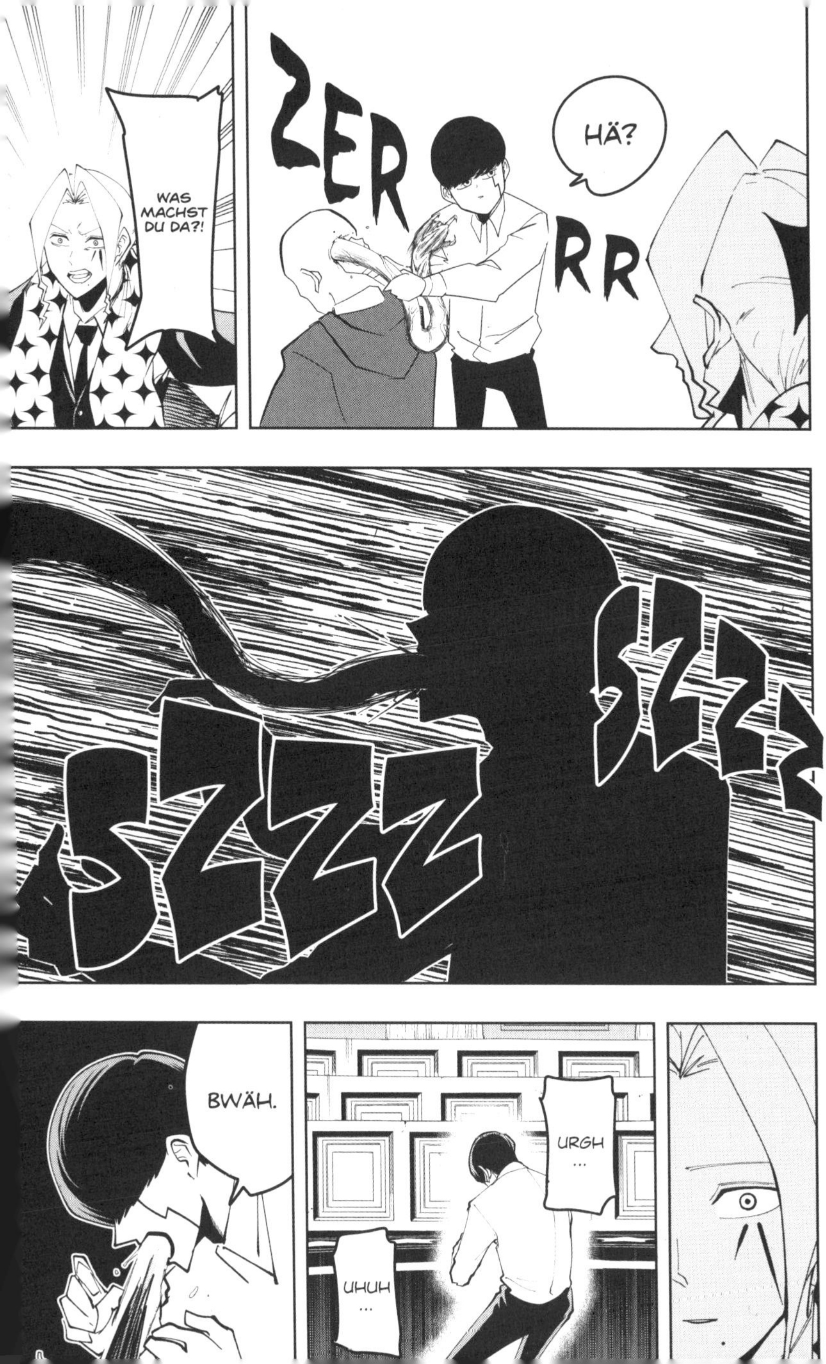
ZERRR
HÄ?
WAS MACHST DU DA?!
SZZZZ
SZZZ
URGH ...
UHUH ...
BWÄH.

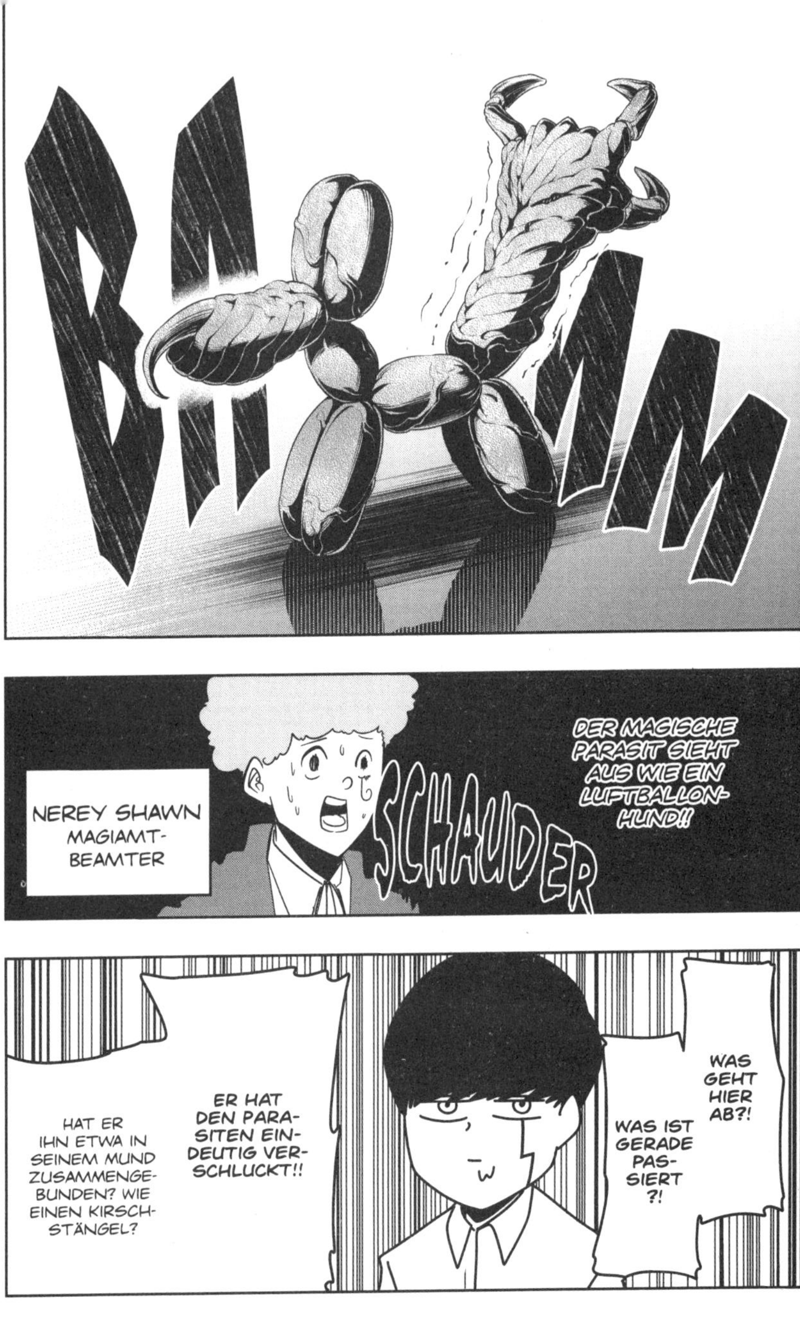
BAAM
DER MAGISCHE PARASIT SIEHT AUS WIE EIN LUFTBALLON-HUND!!
SCHAUDER
NEREY SHAWN MAGIAMT-BEAMTER
WAS GEHT HIER AB?!
WAS IST GERADE PASSIERT?!
ER HAT DEN PARASITEN EINDEUTIG VERSCHLUCKT!!
HAT ER IHN ETWA IN SEINEM MUND ZUSAMMENGEBUNDEN? WIE EINEN KIRSCHSTÄNGEL?

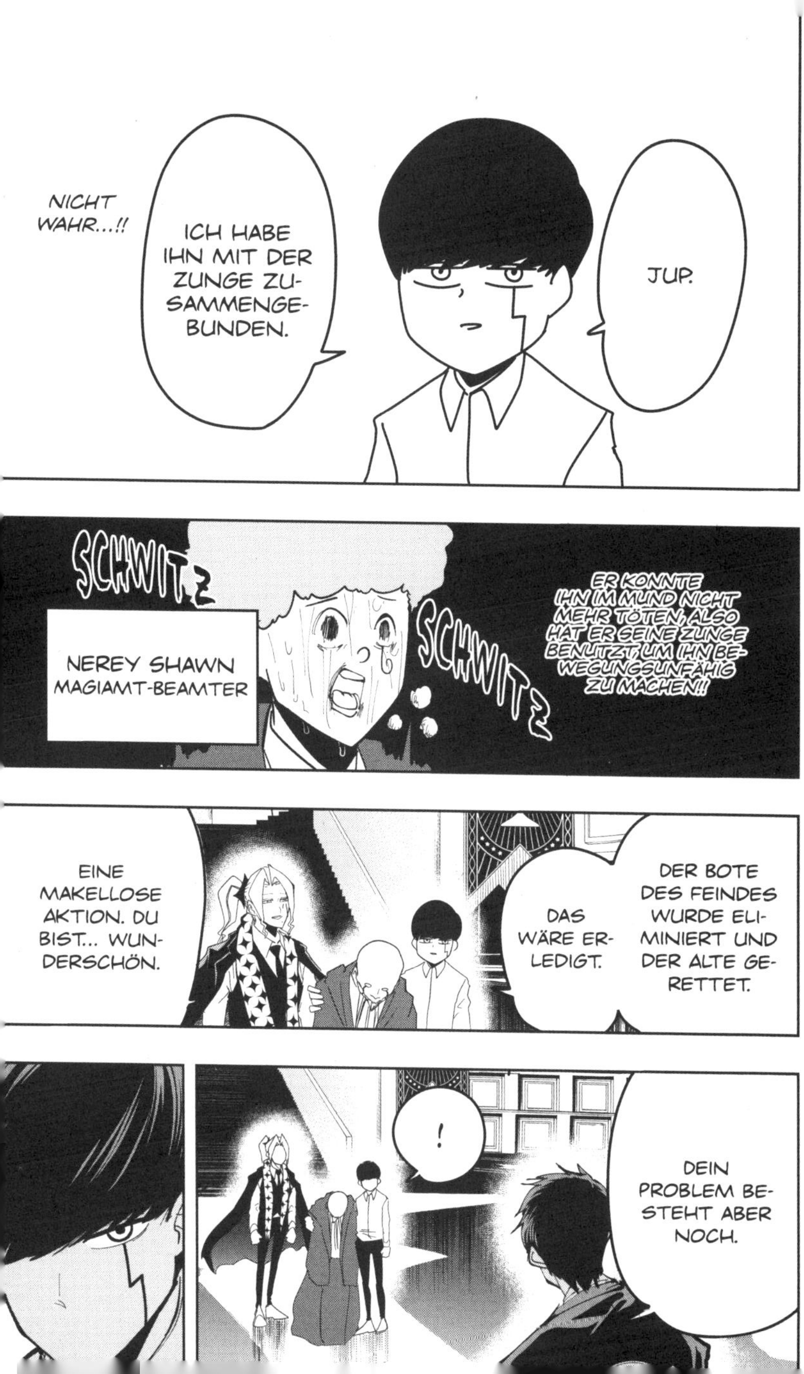
JUP.
ICH HABE IHN MIT DER ZUNGE ZUSAMMENGEBUNDEN.
NICHT WAHR…!!
SCHWITZ
SCHWITZ
ER KONNTE IHN IM MUND NICHT MEHR TÖTEN, ALSO HAT ER SEINE ZUNGE BENUTZT, UM IHN BEWEGUNGSUNFÄHIG ZU MACHEN!!
NEREY SHAWN MAGIAMT-BEAMTER
DER BOTE DES FEINDES WURDE ELIMINIERT UND DER ALTE GERETTET.
DAS wäre ERLEDIGT.
EINE MAKELLOSE AKTION. DU BIST… WUNDERSCHÖN.
DEIN PROBLEM BESTEHT ABER NOCH.
!

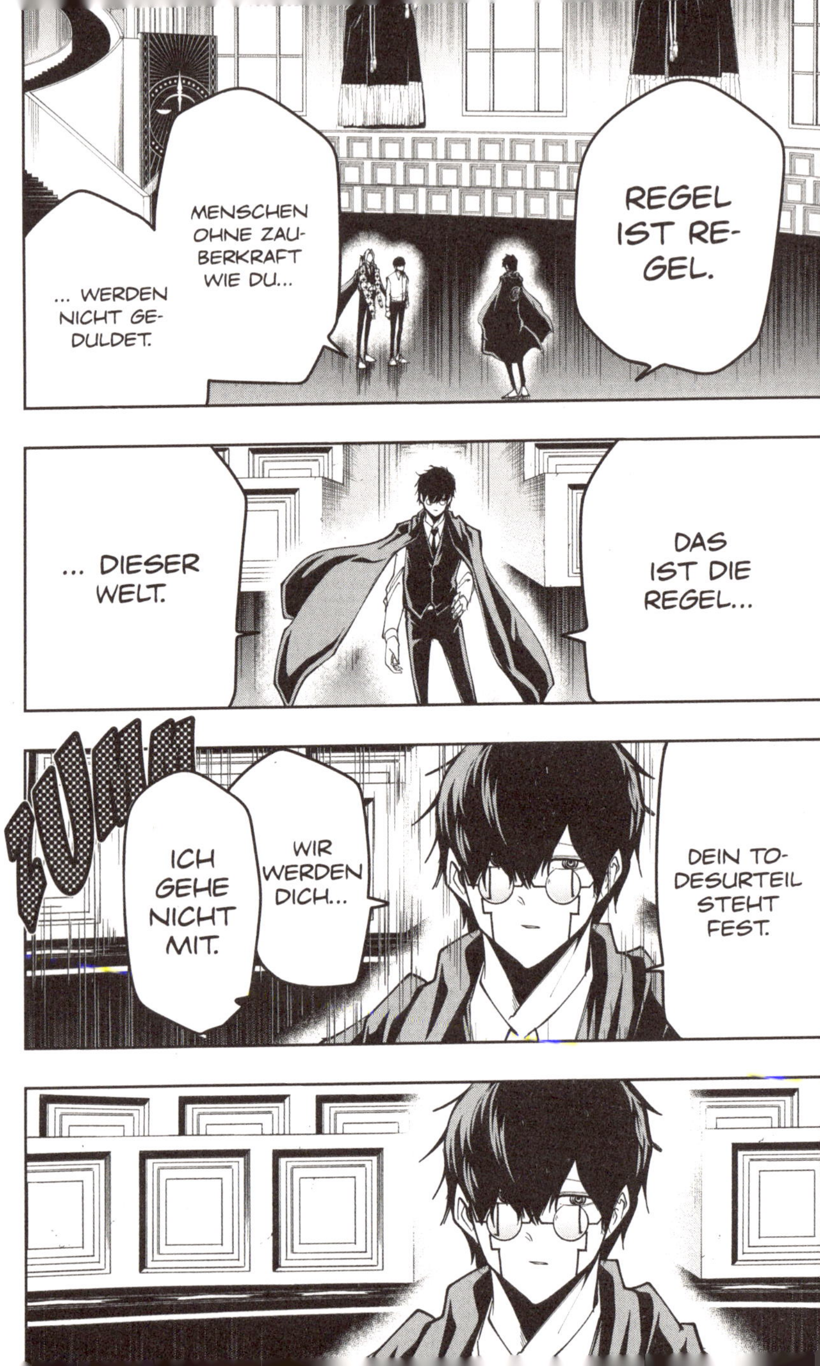

REGEL IST RE-GEL.
MENSCHEN OHNE ZAU-BERKRAFT WIE DU...
... WERDEN NICHT GE-DULDET.
DAS IST DIE REGEL...
... DIESER WELT.
DEIN TO-DESURTEIL STEHT FEST.
WIR WERDEN DICH...
ICH GEHE NICHT MIT.

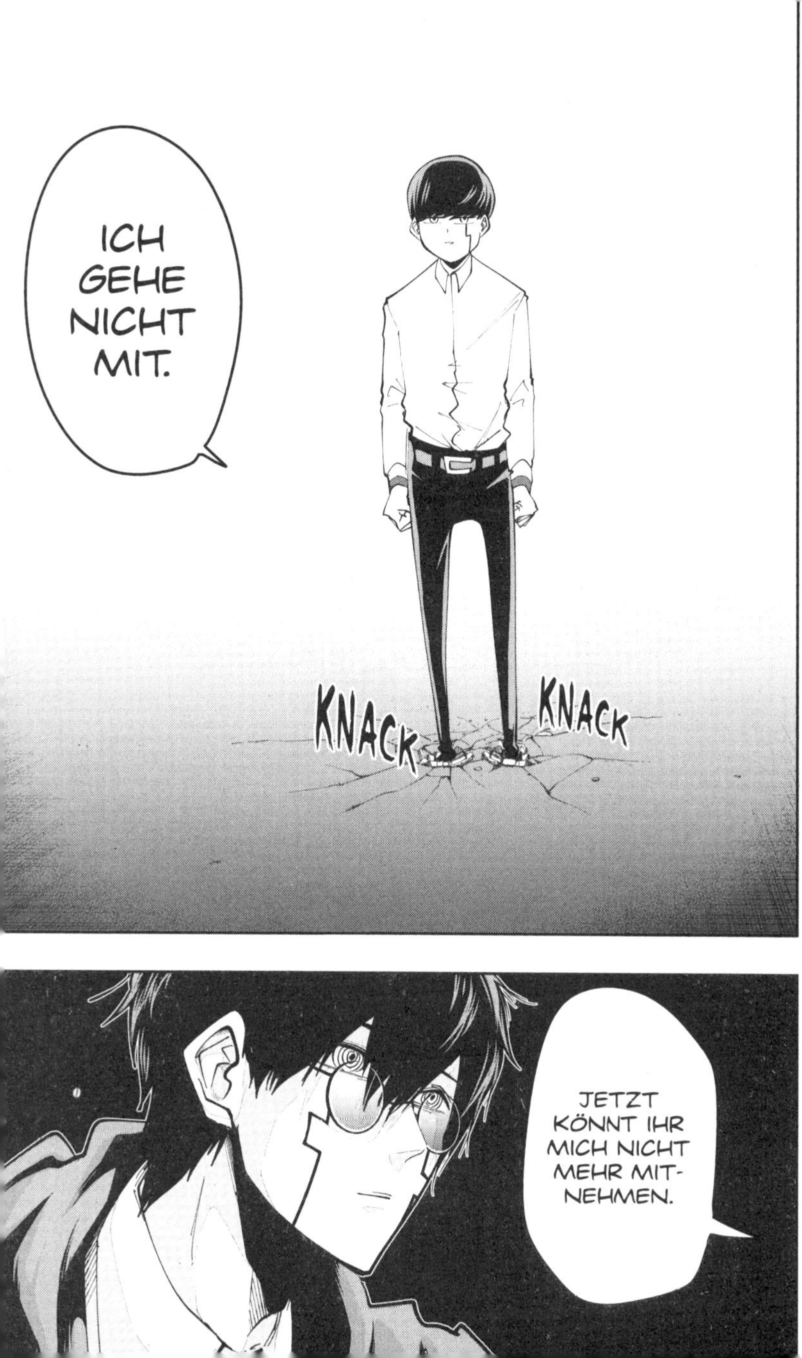

ICH GEHE NICHT MIT.
KNACK
KNACK
JETZT KÖNNT IHR MICH NICHT MEHR MIT-NEHMEN.

Extra 5

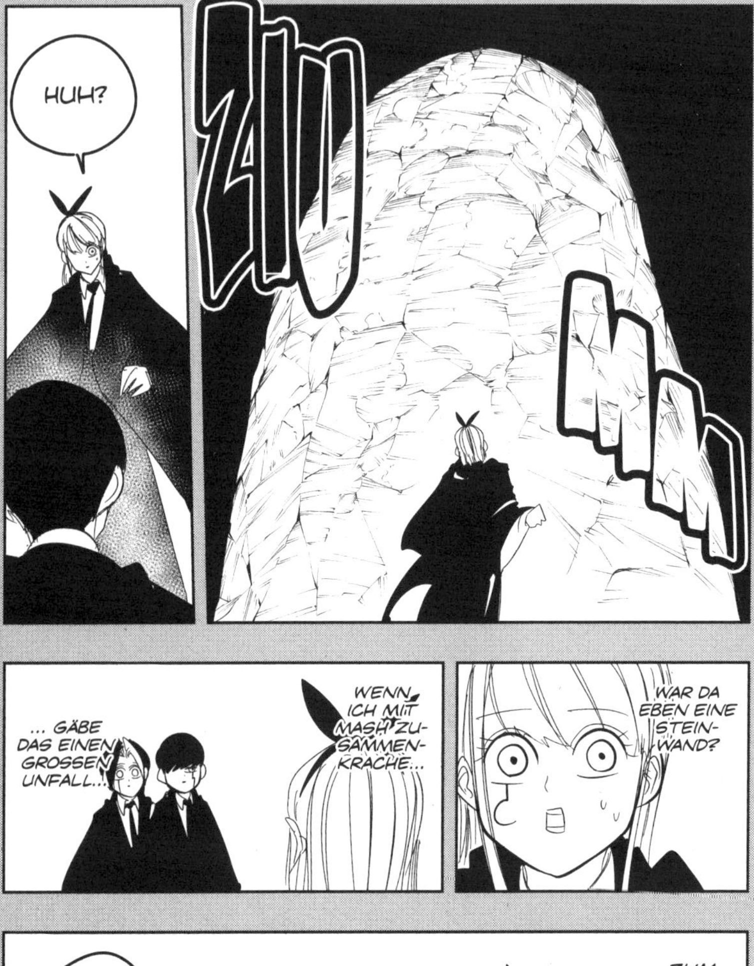

Ende des Extras

42. Kapitel Mash Burnedead und der Gottesseher des Sandes

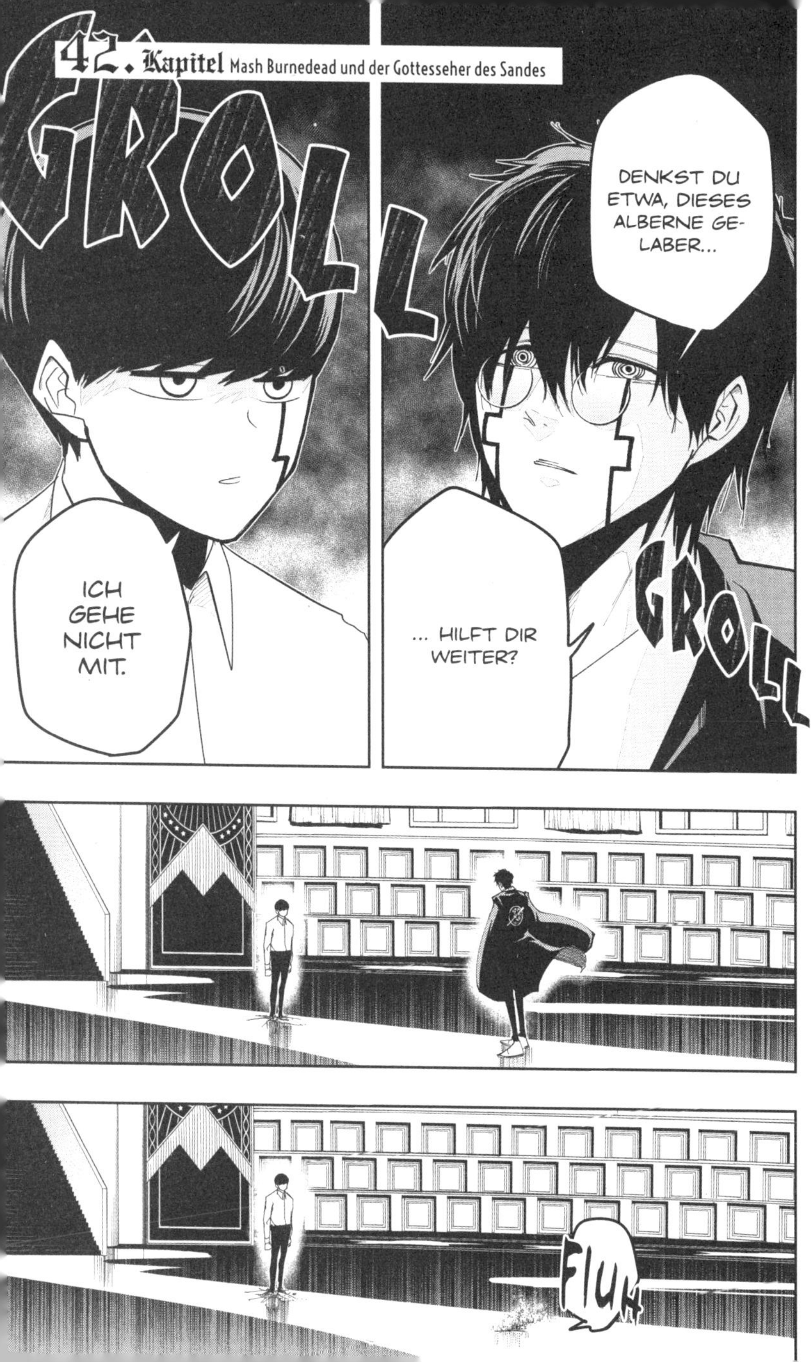

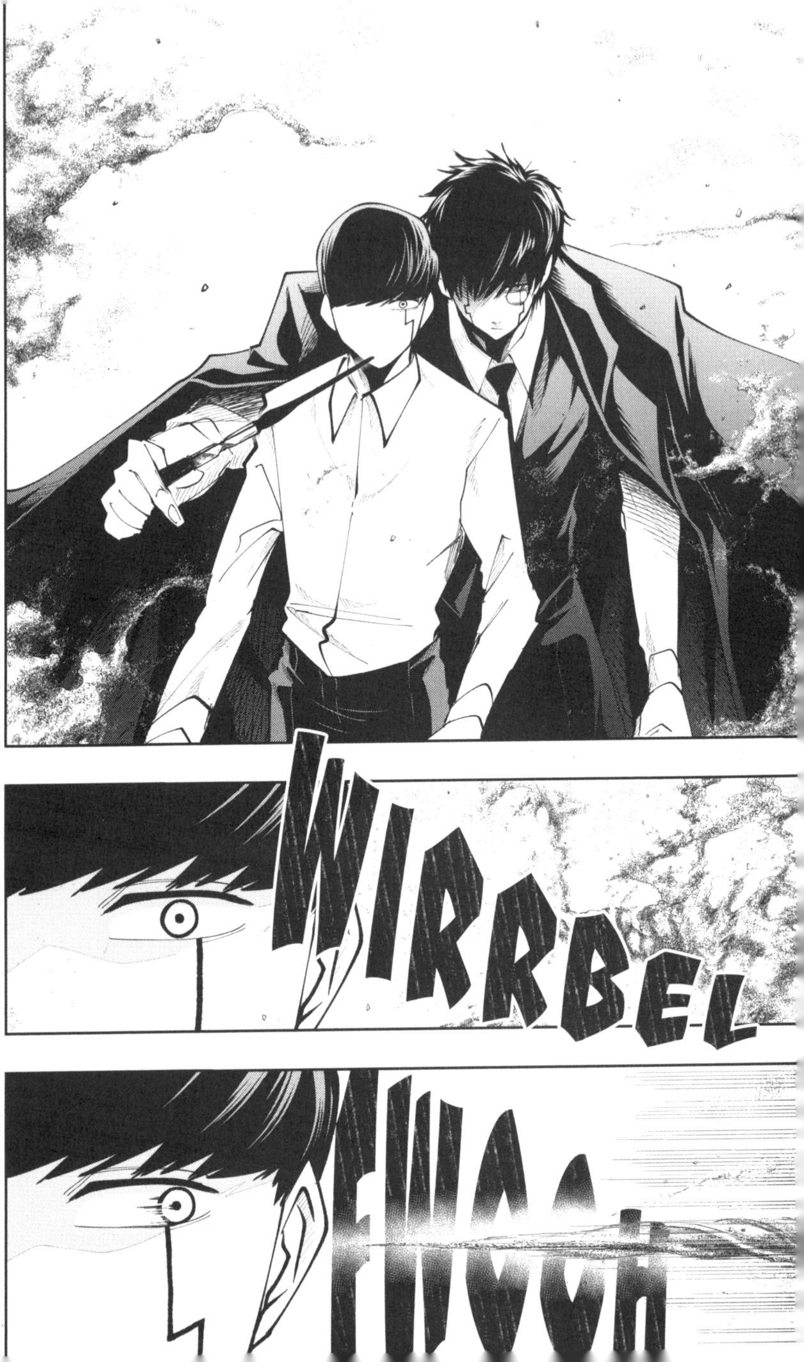
WIRRBEL

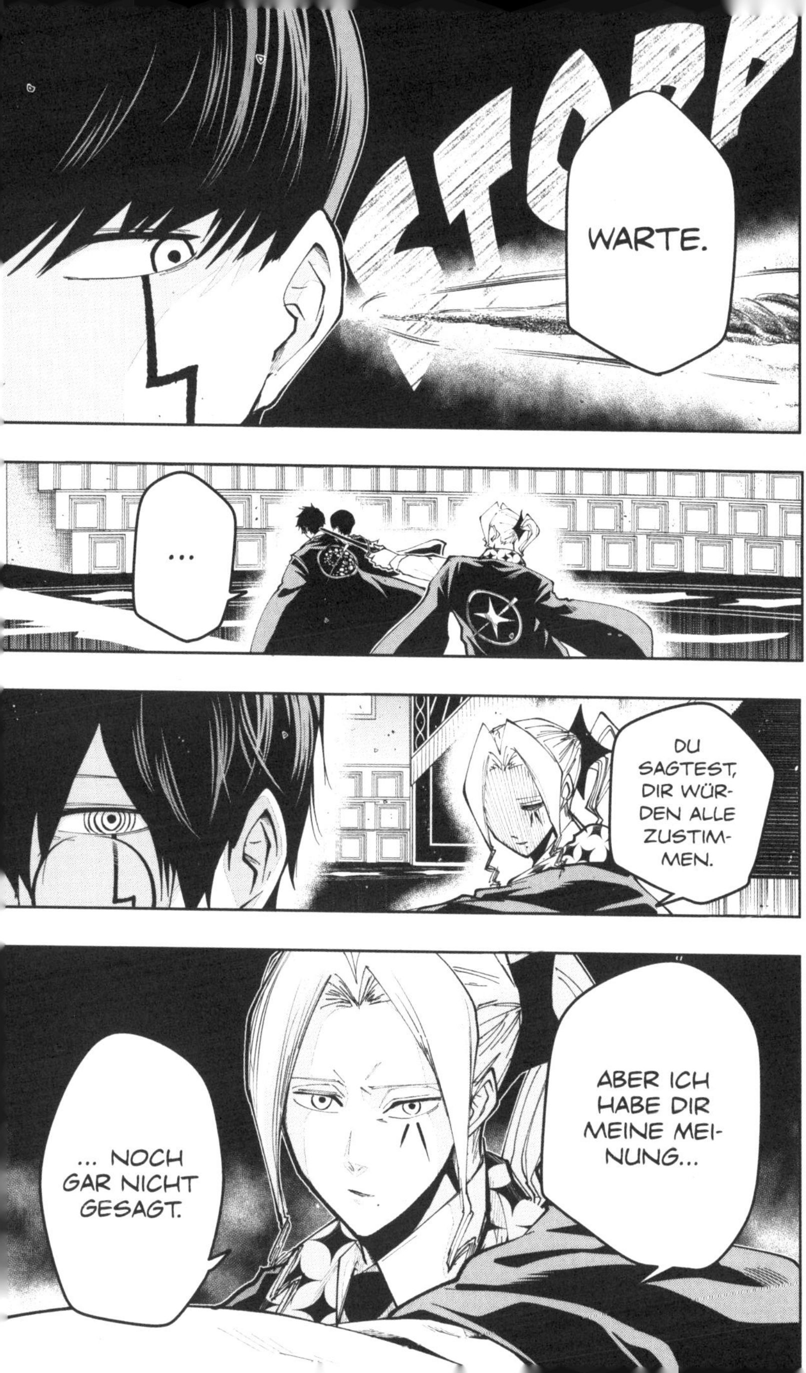
WARTE.
...
DU SAGTEST, DIR WÜR-DEN ALLE ZUSTIM-MEN.
ABER ICH HABE DIR MEINE MEI-NUNG...
... NOCH GAR NICHT GESAGT.

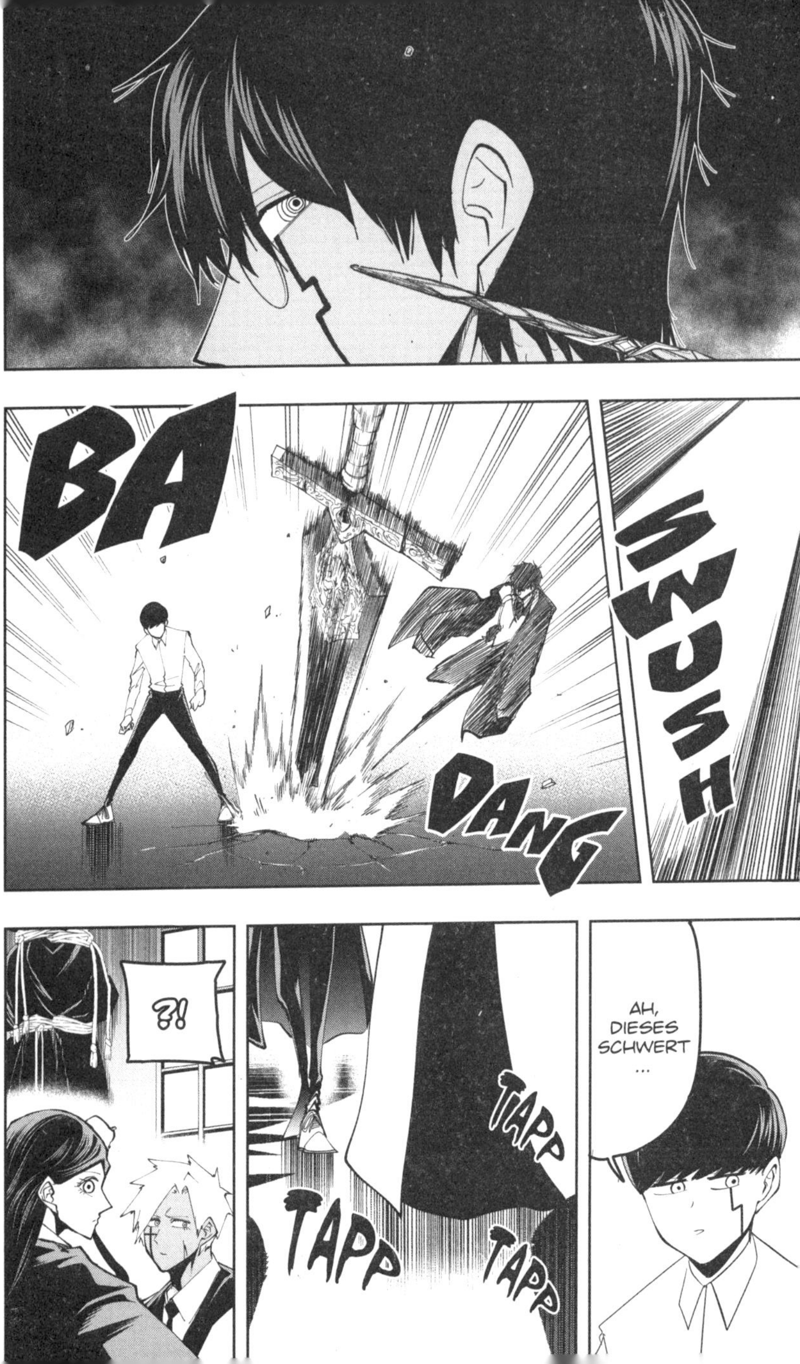

BA
SWUSH
DANG
AH, DIESES SCHWERT ...
TAPP
TAPP
TAPP
TAPP
?!

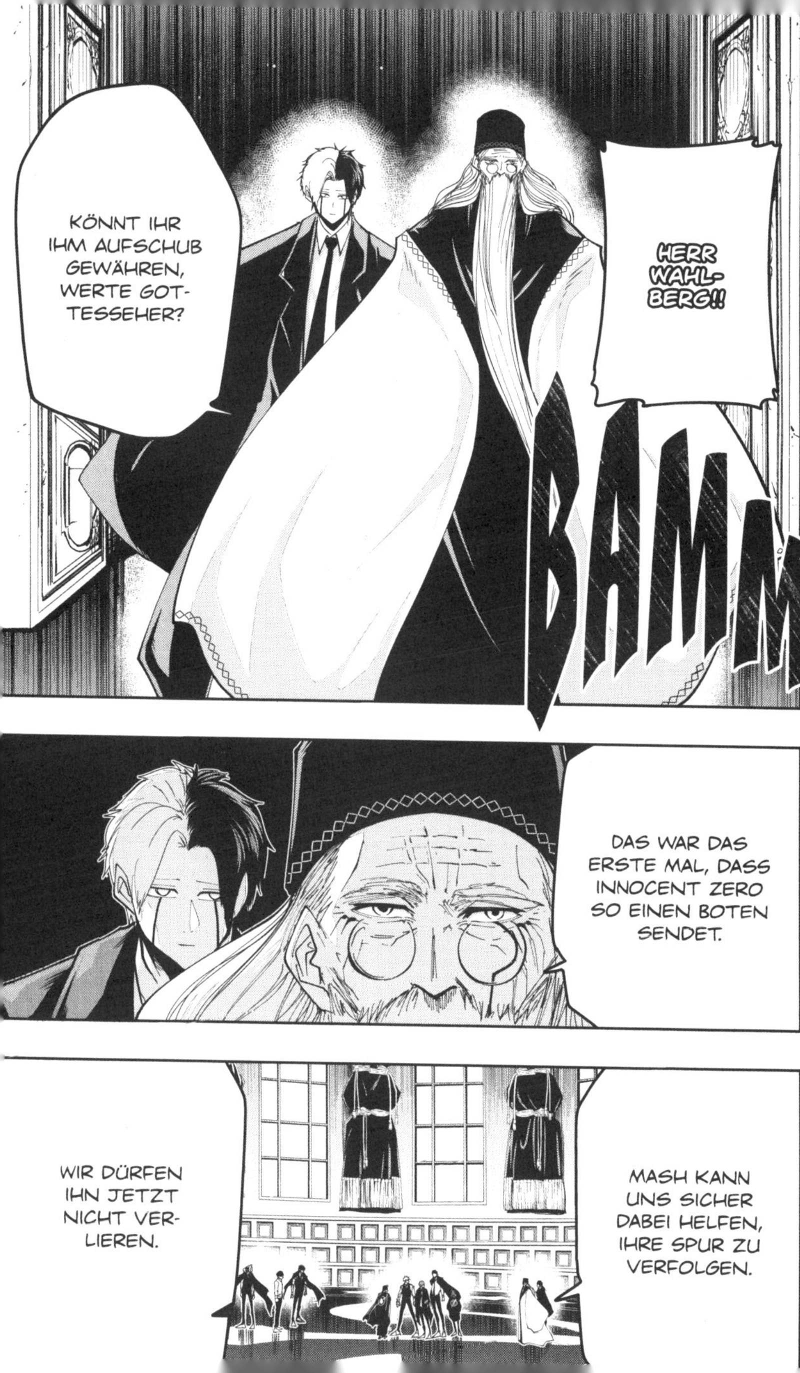
HERR WAHL-BERG!!
KÖNNT IHR IHM AUFSCHUB GEWÄHREN, WERTE GOT-TESSEHER?
BAMM
DAS WAR DAS ERSTE MAL, DASS INNOCENT ZERO SO EINEN BOTEN SENDET.
MASH KANN UNS SICHER DABEI HELFEN, IHRE SPUR ZU VERFOLGEN.
WIR DÜRFEN IHN JETZT NICHT VER-LIEREN.

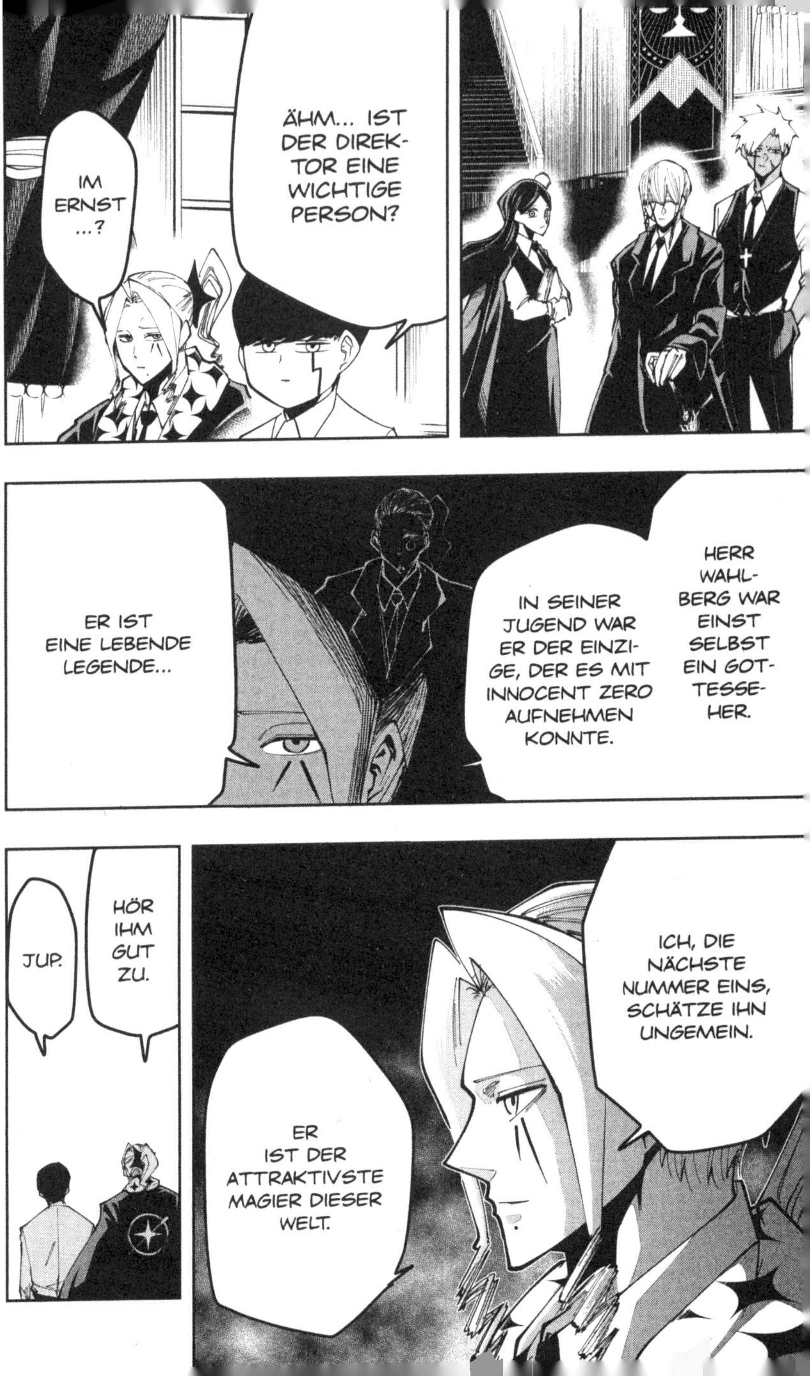
ÄHM... IST DER DIREKTOR EINE WICHTIGE PERSON?
IM ERNST ...?
HERR WAHLBERG WAR EINST SELBST EIN GOTTESSEHER.
IN SEINER JUGEND WAR ER DER EINZIGE, DER ES MIT INNOCENT ZERO AUFNEHMEN KONNTE.
ER IST EINE LEBENDE LEGENDE...
ICH, DIE NÄCHSTE NUMMER EINS, SCHÄTZE IHN UNGEMEIN.
ER IST DER ATTRAKTIVSTE MAGIER DIESER WELT.
HÖR IHM GUT ZU.
JUP.

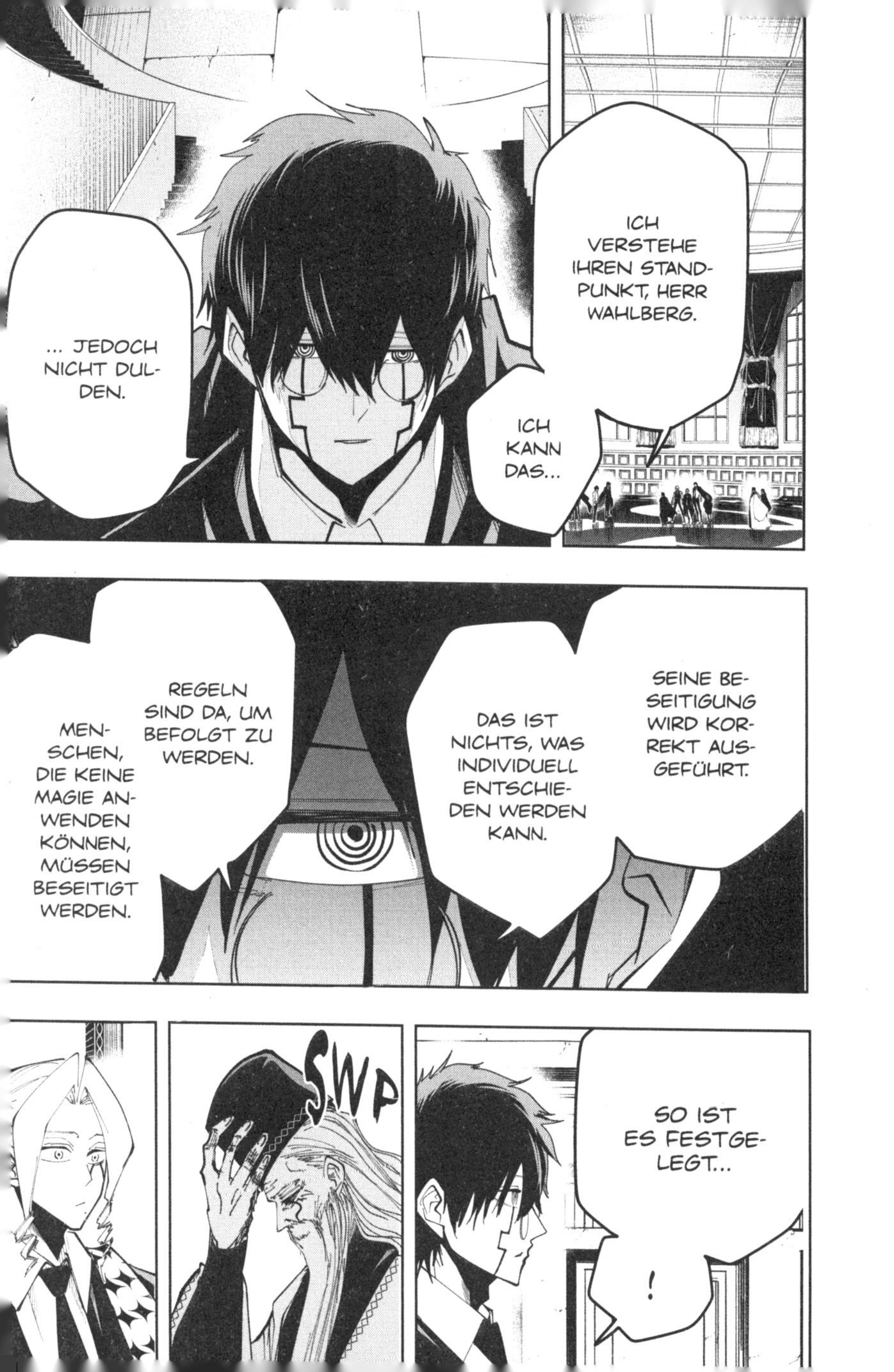

ICH VERSTEHE IHREN STANDPUNKT, HERR WAHLBERG.
ICH KANN DAS...
... JEDOCH NICHT DULDEN.
SEINE BESEITIGUNG WIRD KORREKT AUSGEFÜHRT.
DAS IST NICHTS, WAS INDIVIDUELL ENTSCHIEDEN WERDEN KANN.
REGELN SIND DA, UM BEFOLGT ZU WERDEN.
MENSCHEN, DIE KEINE MAGIE ANWENDEN KÖNNEN, MÜSSEN BESEITIGT WERDEN.
SO IST ES FESTGELEGT...
!
SWP

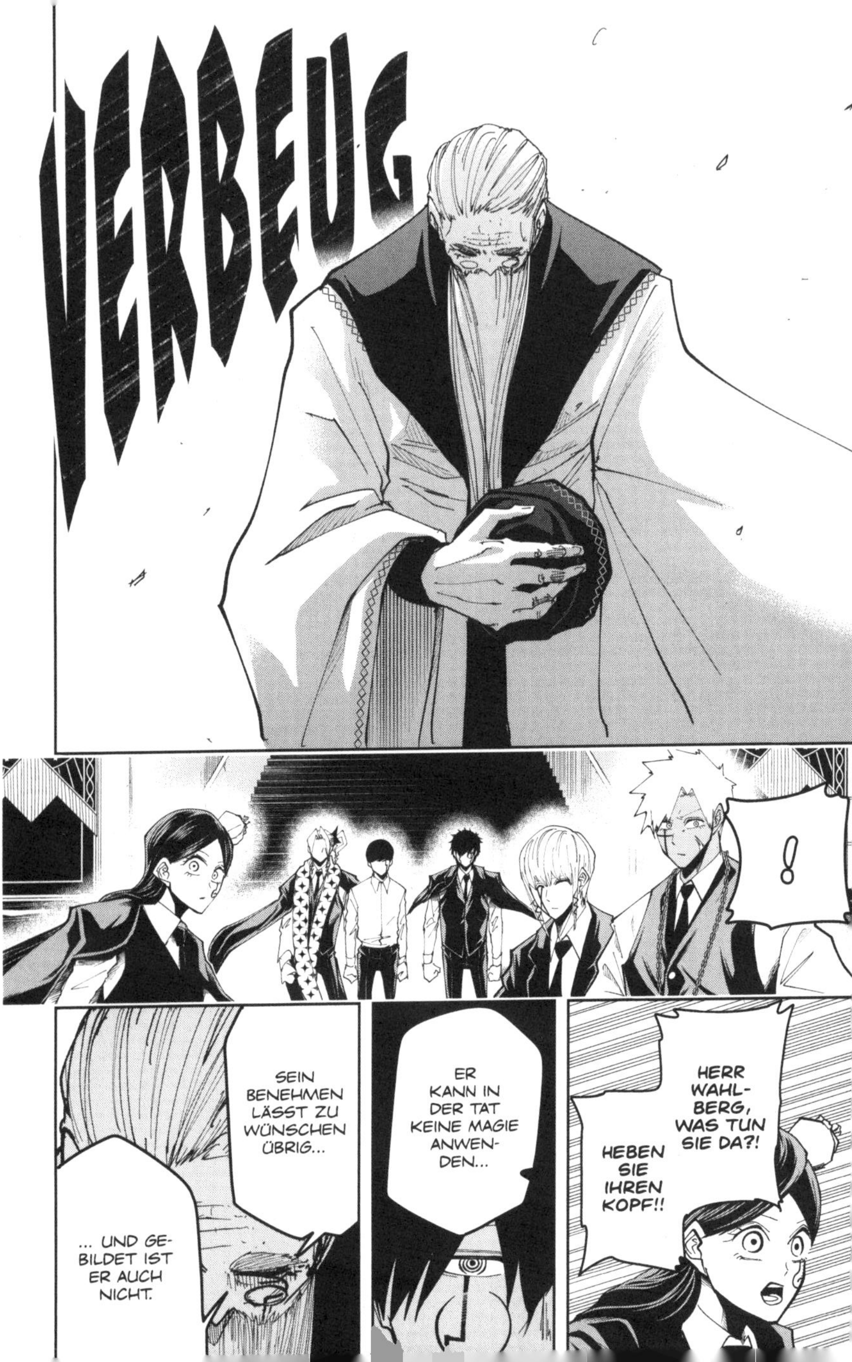
VERBEUG
!
HERR WAHLBERG, WAS TUN SIE DA?!
HEBEN SIE IHREN KOPF!!
ER KANN IN DER TAT KEINE MAGIE ANWENDEN…
SEIN BENEHMEN LÄSST ZU WÜNSCHEN ÜBRIG…
… UND GEBILDET IST ER AUCH NICHT.

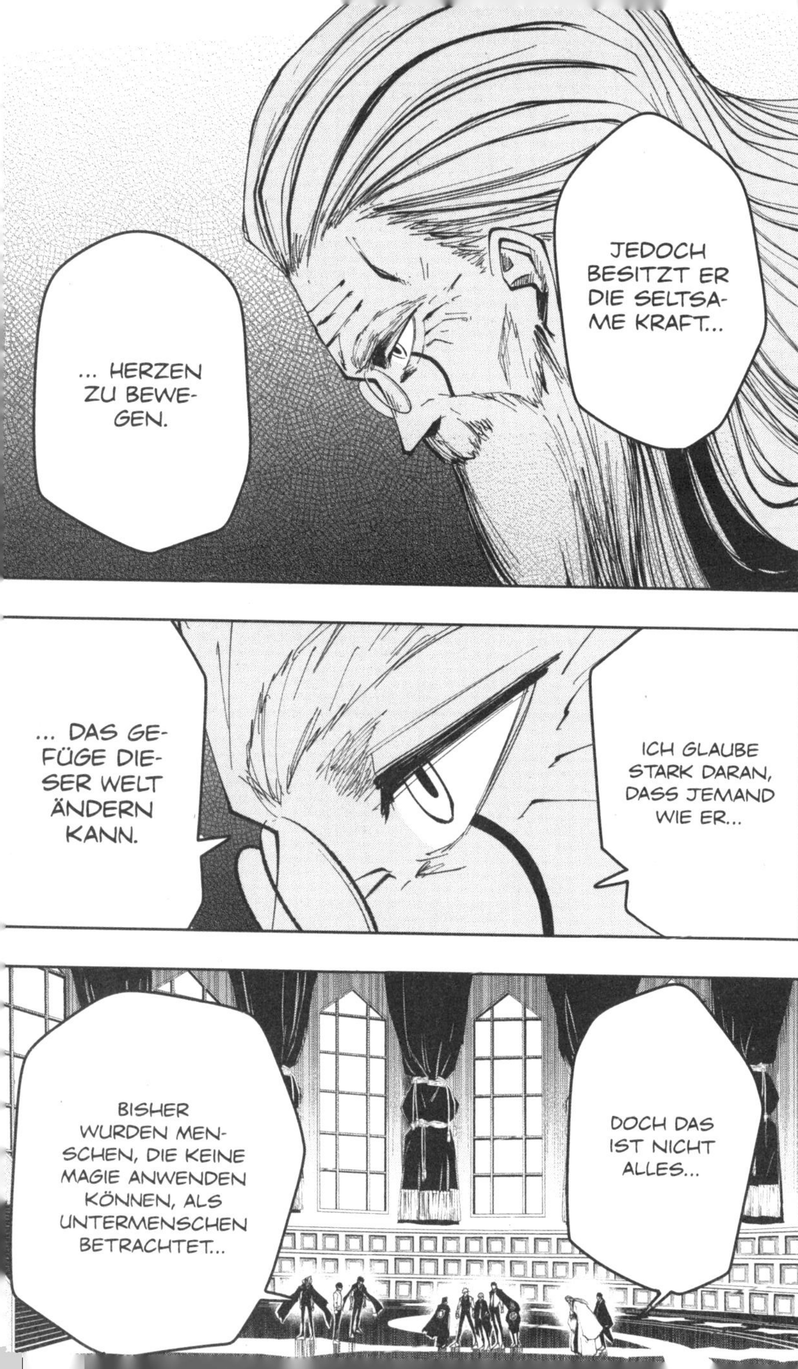
JEDOCH BESITZT ER DIE SELTSAME KRAFT...
... HERZEN ZU BEWEGEN.
ICH GLAUBE STARK DARAN, DASS JEMAND WIE ER...
... DAS GEFÜGE DIESER WELT ÄNDERN KANN.
DOCH DAS IST NICHT ALLES...
BISHER WURDEN MENSCHEN, DIE KEINE MAGIE ANWENDEN KÖNNEN, ALS UNTERMENSCHEN BETRACHTET...

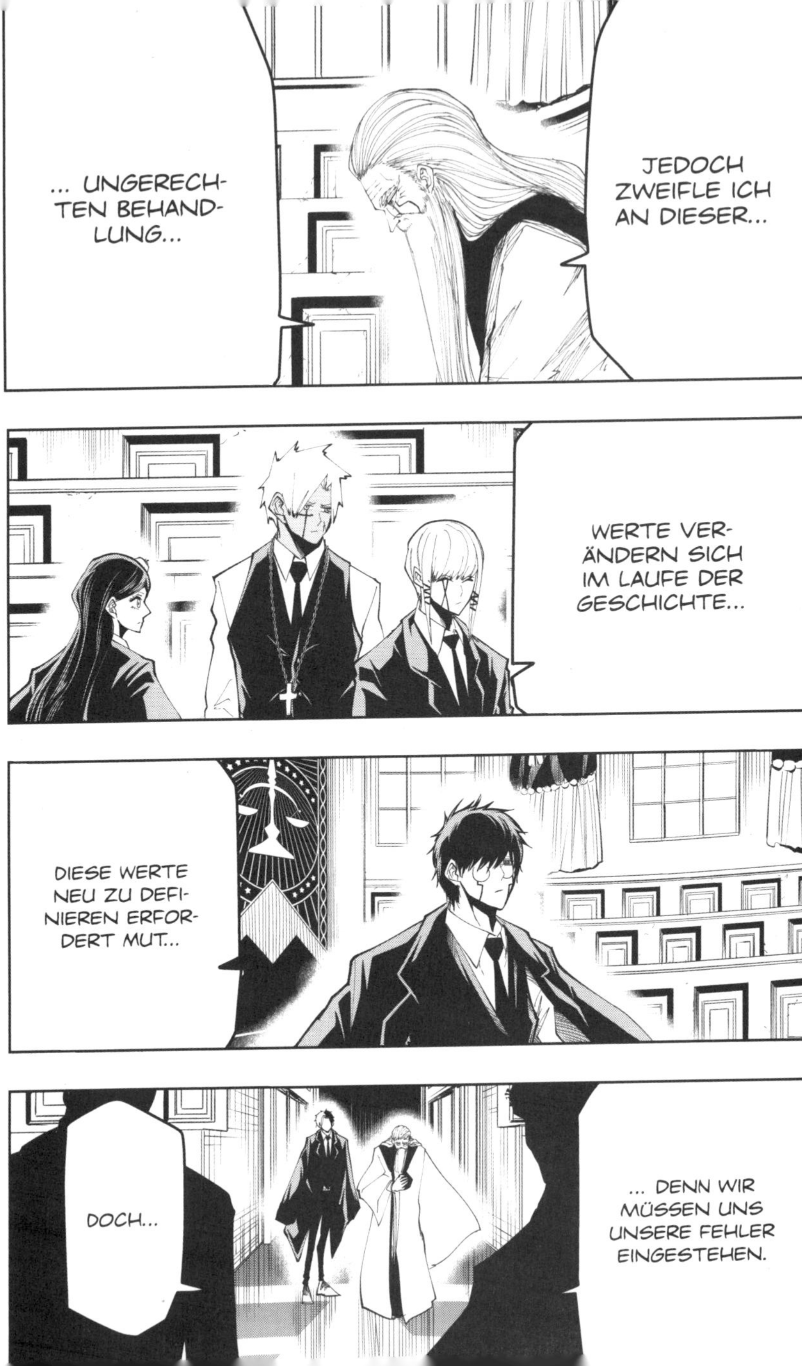
JEDOCH ZWEIFLE ICH AN DIESER...
... UNGERECHTEN BEHANDLUNG...
WERTE VERÄNDERN SICH IM LAUFE DER GESCHICHTE...
DIESE WERTE NEU ZU DEFINIEREN ERFORDERT MUT...
DOCH...
... DENN WIR MÜSSEN UNS UNSERE FEHLER EINGESTEHEN.

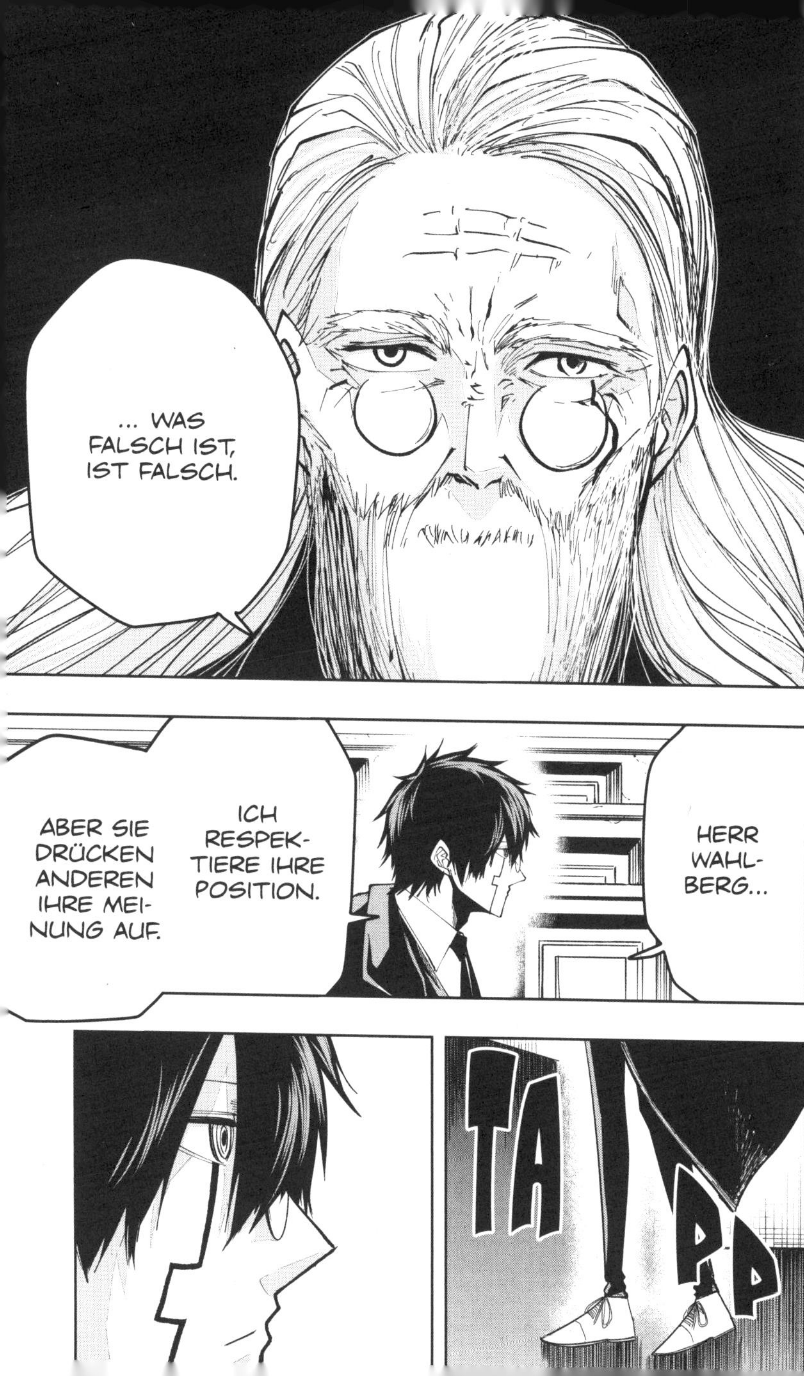

... WAS FALSCH IST, IST FALSCH.
HERR WAHL-BERG...
ICH RESPEK-TIERE IHRE POSITION.
ABER SIE DRÜCKEN ANDEREN IHRE MEI-NUNG AUF.
TA PP

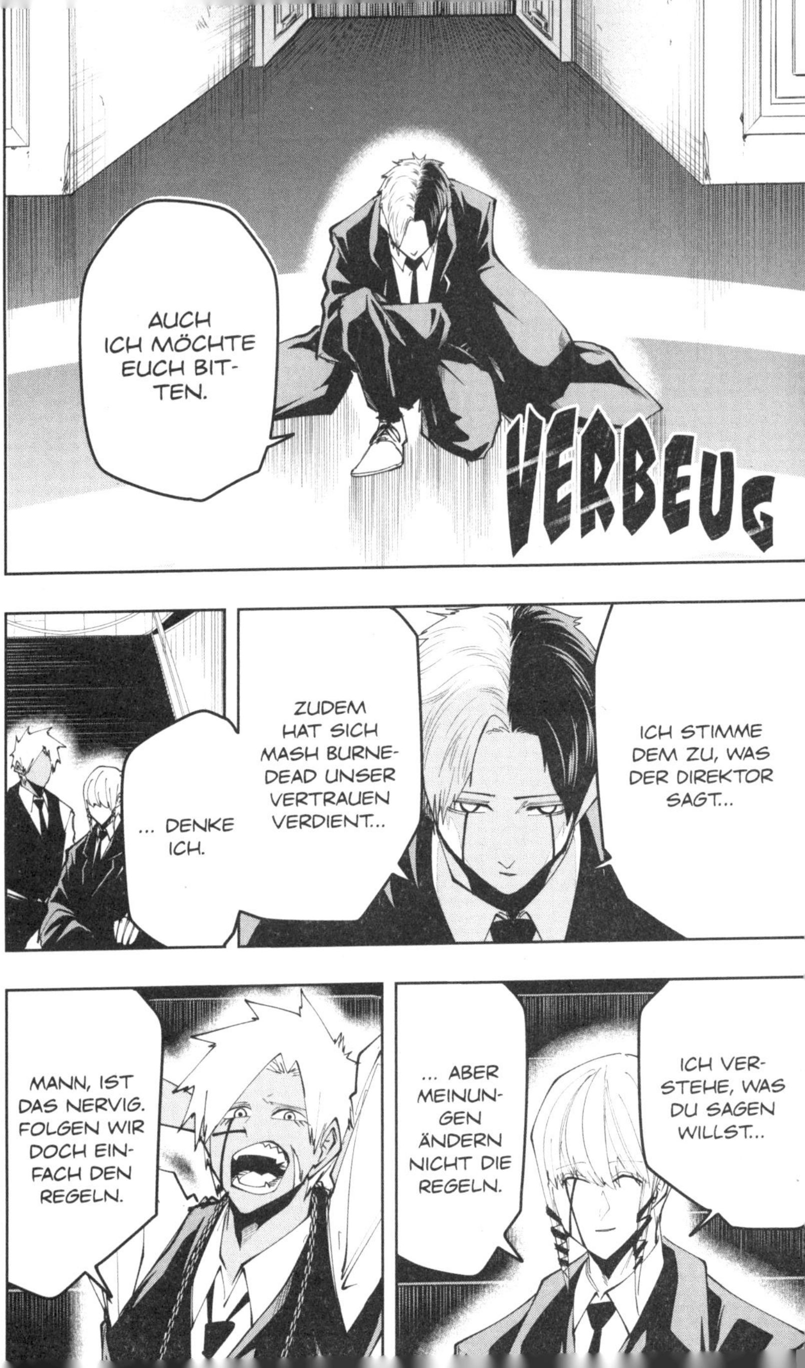

AUCH ICH MÖCHTE EUCH BITTEN.
VERBEUG
ICH STIMME DEM ZU, WAS DER DIREKTOR SAGT...
ZUDEM HAT SICH MASH BURNEDEAD UNSER VERTRAUEN VERDIENT...
... DENKE ICH.
ICH VERSTEHE, WAS DU SAGEN WILLST...
... ABER MEINUNGEN ÄNDERN NICHT DIE REGELN.
MANN, IST DAS NERVIG. FOLGEN WIR DOCH EINFACH DEN REGELN.

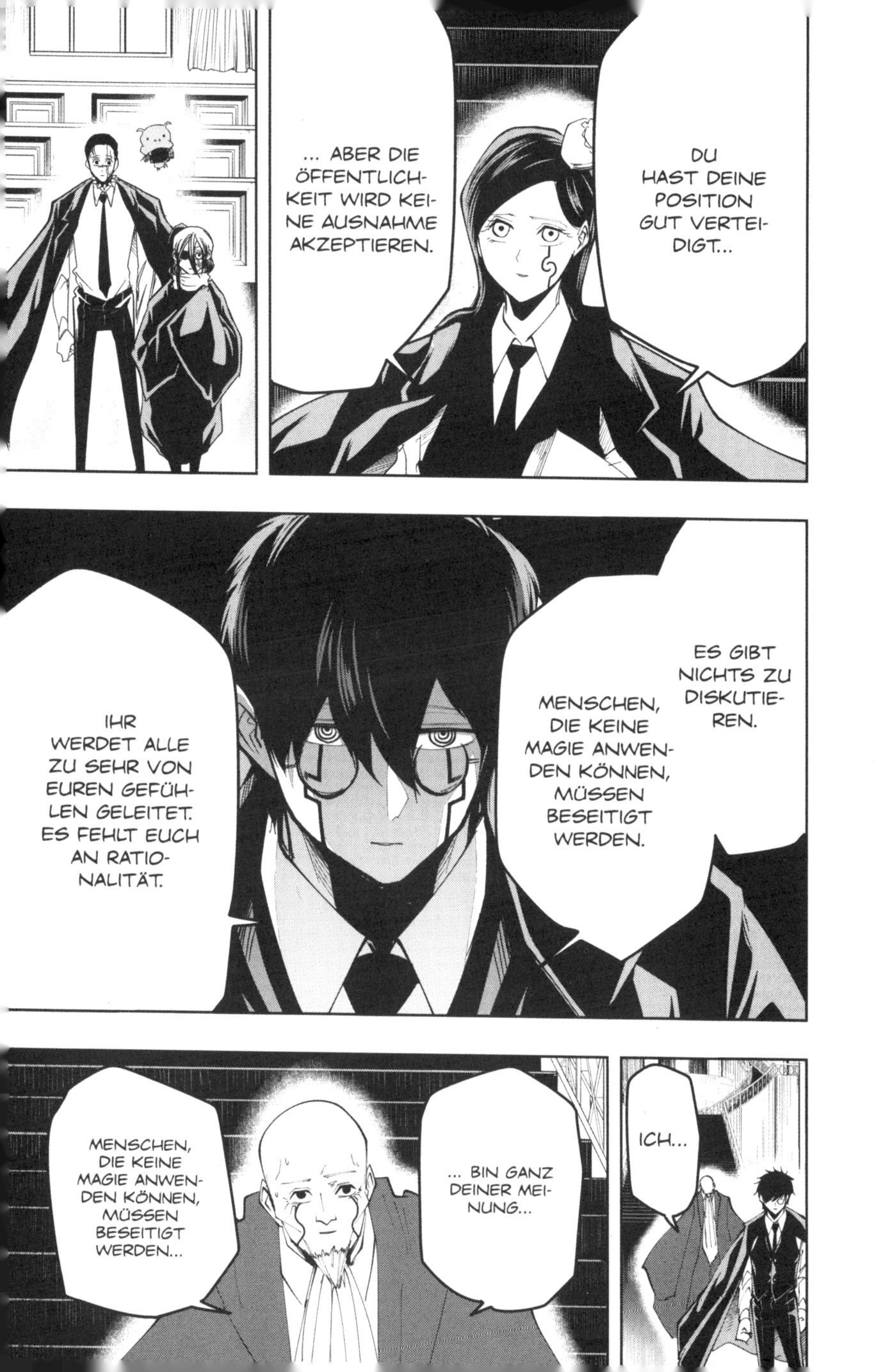

DU HAST DEINE POSITION GUT VERTEIDIGT...
... ABER DIE ÖFFENTLICHKEIT WIRD KEINE AUSNAHME AKZEPTIEREN.
ES GIBT NICHTS ZU DISKUTIEREN.
MENSCHEN, DIE KEINE MAGIE ANWENDEN KÖNNEN, MÜSSEN BESEITIGT WERDEN.
IHR WERDET ALLE ZU SEHR VON EUREN GEFÜHLEN GELEITET. ES FEHLT EUCH AN RATIONALITÄT.
ICH...
... BIN GANZ DEINER MEINUNG...
MENSCHEN, DIE KEINE MAGIE ANWENDEN KÖNNEN, MÜSSEN BESEITIGT WERDEN...

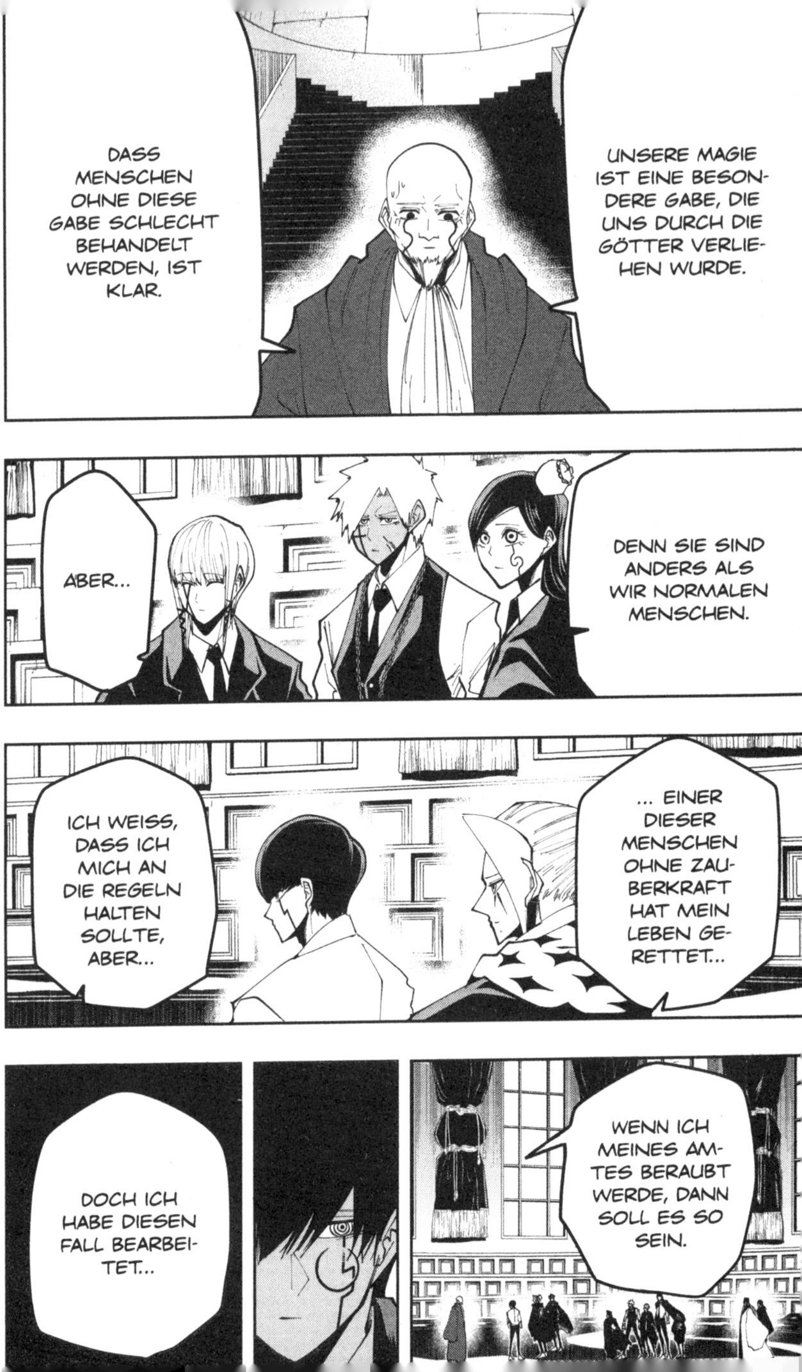
UNSERE MAGIE IST EINE BESONDERE GABE, DIE UNS DURCH DIE GÖTTER VERLIEHEN WURDE.
DASS MENSCHEN OHNE DIESE GABE SCHLECHT BEHANDELT WERDEN, IST KLAR.
DENN SIE SIND ANDERS ALS WIR NORMALEN MENSCHEN.
ABER...
... EINER DIESER MENSCHEN OHNE ZAUBERKRAFT HAT MEIN LEBEN GERETTET...
ICH WEISS, DASS ICH MICH AN DIE REGELN HALTEN SOLLTE, ABER...
WENN ICH MEINES AMTES BERAUBT WERDE, DANN SOLL ES SO SEIN.
DOCH ICH HABE DIESEN FALL BEARBEITET...

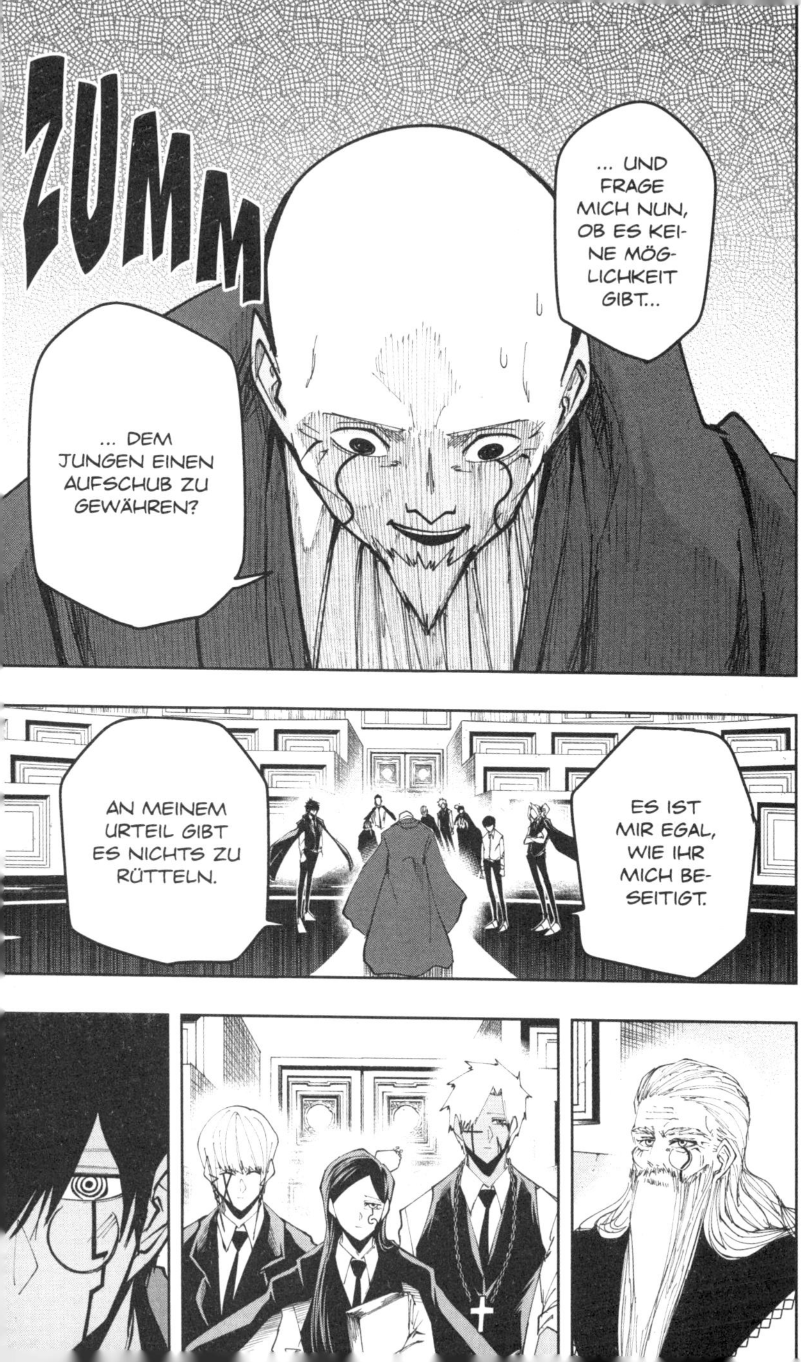
ZUMM
... UND FRAGE MICH NUN, OB ES KEINE MÖGLICHKEIT GIBT...
... DEM JUNGEN EINEN AUFSCHUB ZU GEWÄHREN?
ES IST MIR EGAL, WIE IHR MICH BESEITIGT.
AN MEINEM URTEIL GIBT ES NICHTS ZU RÜTTELN.

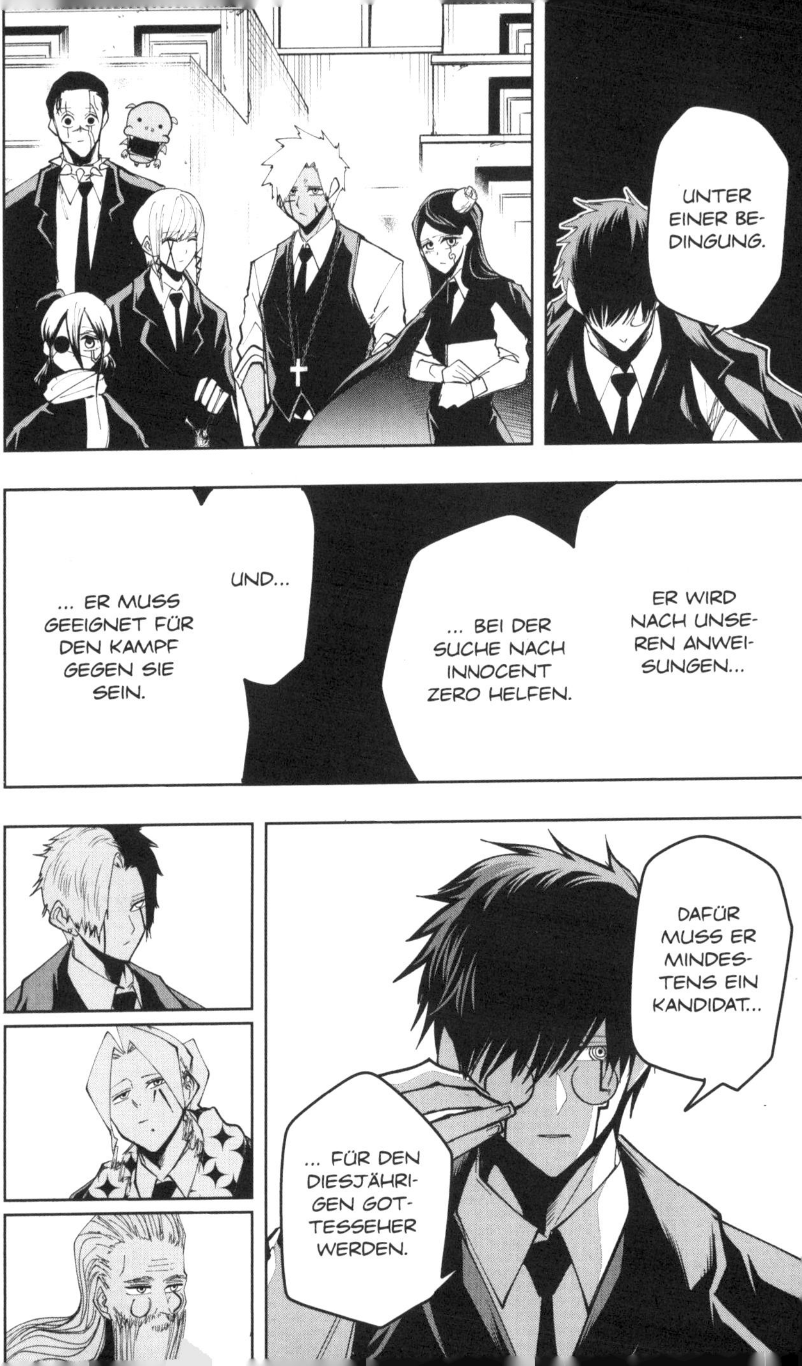
UNTER EINER BEDINGUNG.
ER WIRD NACH UNSEREN ANWEISUNGEN...
... BEI DER SUCHE NACH INNOCENT ZERO HELFEN.
UND...
... ER MUSS GEEIGNET FÜR DEN KAMPF GEGEN SIE SEIN.
DAFÜR MUSS ER MINDESTENS EIN KANDIDAT...
... FÜR DEN DIESJÄHRIGEN GOTTESSEHER WERDEN.

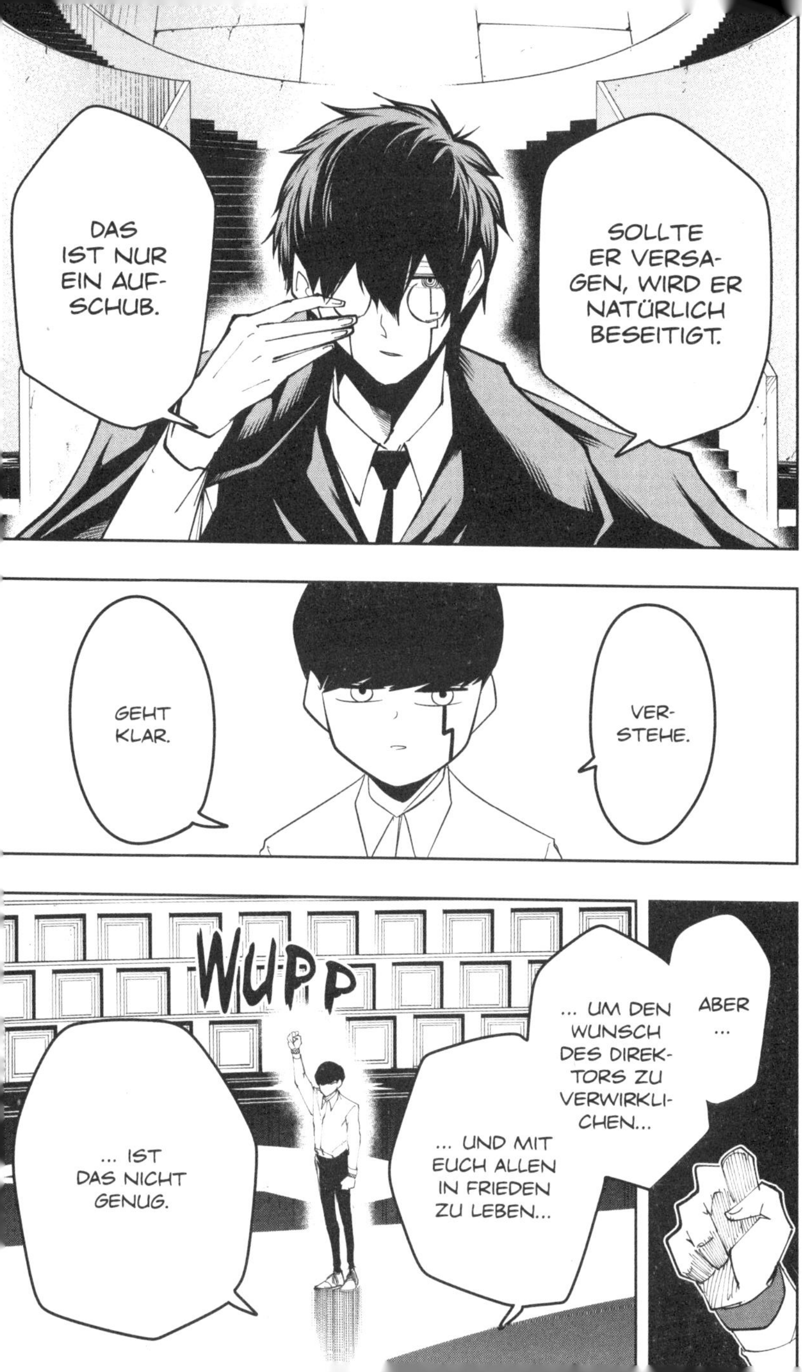
SOLLTE ER VERSA-GEN, WIRD ER NATÜRLICH BESEITIGT.
DAS IST NUR EIN AUF-SCHUB.
VER-STEHE.
GEHT KLAR.
ABER ...
... UM DEN WUNSCH DES DIREK-TORS ZU VERWIRKLI-CHEN...
... UND MIT EUCH ALLEN IN FRIEDEN ZU LEBEN...
WUPP
... IST DAS NICHT GENUG.

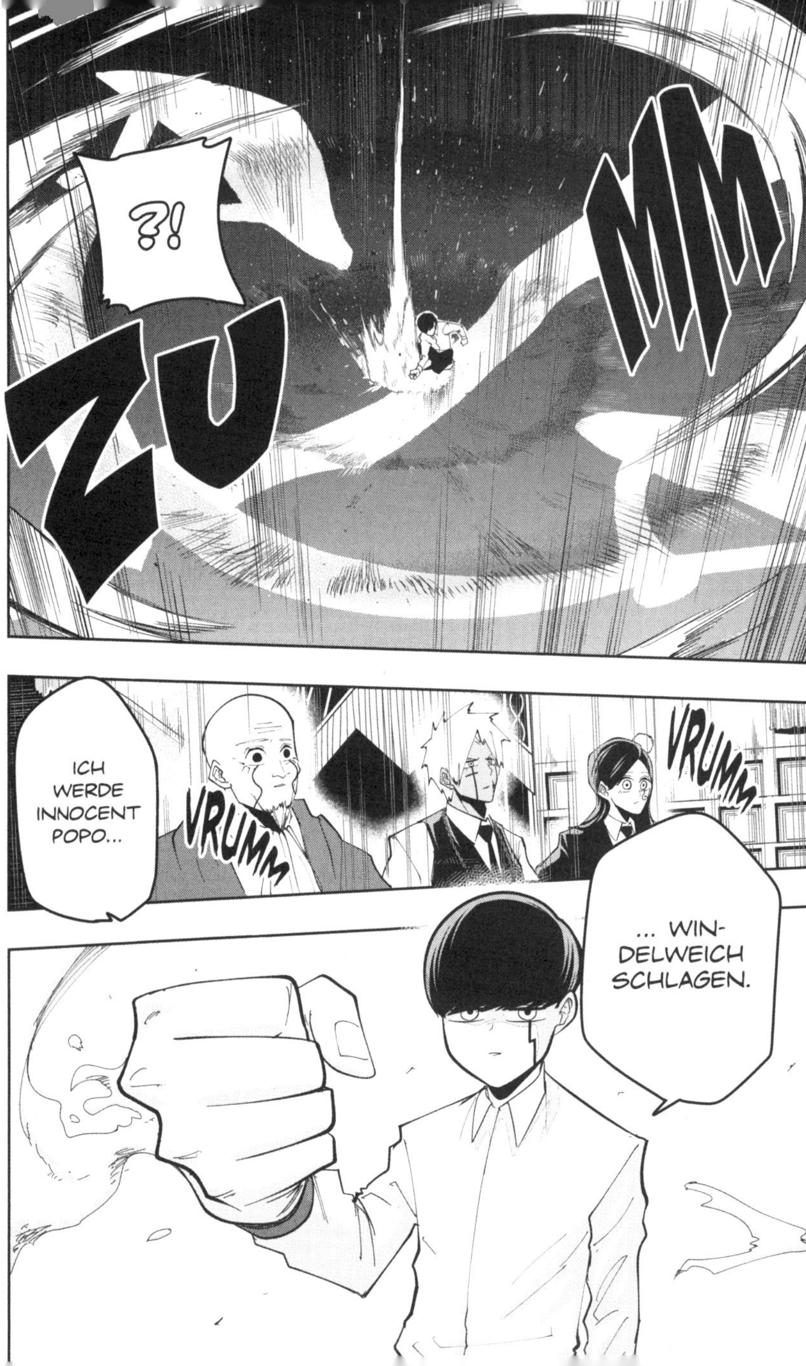
?!
ZU
MM
VRUMM
VRUMM
ICH WERDE INNOCENT POPO...
... WIN-DELWEICH SCHLAGEN.

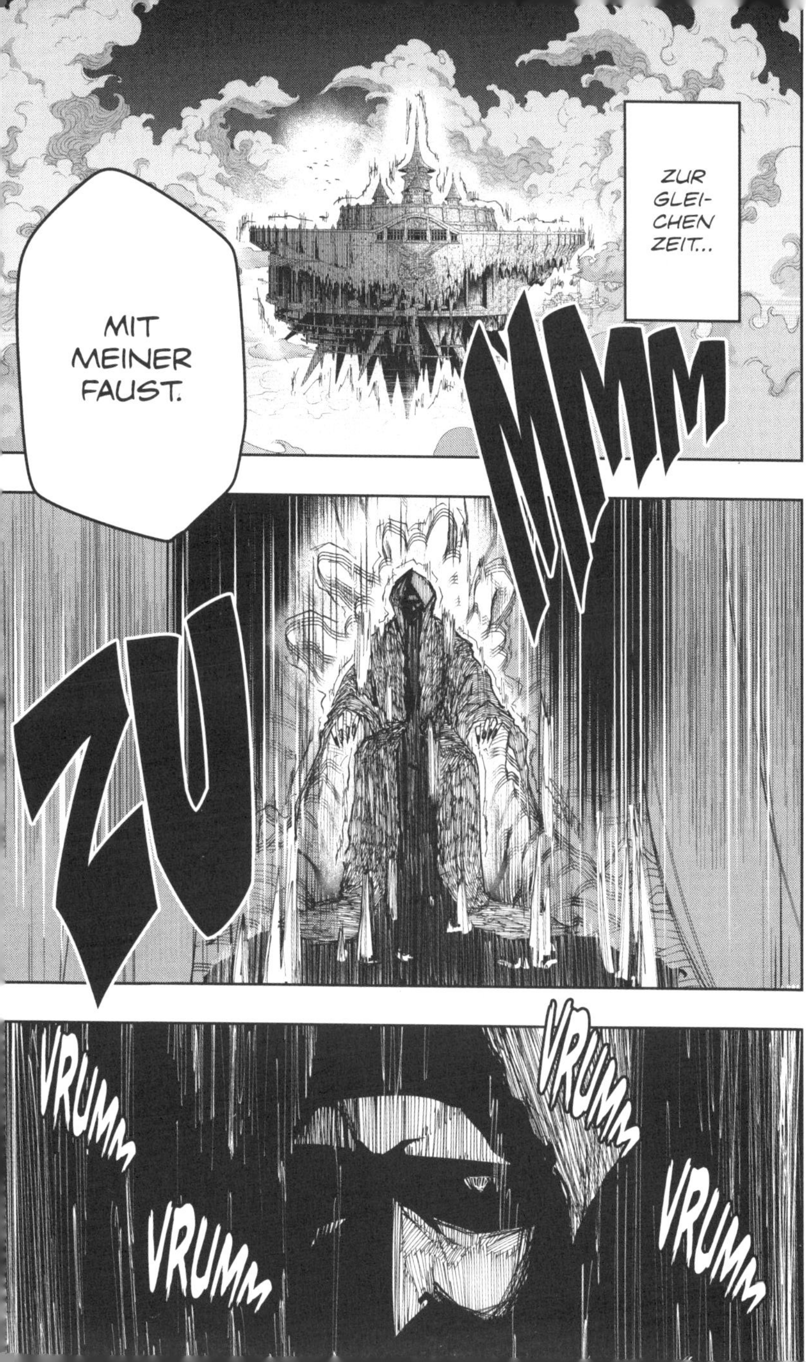
ZUR GLEICHEN ZEIT...
MIT MEINER FAUST.
MMMM
ZU
VRUMM
VRUMM
VRUMM
VRUMM
VRUMM

Abel Walker

Da es schon einige Puppenmagier gibt, wollte ich Abel einen richtigen Boss-Charakter verpassen. Er ist sehr vom Charakter Giga aus *Bobobo-bo Bo-bobo* beeinflusst. Natürlich war das ein Bosskampf-Kapitel, aber ich war froh zu hören, dass so viele Leser den Kampf zwischen Abel und unserem Helden mochten.

Wenn Abel nicht wäre, wäre dieser Manga bestimmt längst vorbei. Deswegen mag ich ihn sehr gern. Seine „im Kern sind alle Menschen Monster"-Einstellung gefällt mir!!

Danke, Meister Abel...!!

Ich verpflichte mich dazu, charismatische Bösewichte zu kreieren.

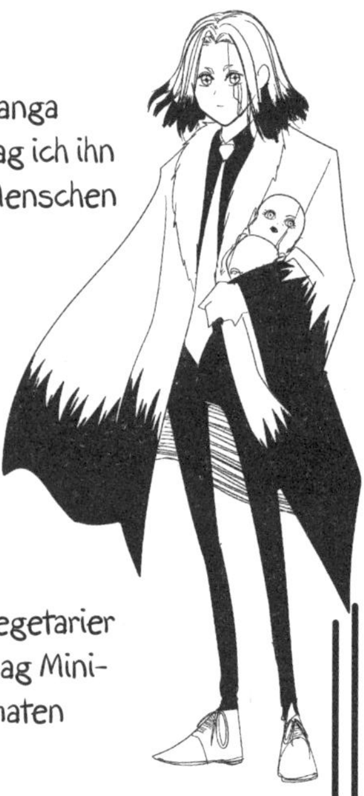

- Vegetarier
- mag Minitomaten

43. Kapitel Mash Burnedead und der Zauberstabladen

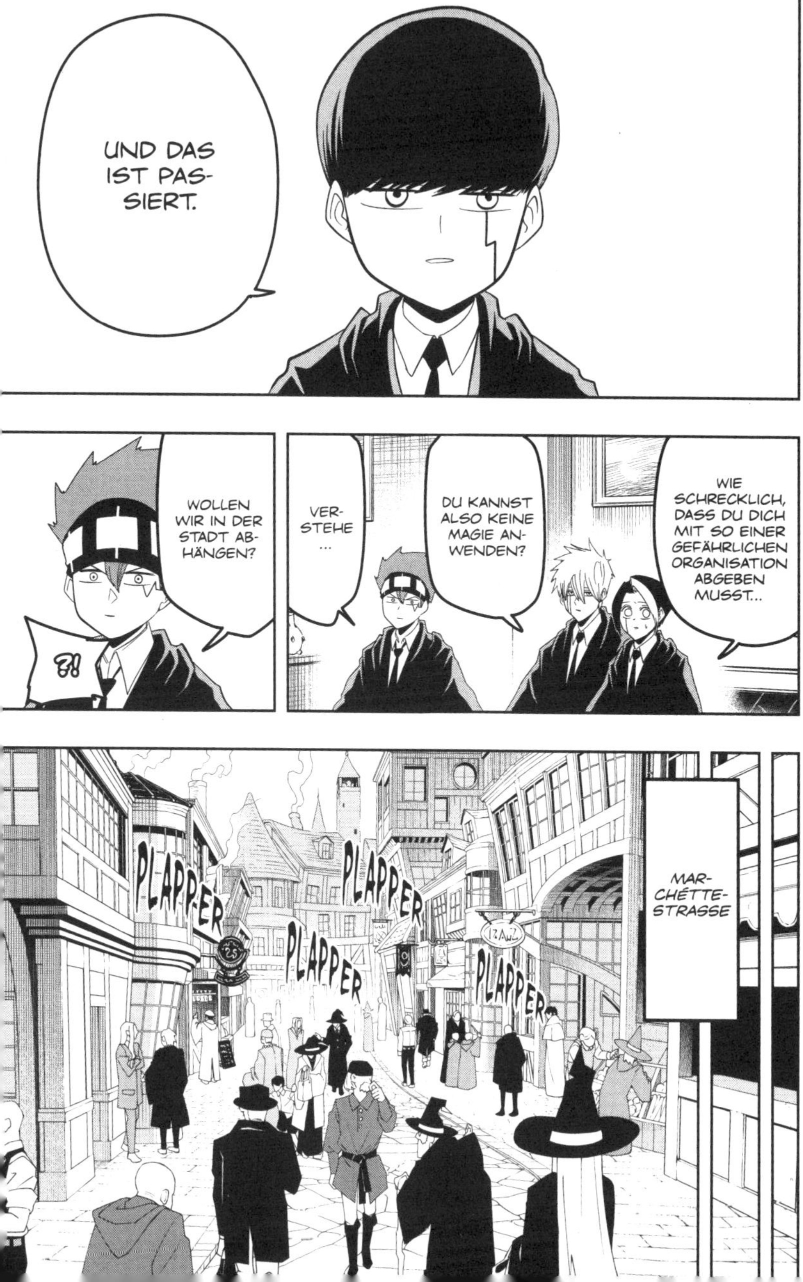

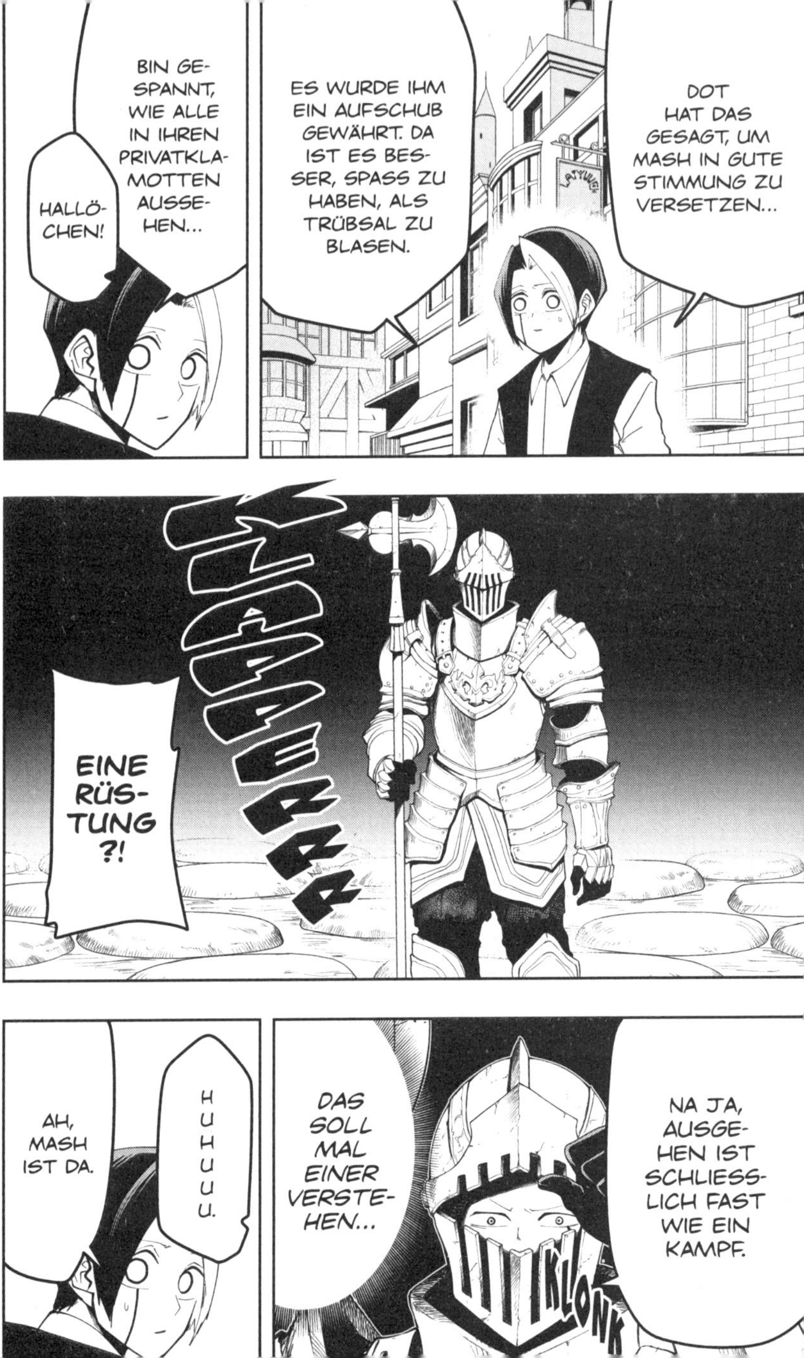
DOT HAT DAS GESAGT, UM MASH IN GUTE STIMMUNG ZU VERSETZEN…
ES WURDE IHM EIN AUFSCHUB GEWÄHRT. DA IST ES BES-SER, SPASS ZU HABEN, ALS TRÜBSAL ZU BLASEN.
BIN GE-SPANNT, WIE ALLE IN IHREN PRIVATKLA-MOTTEN AUSSE-HEN…
HALLÖ-CHEN!
EINE RÜS-TUNG ?!
NA JA, AUSGE-HEN IST SCHLIESS-LICH FAST WIE EIN KAMPF.
KLONK
DAS SOLL MAL EINER VERSTE-HEN…
HUHUUU.
AH, MASH IST DA.

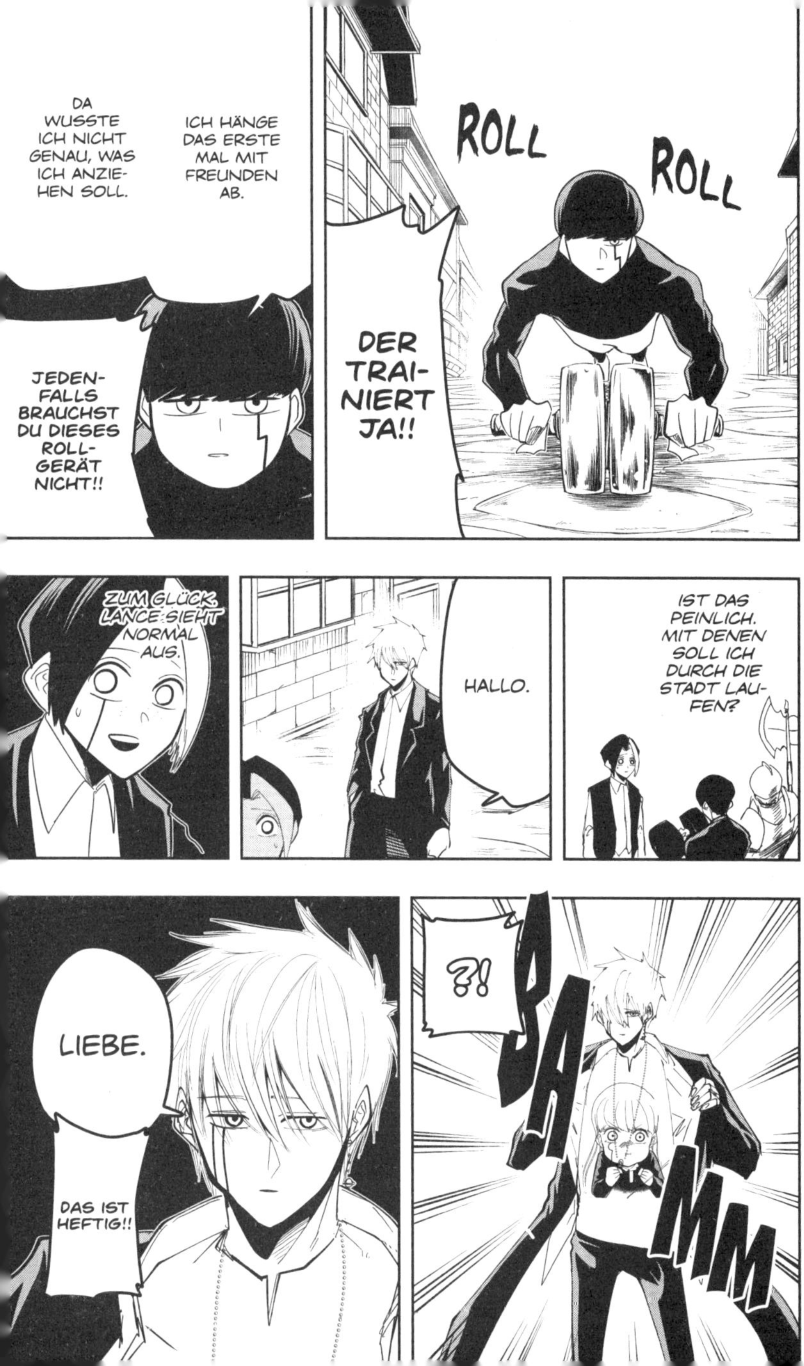

ROLL
ROLL
DER TRAINIERT JA!!
ICH HÄNGE DAS ERSTE MAL MIT FREUNDEN AB.
DA WUSSTE ICH NICHT GENAU, WAS ICH ANZIEHEN SOLL.
JEDENFALLS BRAUCHST DU DIESES ROLLGERÄT NICHT!!
IST DAS PEINLICH. MIT DENEN SOLL ICH DURCH DIE STADT LAUFEN?
HALLO.
ZUM GLÜCK. LANCE SIEHT NORMAL AUS.
?!
BAMM
LIEBE.
DAS IST HEFTIG!!

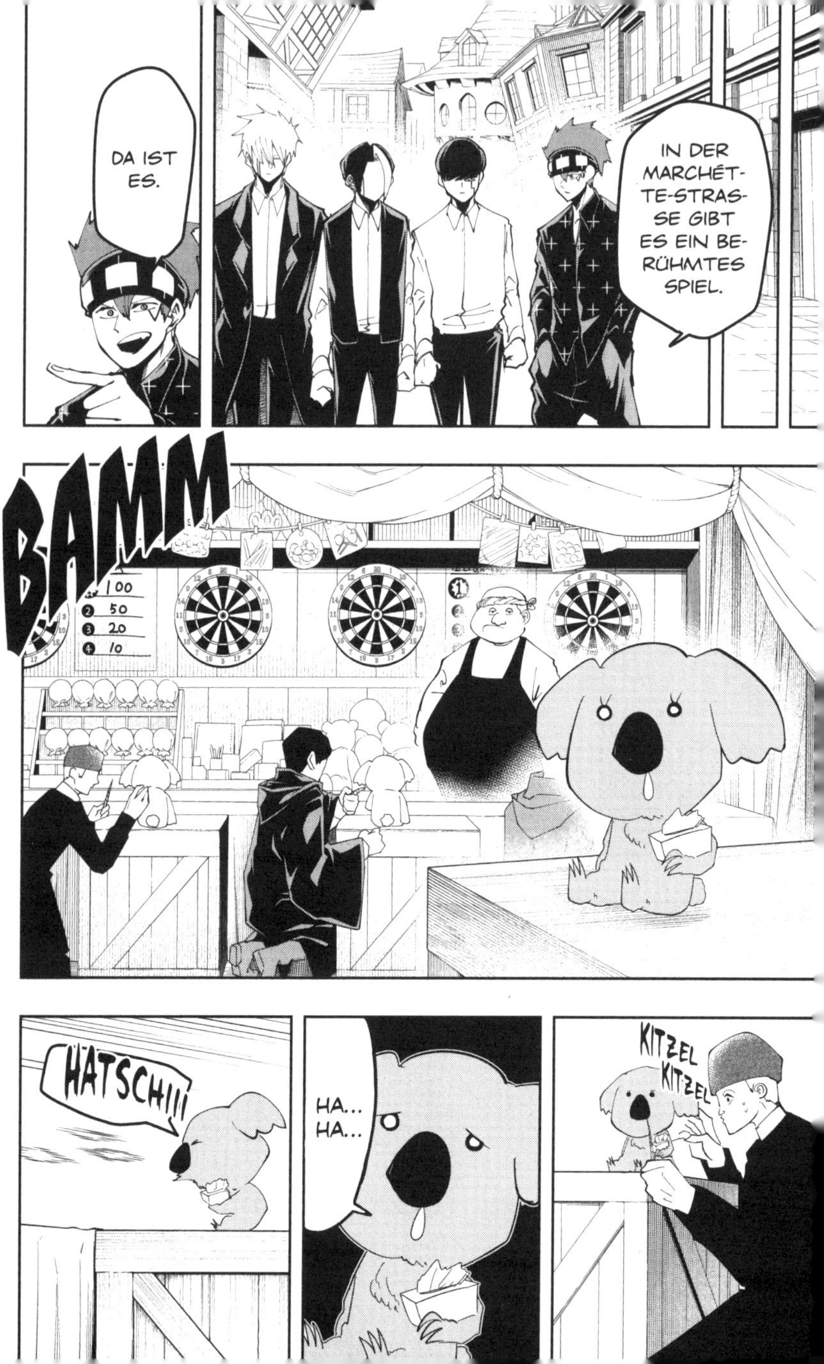
IN DER MARCHÉTTE-STRASSE GIBT ES EIN BERÜHMTES SPIEL.
DA IST ES.
BAMM
100
50
20
10
HATSCHI!!!
HA... HA...
KITZEL KITZEL

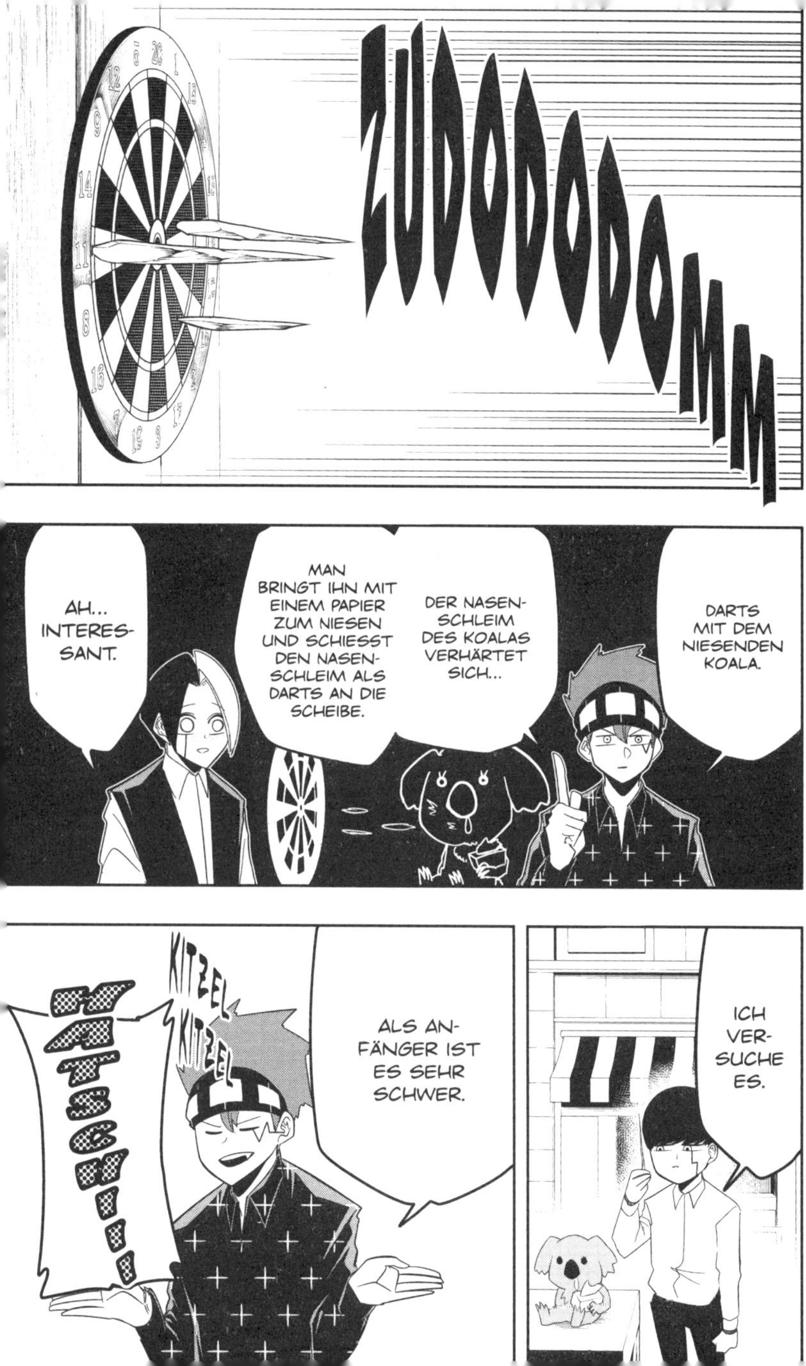
ZUDODODOMM
DARTS MIT DEM NIESENDEN KOALA.
DER NASENSCHLEIM DES KOALAS VERHÄRTET SICH...
MAN BRINGT IHN MIT EINEM PAPIER ZUM NIESEN UND SCHIESST DEN NASENSCHLEIM ALS DARTS AN DIE SCHEIBE.
AH... INTERESSANT.
ICH VERSUCHE ES.
ALS ANFÄNGER IST ES SEHR SCHWER.
KITZEL KITZEL
HATSCHIII...!

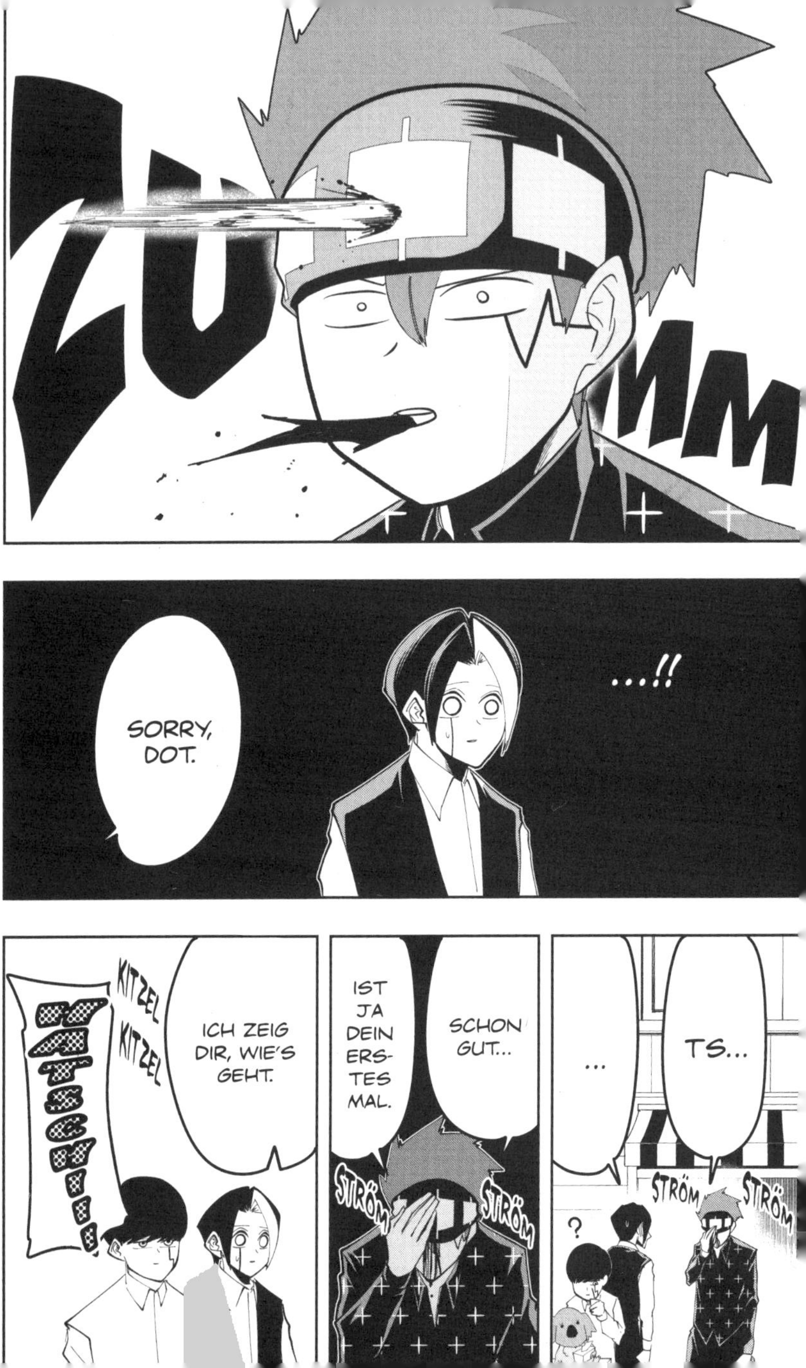
ZUMMM
...!!
SORRY, DOT.
TS...
...
STRÖM
STRÖM
?
SCHON GUT...
IST JA DEIN ERS-TES MAL.
STRÖM
STRÖM
ICH ZEIG DIR, WIE'S GEHT.
KITZEL KITZEL
HATSCHIII...

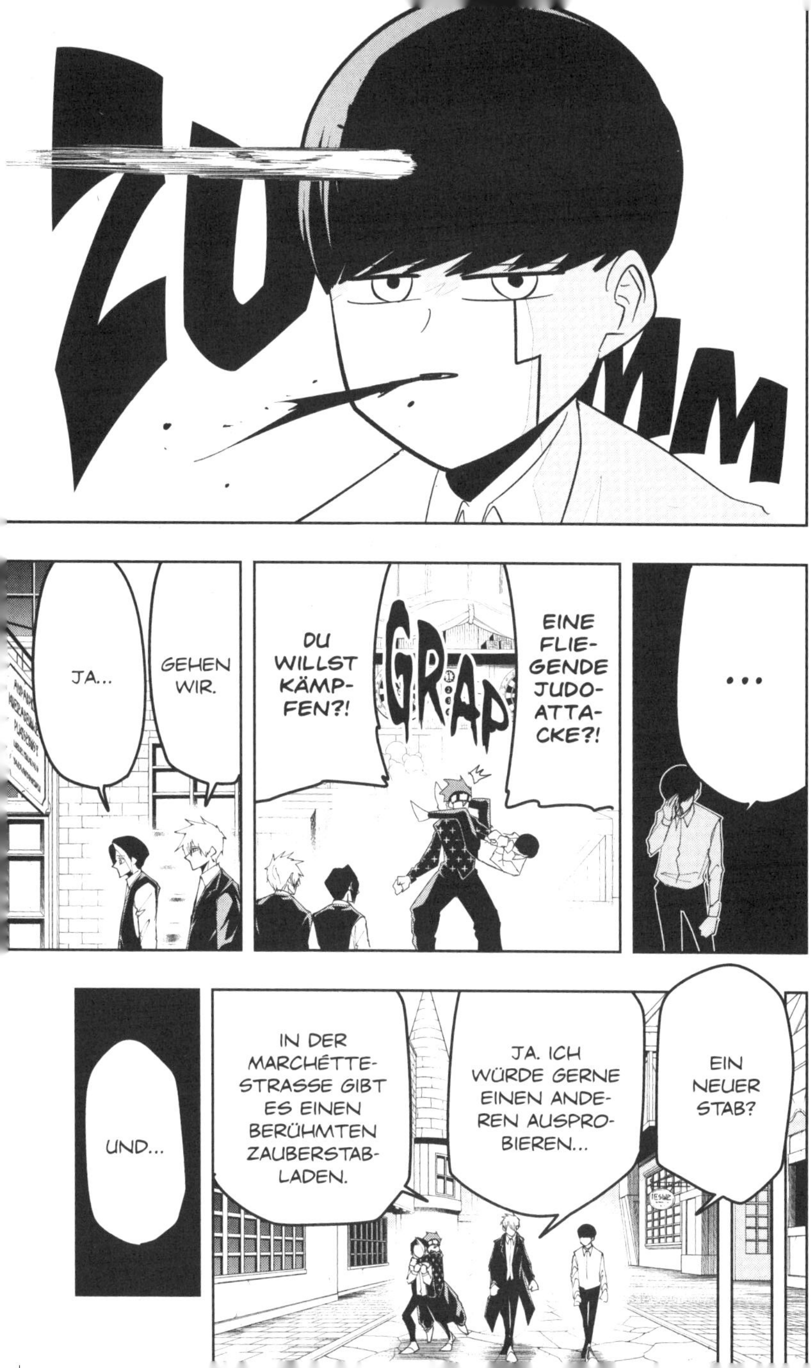
ZUMMM
...
EINE FLIEGENDE JUDOATTACKE?!
GRAP
DU WILLST KÄMPFEN?!
GEHEN WIR.
JA...
EIN NEUER STAB?
JA. ICH WÜRDE GERNE EINEN ANDEREN AUSPROBIEREN...
IN DER MARCHETTE-STRASSE GIBT ES EINEN BERÜHMTEN ZAUBERSTABLADEN.
UND...

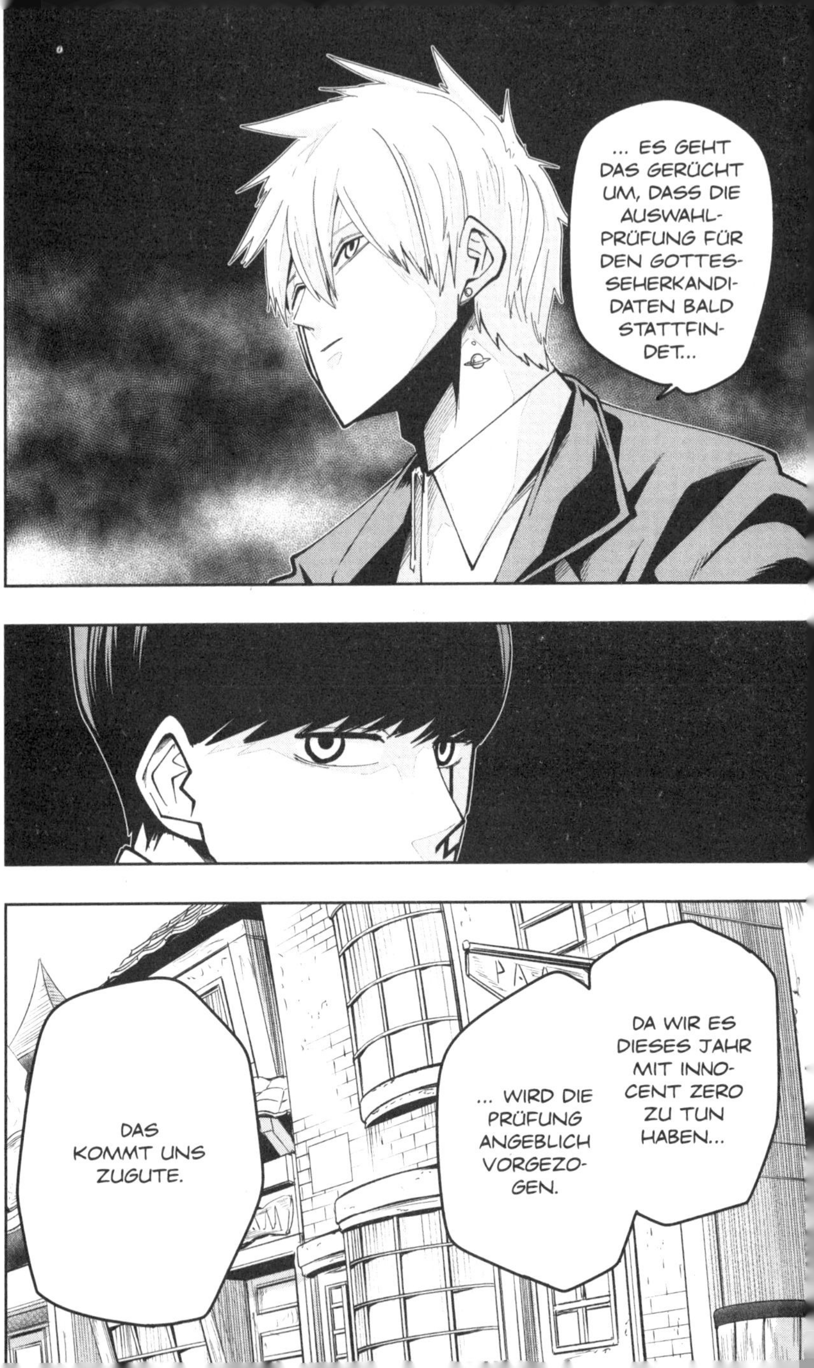
... ES GEHT DAS GERÜCHT UM, DASS DIE AUSWAHL-PRÜFUNG FÜR DEN GOTTES-SEHERKANDI-DATEN BALD STATTFIN-DET...
DA WIR ES DIESES JAHR MIT INNO-CENT ZERO ZU TUN HABEN...
... WIRD DIE PRÜFUNG ANGEBLICH VORGEZO-GEN.
DAS KOMMT UNS ZUGUTE.

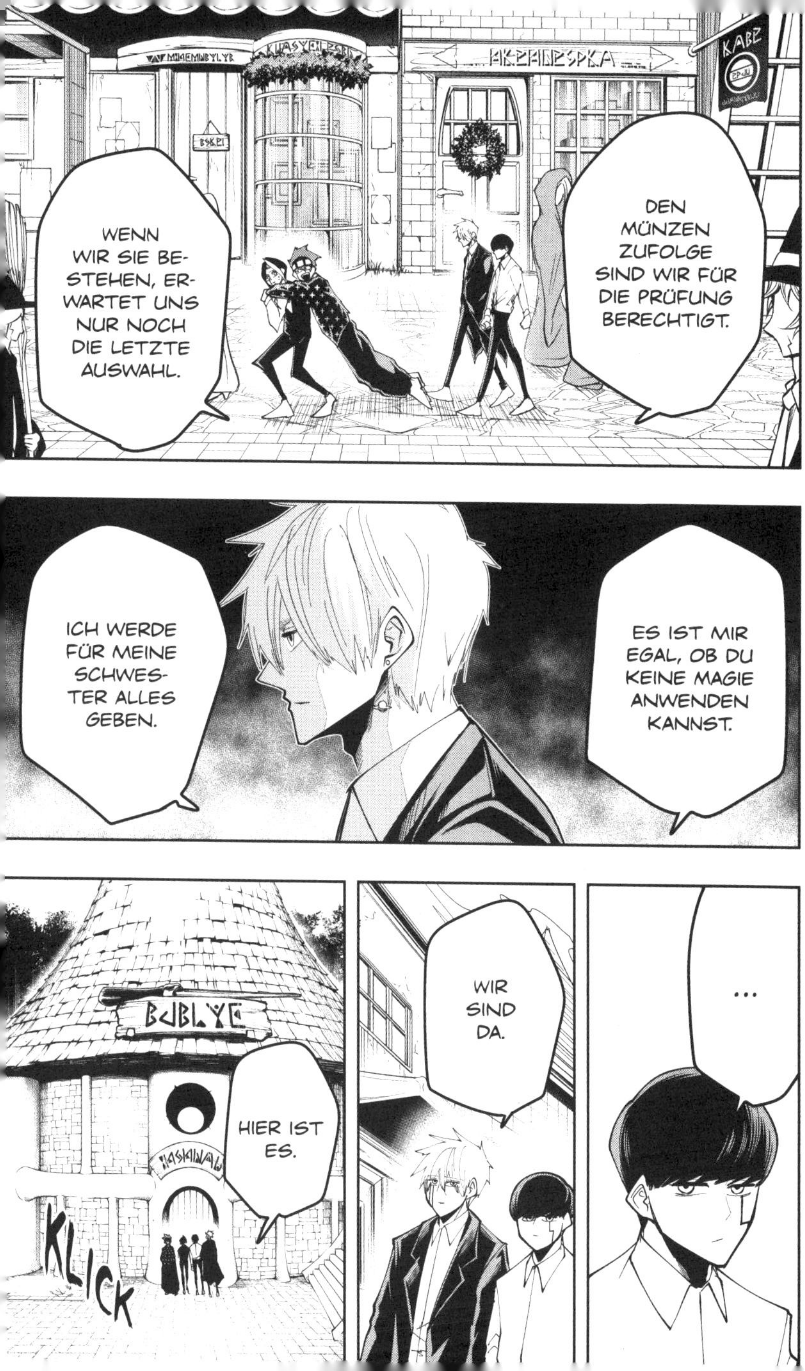
DEN MÜNZEN ZUFOLGE SIND WIR FÜR DIE PRÜFUNG BERECHTIGT.
WENN WIR SIE BESTEHEN, ERWARTET UNS NUR NOCH DIE LETZTE AUSWAHL.
ES IST MIR EGAL, OB DU KEINE MAGIE ANWENDEN KANNST.
ICH WERDE FÜR MEINE SCHWESTER ALLES GEBEN.
...
WIR SIND DA.
HIER IST ES.
KLICK

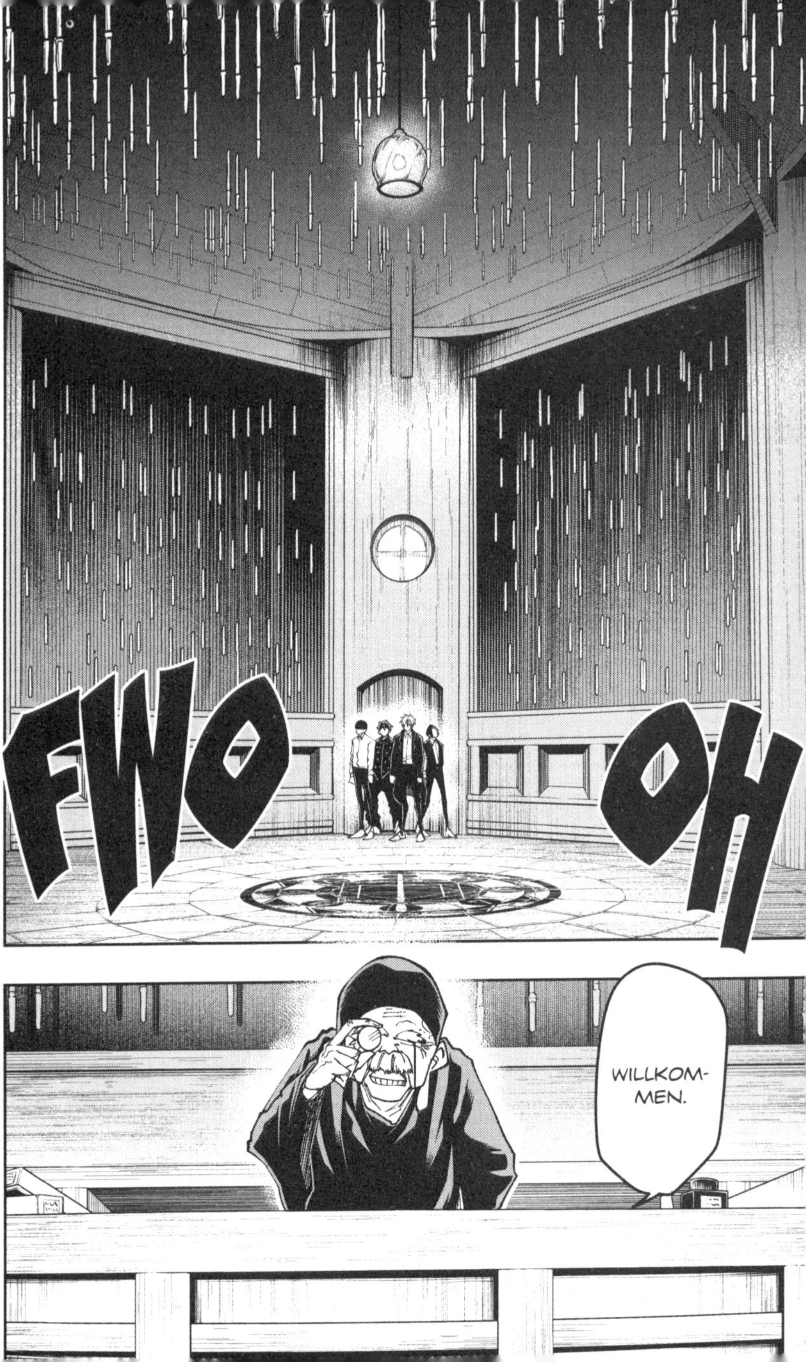
FWOOH
WILLKOM-
MEN.

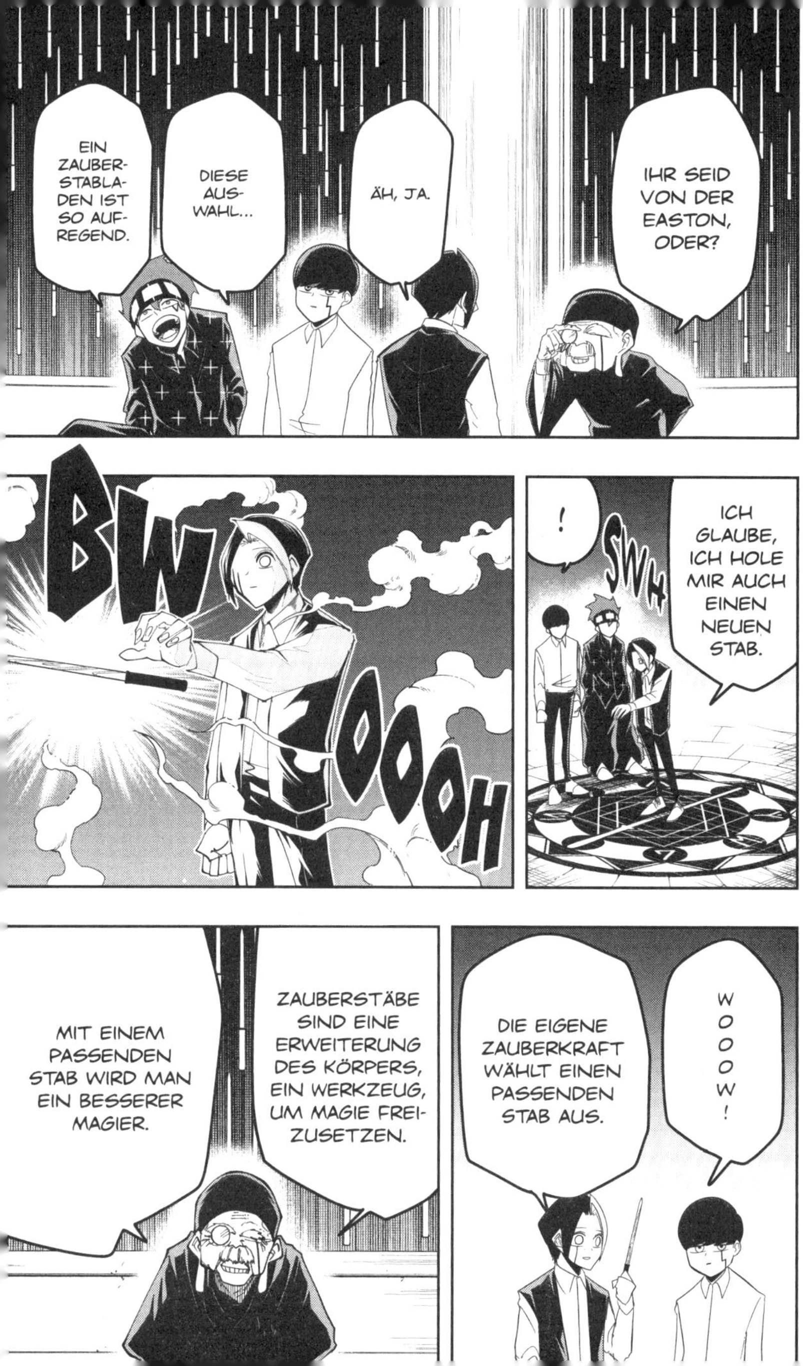
IHR SEID VON DER EASTON, ODER?
ÄH, JA.
DIESE AUSWAHL...
EIN ZAUBERSTABLADEN IST SO AUFREGEND.
ICH GLAUBE, ICH HOLE MIR AUCH EINEN NEUEN STAB.
SWH
!
BWOOOOH
WOOOOW!
DIE EIGENE ZAUBERKRAFT WÄHLT EINEN PASSENDEN STAB AUS.
ZAUBERSTÄBE SIND EINE ERWEITERUNG DES KÖRPERS, EIN WERKZEUG, UM MAGIE FREIZUSETZEN.
MIT EINEM PASSENDEN STAB WIRD MAN EIN BESSERER MAGIER.

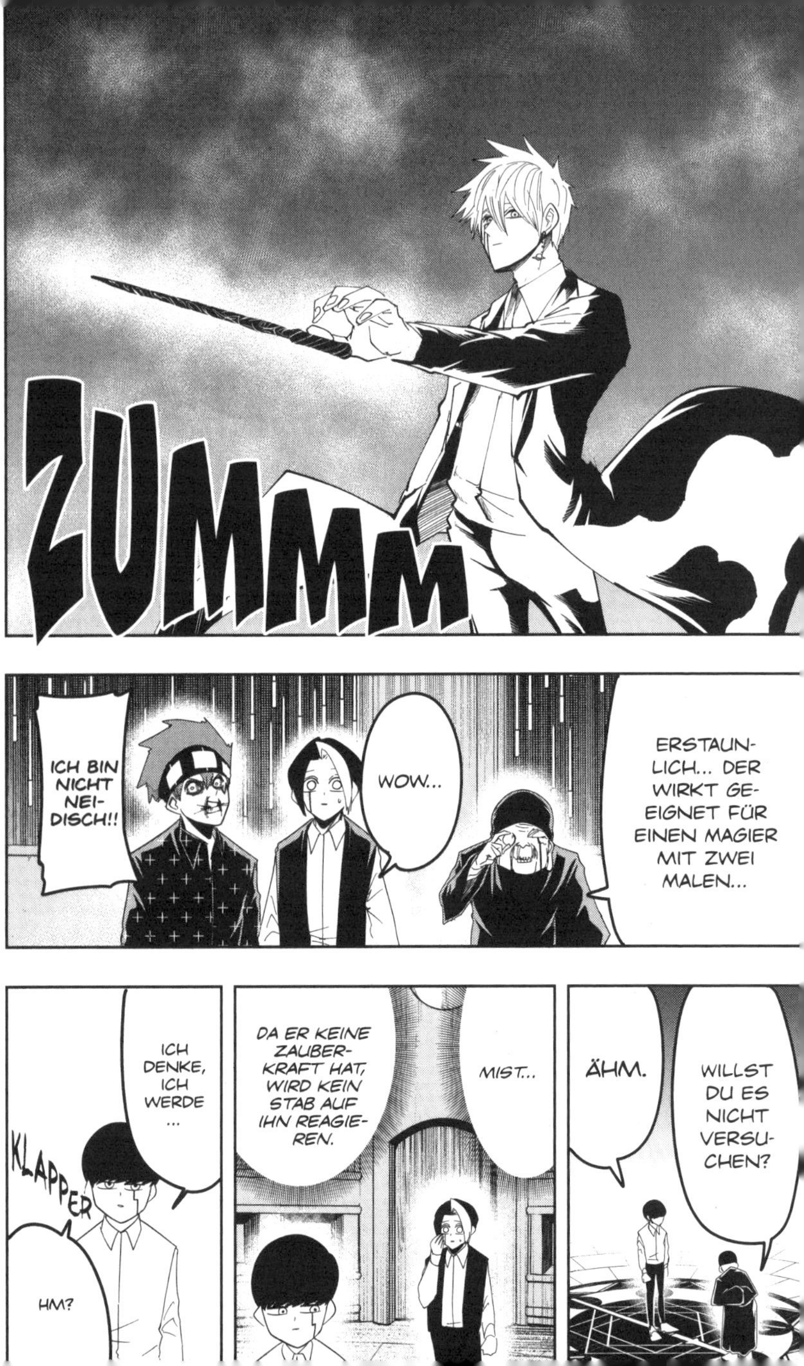
ZUMMM
ERSTAUNLICH... DER WIRKT GEEIGNET FÜR EINEN MAGIER MIT ZWEI MALEN...
WOW...
ICH BIN NICHT NEIDISCH!!
WILLST DU ES NICHT VERSUCHEN?
ÄHM.
MIST...
DA ER KEINE ZAUBERKRAFT HAT, WIRD KEIN STAB AUF IHN REAGIEREN.
ICH DENKE, ICH WERDE ...
KLAPPER
HM?

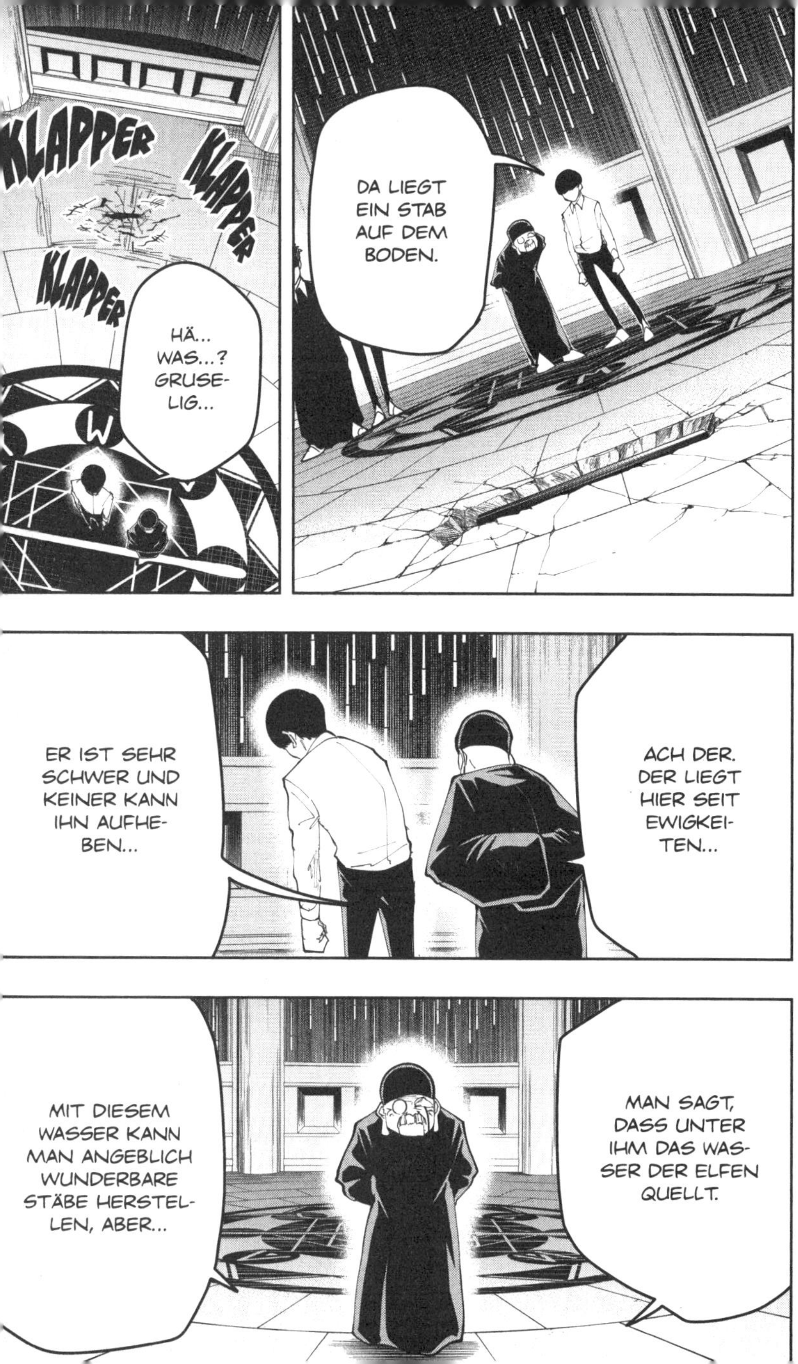
DA LIEGT EIN STAB AUF DEM BODEN.
KLAPPER KLAPPER KLAPPER
HÄ... WAS...? GRUSE-LIG...
ACH DER. DER LIEGT HIER SEIT EWIGKEI-TEN...
ER IST SEHR SCHWER UND KEINER KANN IHN AUFHE-BEN...
MAN SAGT, DASS UNTER IHM DAS WAS-SER DER ELFEN QUELLT.
MIT DIESEM WASSER KANN MAN ANGEBLICH WUNDERBARE STÄBE HERSTEL-LEN, ABER...

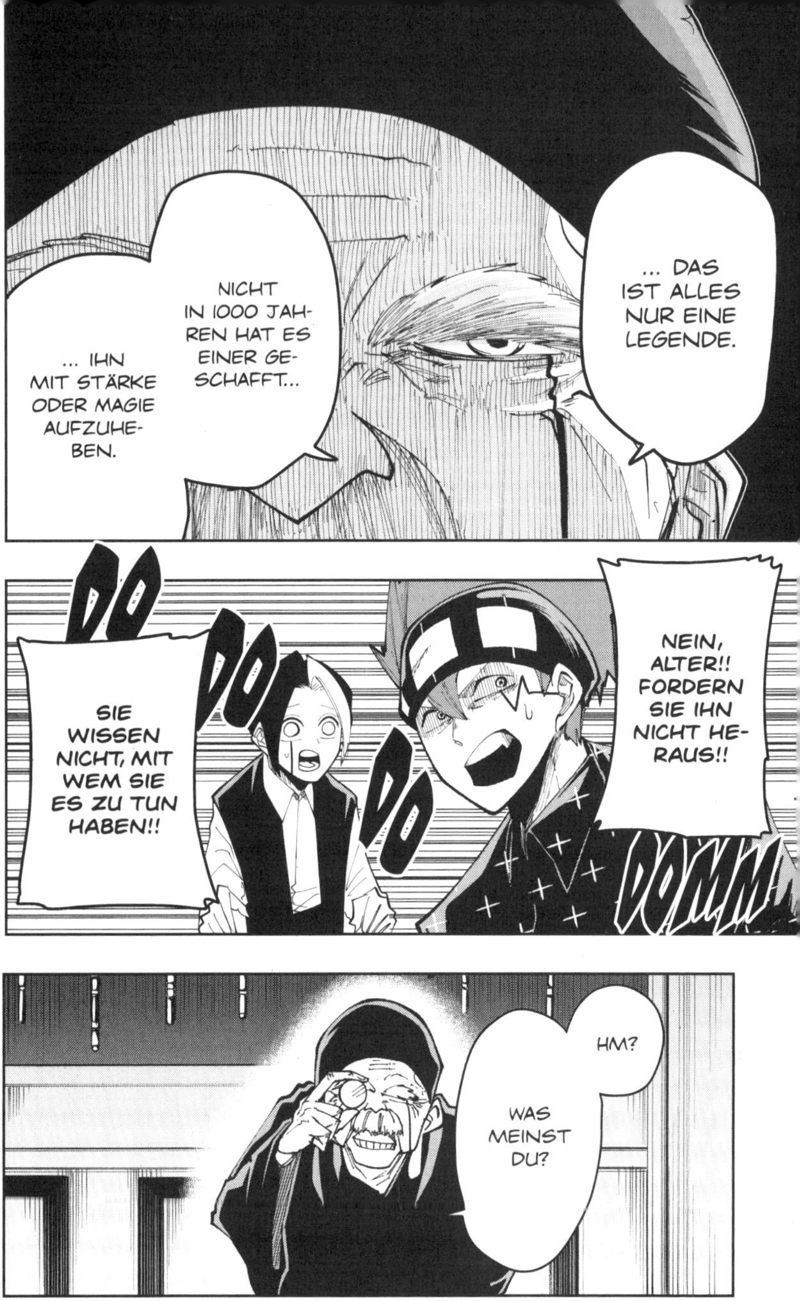
... DAS IST ALLES NUR EINE LEGENDE.
NICHT IN 1000 JAHREN HAT ES EINER GESCHAFFT...
... IHN MIT STÄRKE ODER MAGIE AUFZUHEBEN.
NEIN, ALTER!! FORDERN SIE IHN NICHT HERAUS!!
DOMM
SIE WISSEN NICHT, MIT WEM SIE ES ZU TUN HABEN!!
DO DO DO DO
HM?
WAS MEINST DU?

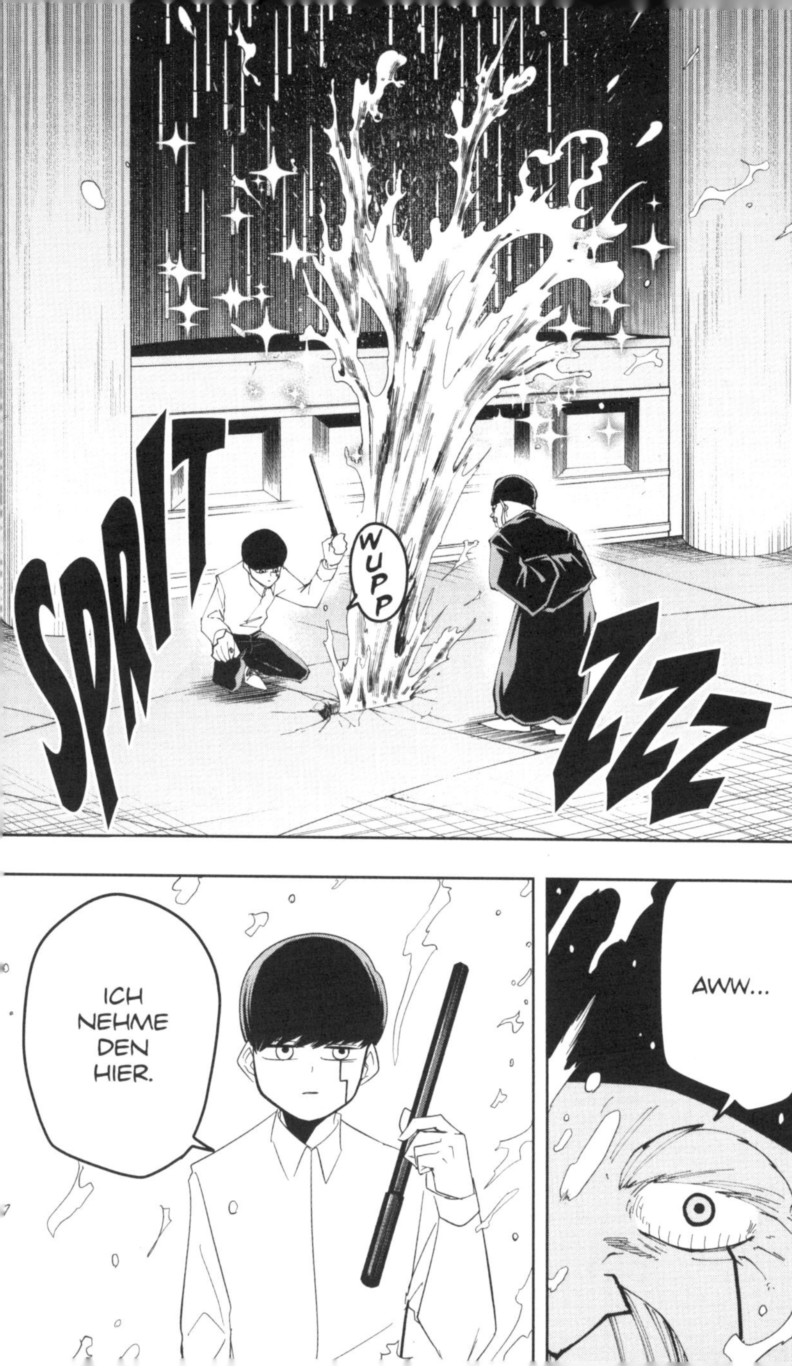
ZZZ
WUPP
SPRIT
AWW...
ICH NEHME DEN HIER.

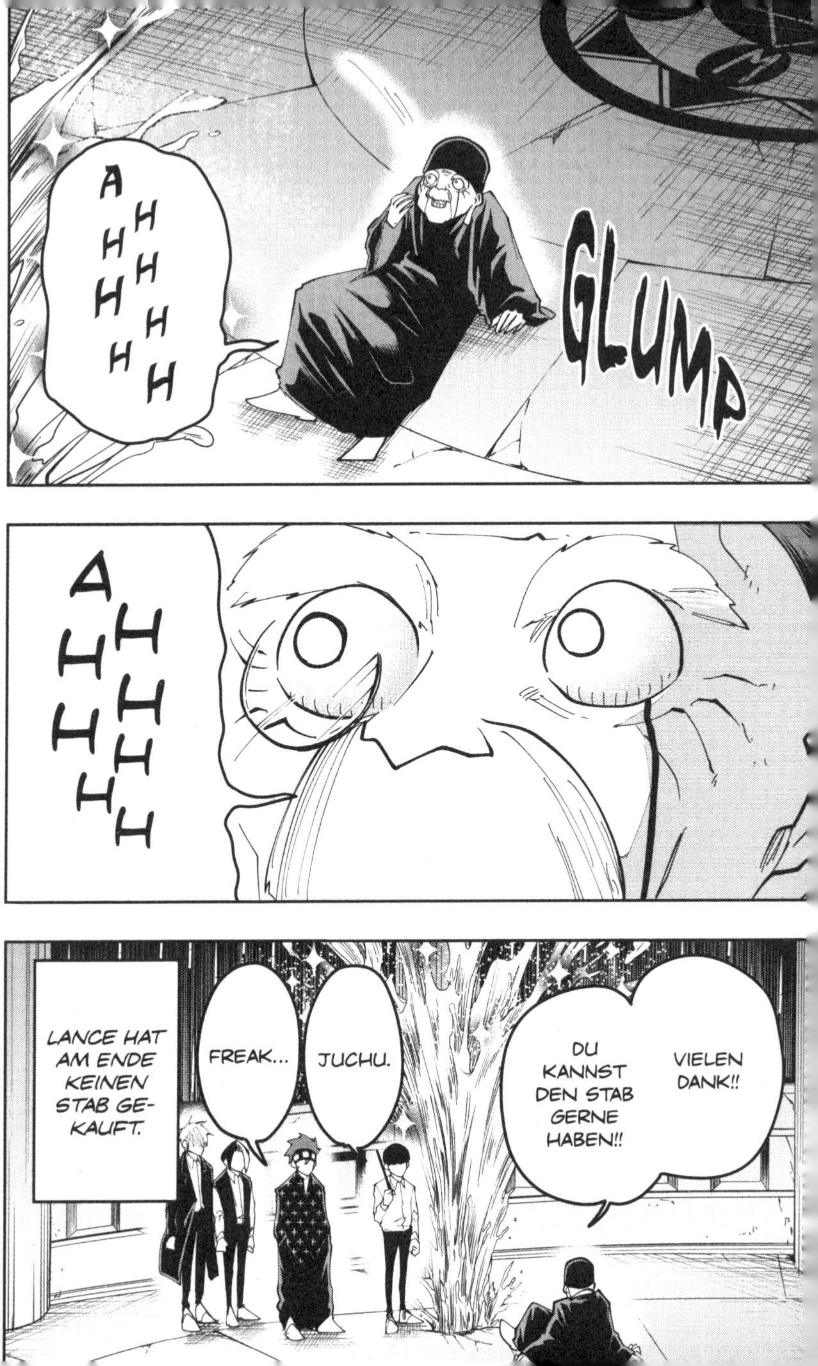

GLUMP
AHHHHHHH
AHHHHHHH
VIELEN DANK!!
DU KANNST DEN STAB GERNE HABEN!!
JUCHU.
FREAK...
LANCE HAT AM ENDE KEINEN STAB GEKAUFT.

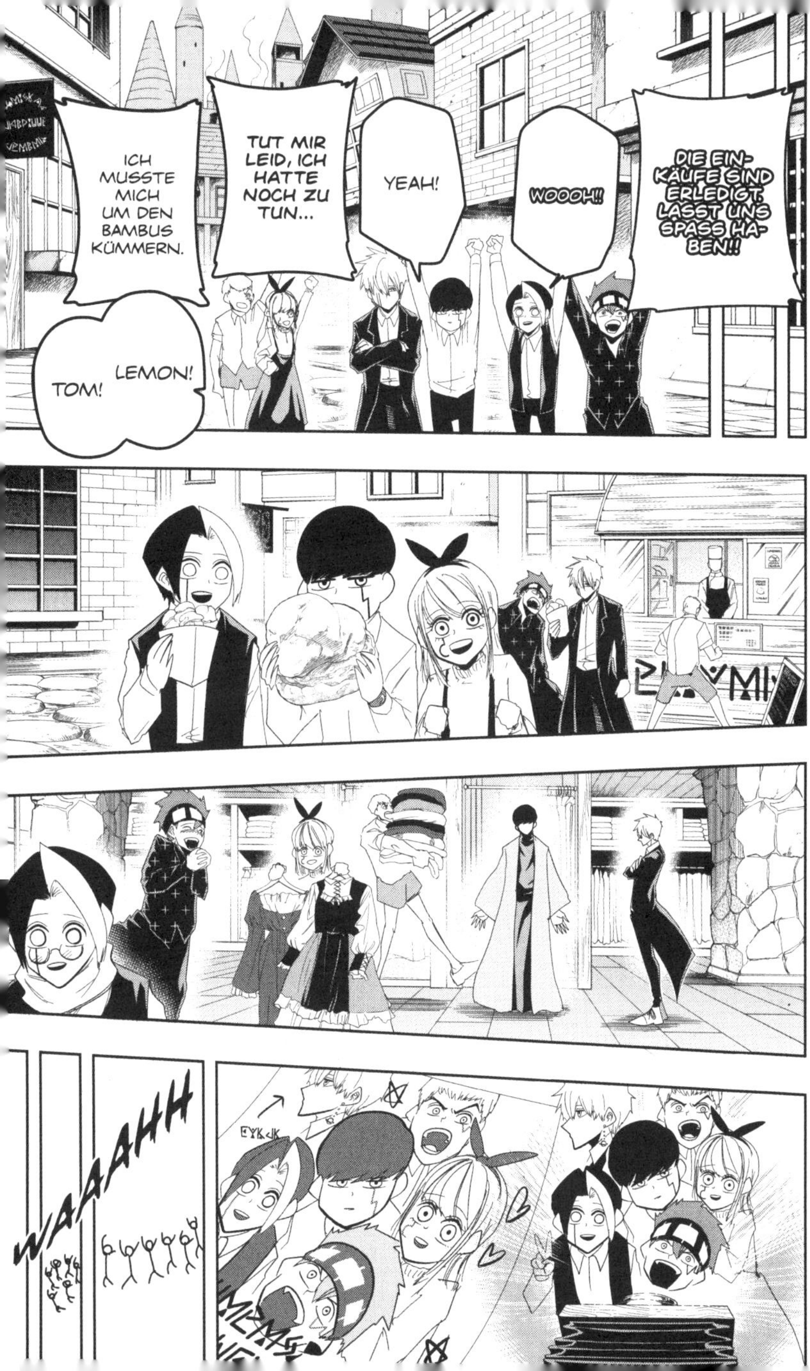
DIE EINKÄUFE SIND ERLEDIGT. LASST UNS SPASS HABEN!!
WOOOH!!
YEAH!
TUT MIR LEID, ICH HATTE NOCH ZU TUN...
ICH MUSSTE MICH UM DEN BAMBUS KÜMMERN.
LEMON!
TOM!
WAAAHH

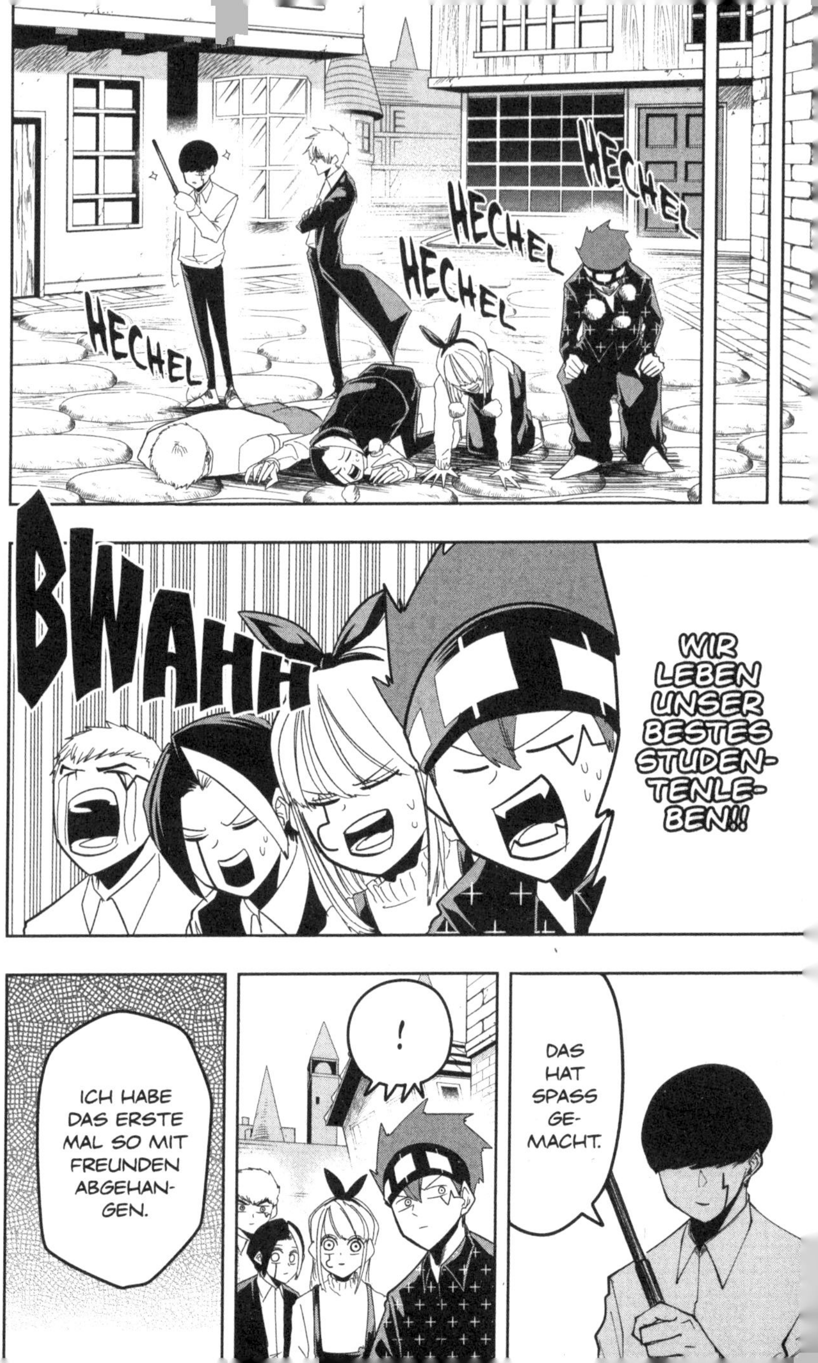
HECHEL
HECHEL
HECHEL
HECHEL
BWAHH
WIR LEBEN UNSER BESTES STUDENTENLEBEN!!
DAS HAT SPASS GEMACHT.
!
ICH HABE DAS ERSTE MAL SO MIT FREUNDEN ABGEHANGEN.

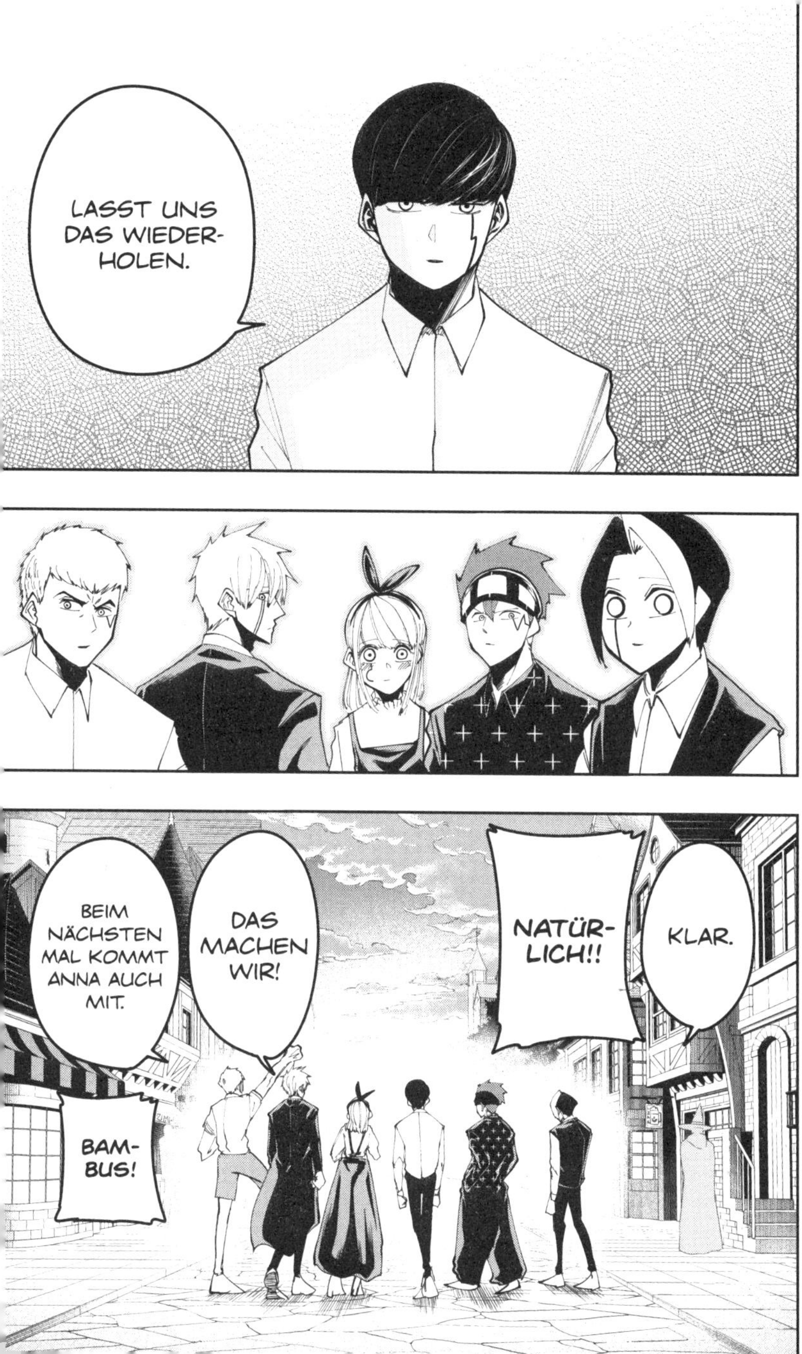
LASST UNS DAS WIEDER-HOLEN.
KLAR.
NATÜR-LICH!!
DAS MACHEN WIR!
BEIM NÄCHSTEN MAL KOMMT ANNA AUCH MIT.
BAM-BUS!

Abyss Razor

Jeder Shonen-Manga braucht einen Typ mit einer speziellen Augenkraft. Und er ist ein Magier mit Schwert. Eigentlich hatte ich mich auf einen Kampf zwischen ihm und Mash gefreut, aber dann habe ich erkannt, dass ich einen großen Fehler gemacht habe, denn sein Auge hilft ihm keine Spur...

Ich werde mich dafür auf mein Schwert werfen...

Das Kind eines Freundes hat gesagt, dass das »Evil Eye« wie ein kritischer Treffer wirkt und dass es cool ist. Mein Redakteur wird niemals vergessen, dass ich schlecht darin bin, mir Badass-Charaktere auszudenken. Deshalb hat mich das Feedback sehr gefreut.

Vielleicht sollte ich ihm eine Augenklappe geben...

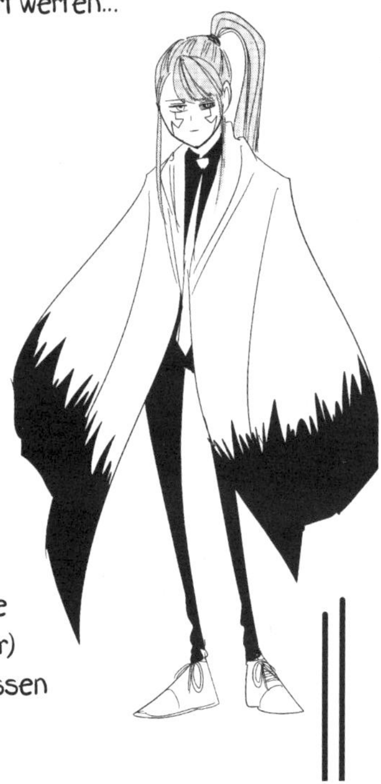

zum Frühstück
schwarzen Kaffee
(und nichts weiter)
* Er nimmt zum Essen
seine Maske ab.

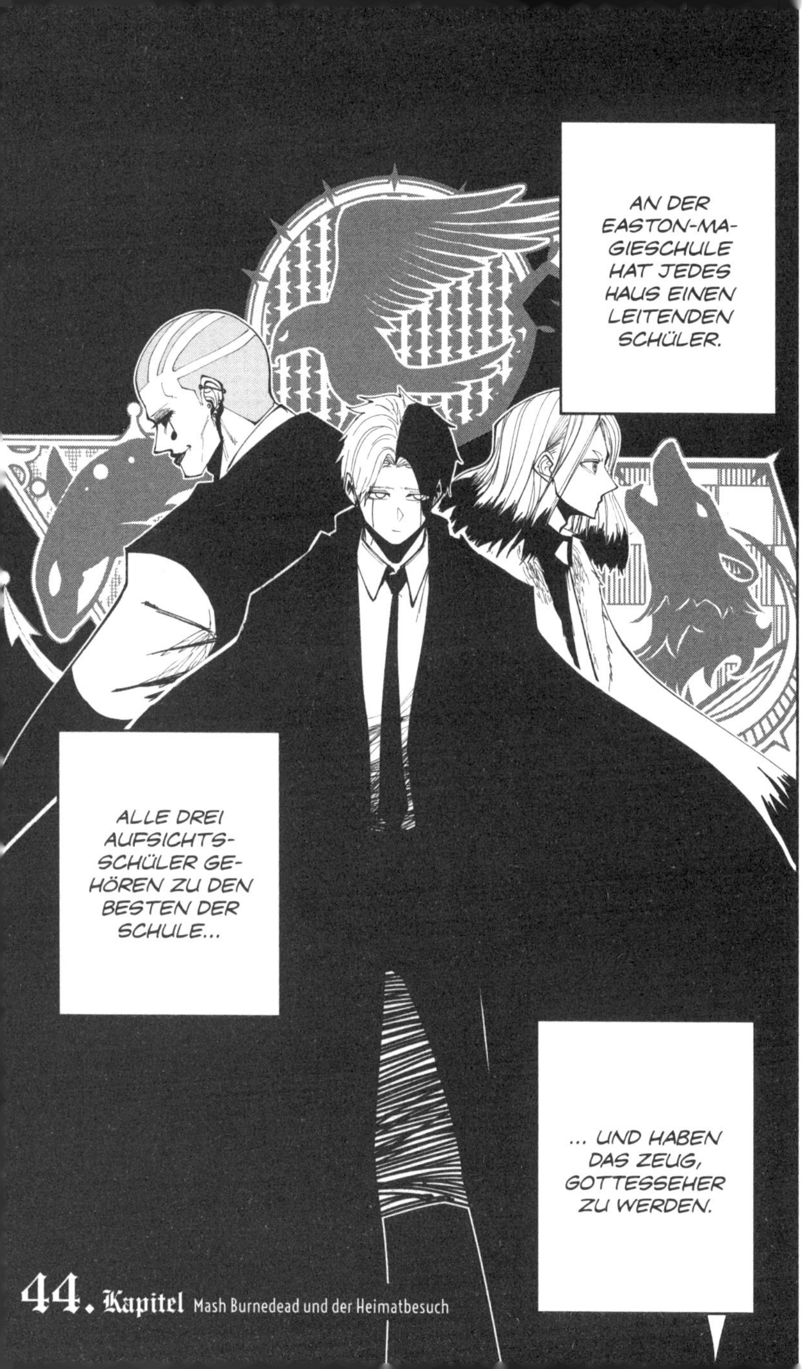

44. Kapitel Mash Burnedead und der Heimatbesuch

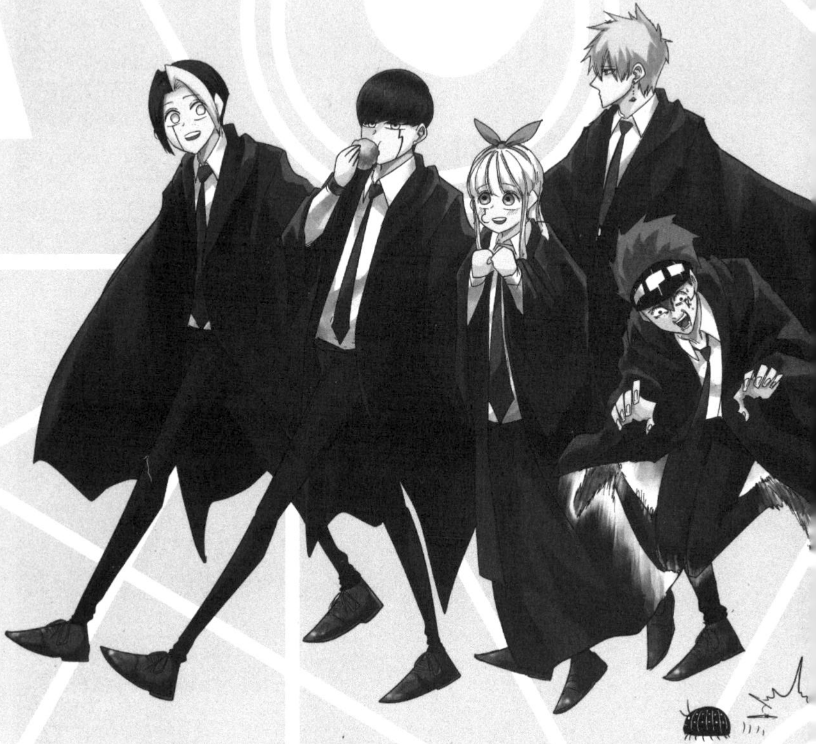

44. Kapitel Mash Burnedead und der Heimatbesuch

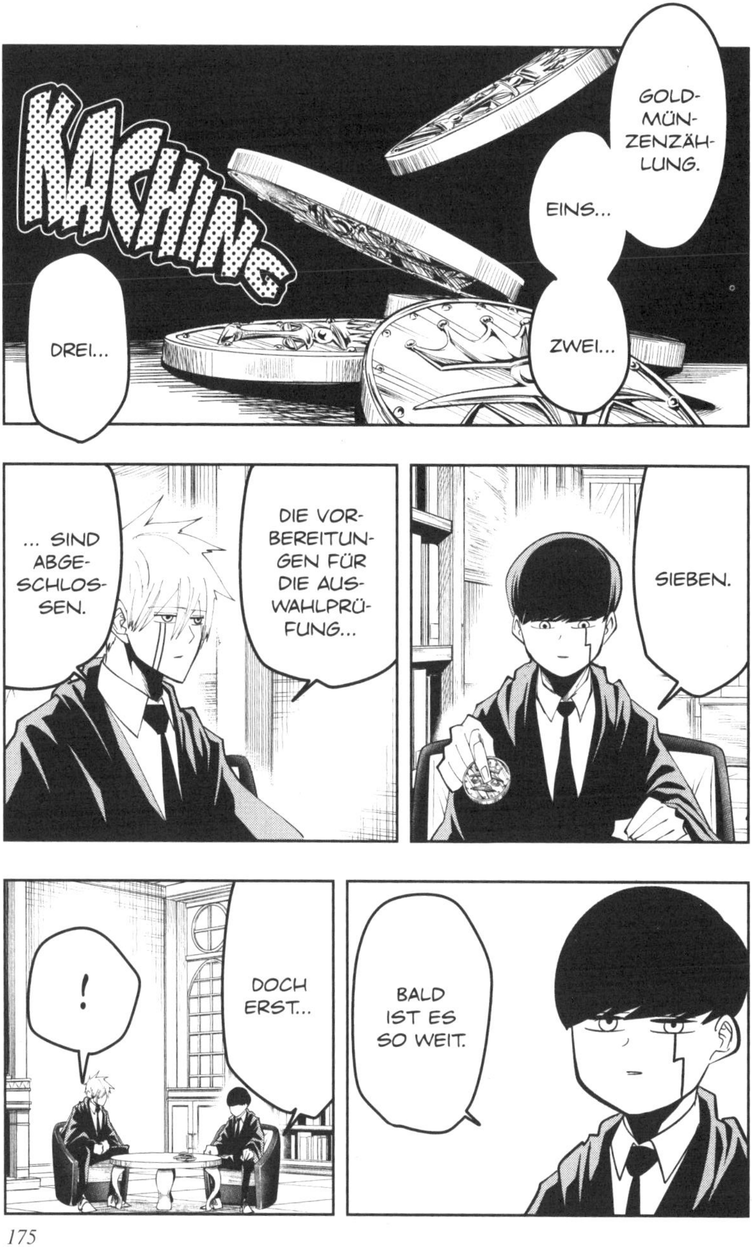
GOLD-MÜN-ZENZÄH-LUNG.
EINS...
ZWEI...
DREI...
KACHING
SIEBEN.
DIE VORBEREITUNGEN FÜR DIE AUSWAHLPRÜFUNG...
... SIND ABGESCHLOSSEN.
BALD IST ES SO WEIT.
DOCH ERST...
!

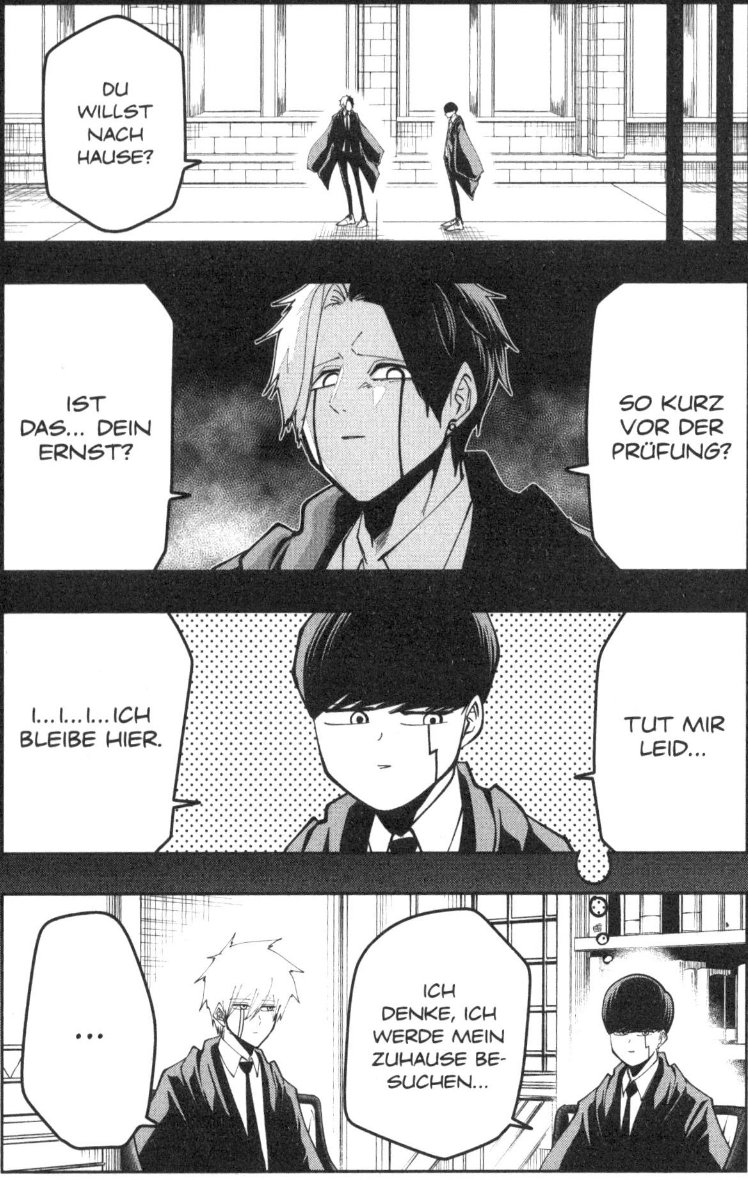
DU WILLST NACH HAUSE?
SO KURZ VOR DER PRÜFUNG?
IST DAS... DEIN ERNST?
TUT MIR LEID...
I...I...I...ICH BLEIBE HIER.
ICH DENKE, ICH WERDE MEIN ZUHAUSE BE-SUCHEN...
...

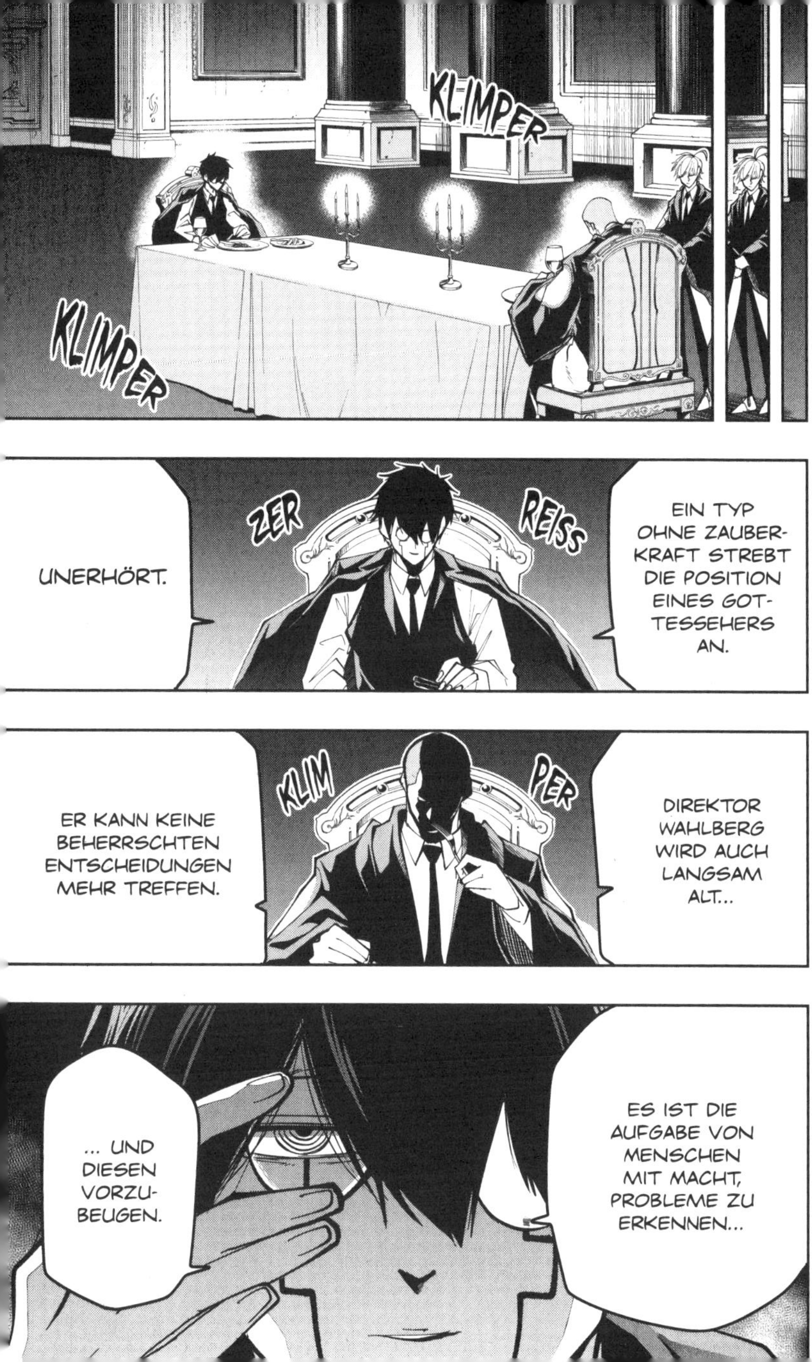
KLIMPER
KLIMPER
EIN TYP OHNE ZAUBERKRAFT STREBT DIE POSITION EINES GOTTESSEHERS AN.
ZER REISS
UNERHÖRT.
DIREKTOR WAHLBERG WIRD AUCH LANGSAM ALT…
KLIM PER
ER KANN KEINE BEHERRSCHTEN ENTSCHEIDUNGEN MEHR TREFFEN.
ES IST DIE AUFGABE VON MENSCHEN MIT MACHT, PROBLEME ZU ERKENNEN…
… UND DIESEN VORZUBEUGEN.

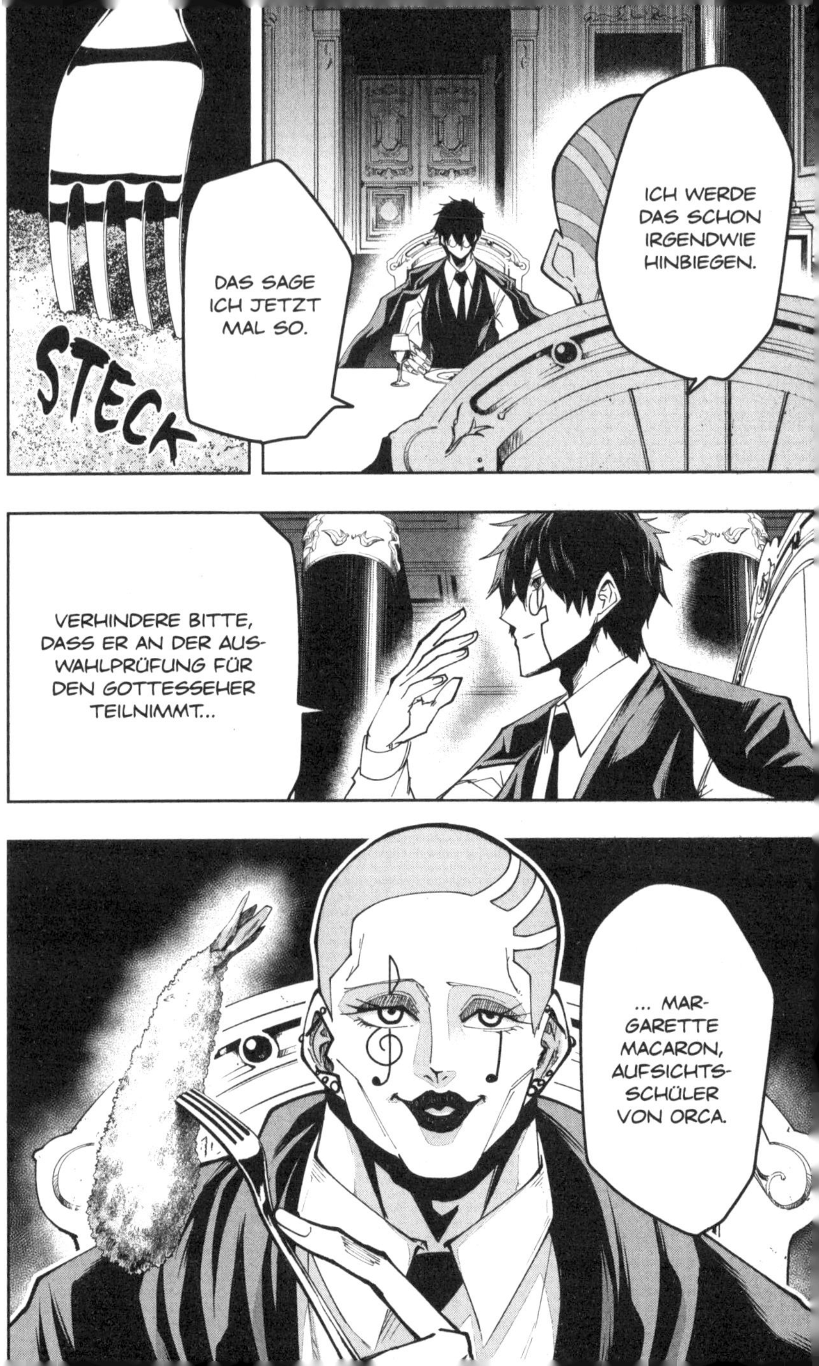
ICH WERDE DAS SCHON IRGENDWIE HINBIEGEN.
DAS SAGE ICH JETZT MAL SO.
STECK
VERHINDERE BITTE, DASS ER AN DER AUS-WAHLPRÜFUNG FÜR DEN GOTTESSEHER TEILNIMMT...
... MAR-GARETTE MACARON, AUFSICHTS-SCHÜLER VON ORCA.

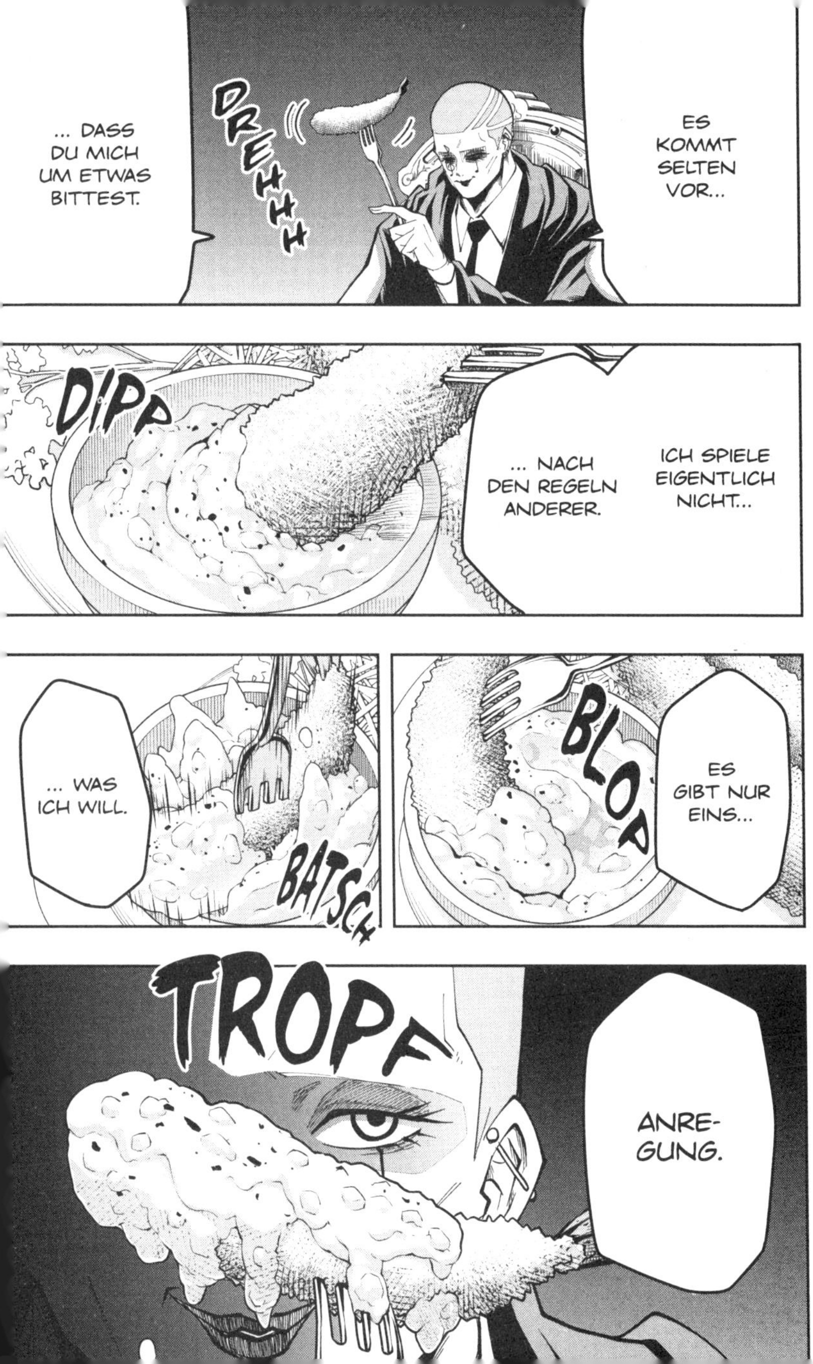

ES KOMMT SELTEN VOR...
DREHHH
... DASS DU MICH UM ETWAS BITTEST.
ICH SPIELE EIGENTLICH NICHT...
... NACH DEN REGELN ANDERER.
DIPP
BLOP
ES GIBT NUR EINS...
BATSCH
... WAS ICH WILL.
TROPF
ANRE-GUNG.

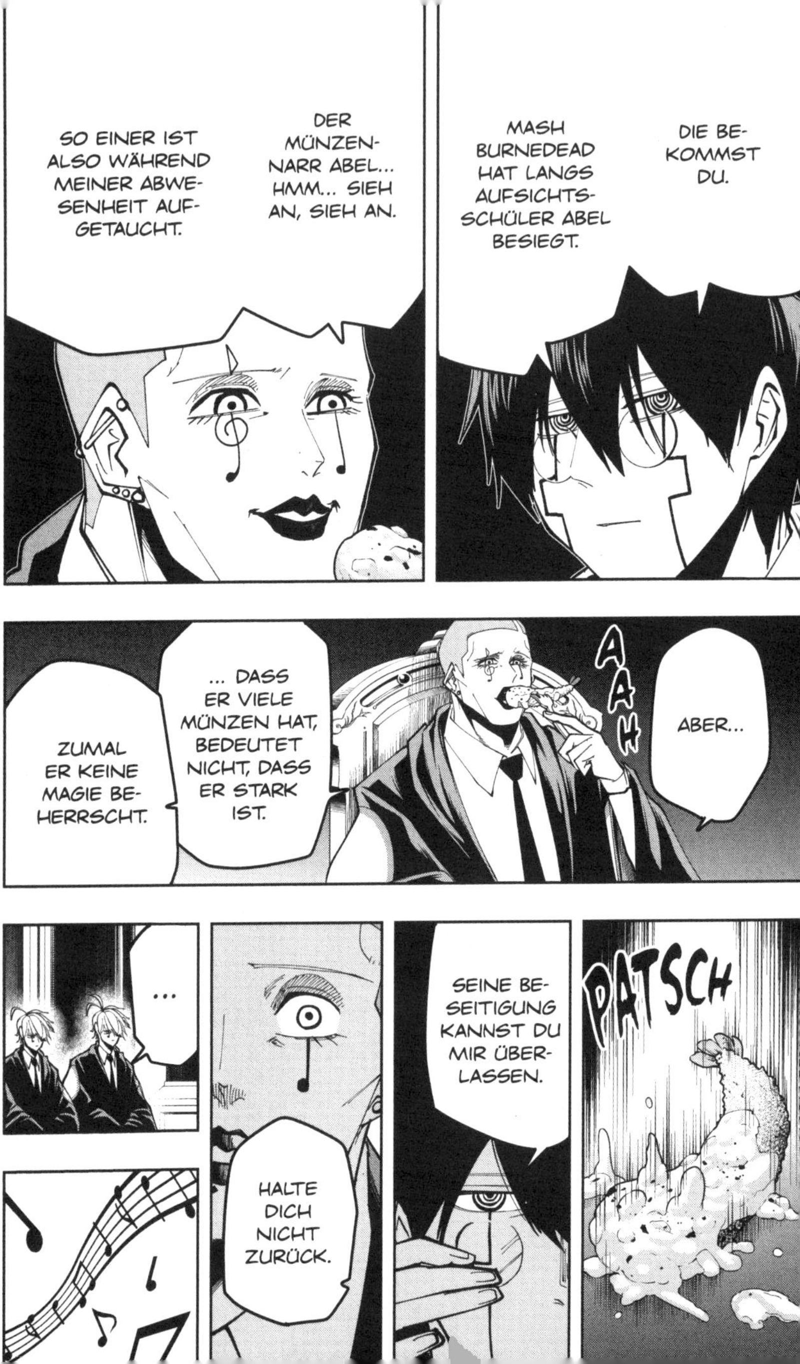
DIE BEKOMMST DU.
MASH BURNEDEAD HAT LANGS AUFSICHTSSCHÜLER ABEL BESIEGT.
DER MÜNZENNARR ABEL... HMM... SIEH AN, SIEH AN.
SO EINER IST ALSO WÄHREND MEINER ABWESENHEIT AUFGETAUCHT.
ABER...
AAH
... DASS ER VIELE MÜNZEN HAT, BEDEUTET NICHT, DASS ER STARK IST.
ZUMAL ER KEINE MAGIE BEHERRSCHT.
PATSCH
SEINE BESEITIGUNG KANNST DU MIR ÜBERLASSEN.
HALTE DICH NICHT ZURÜCK.
...

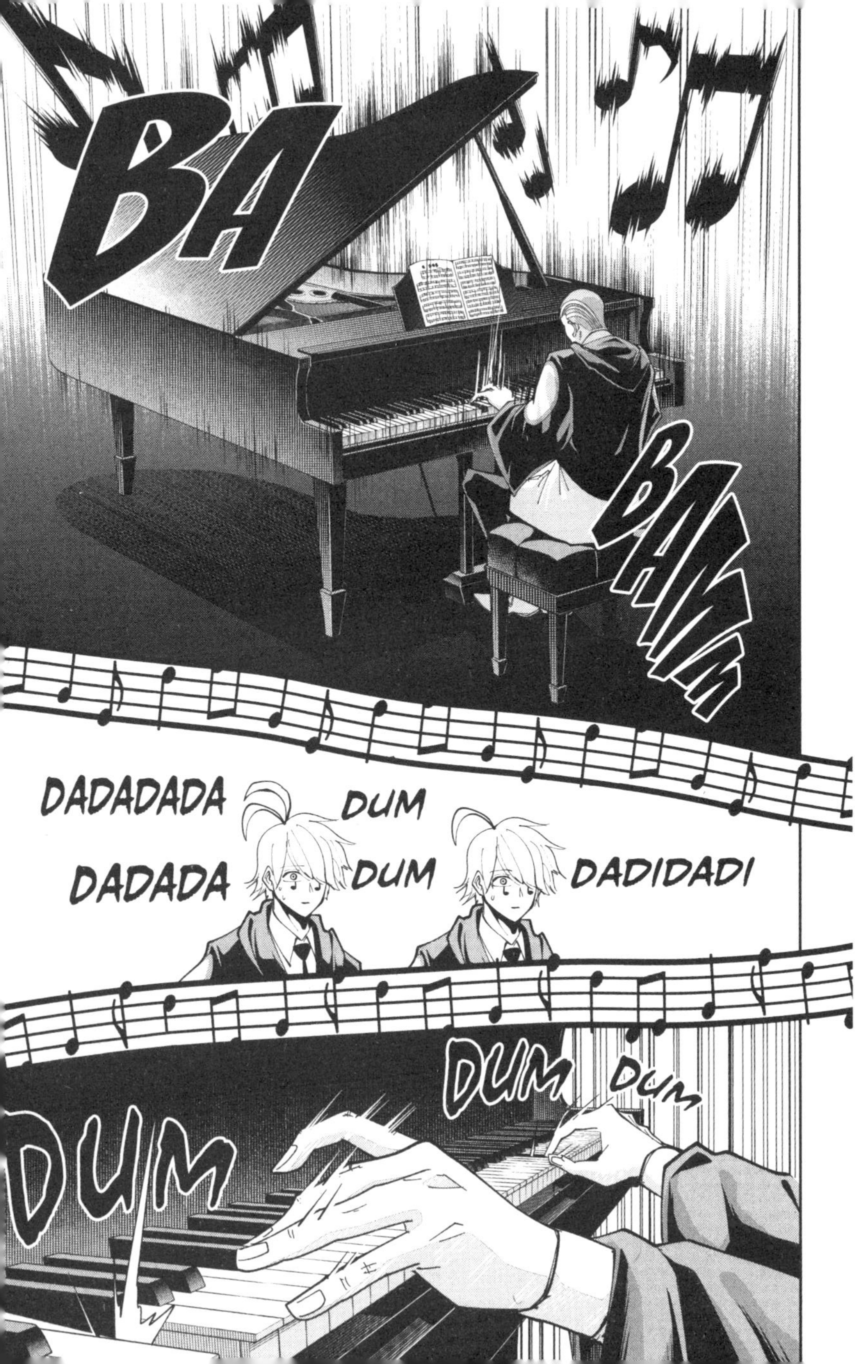
BA
BAMM
DADADADA
DUM
DADADA
DUM
DADIDADI
DUM
DUM
Dum

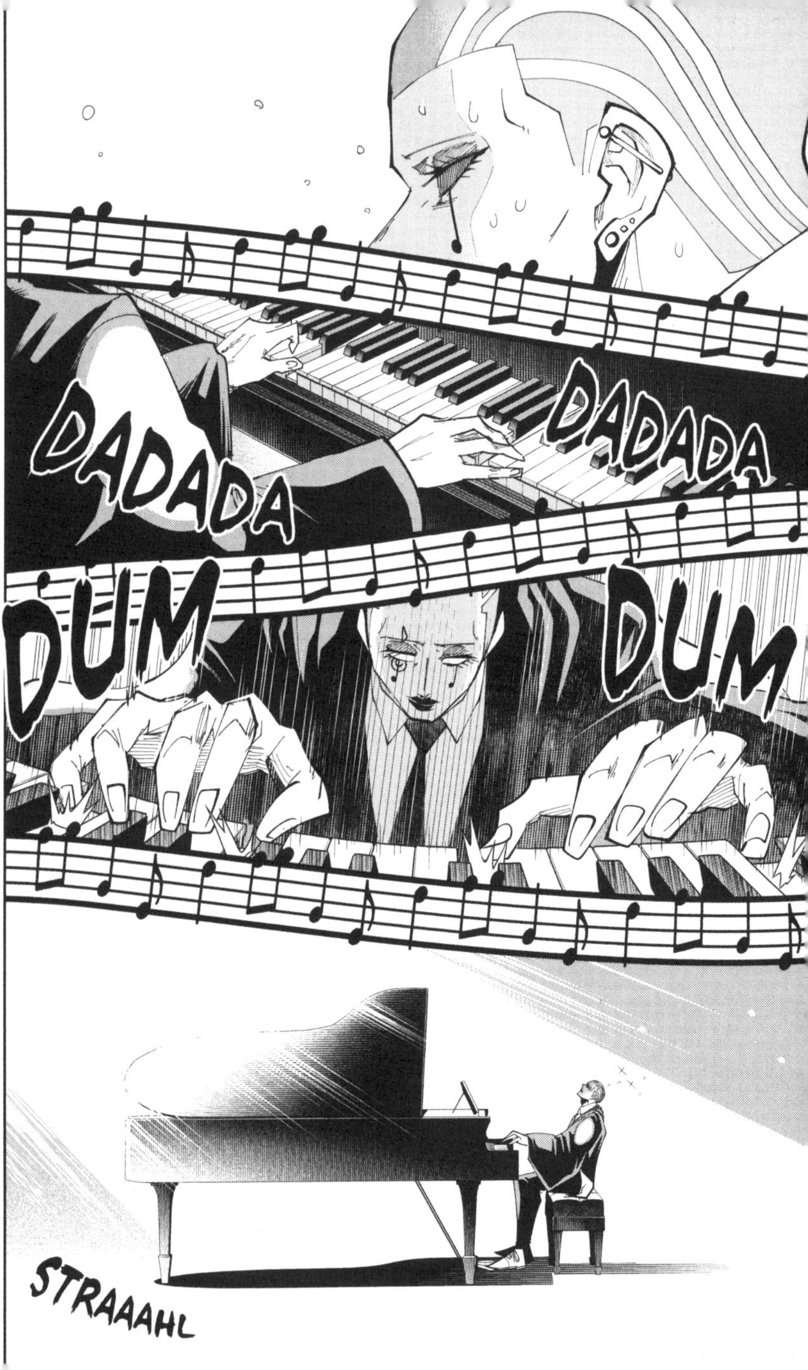

DADADA
DADADA
DUM
DUM
STRAAAHL

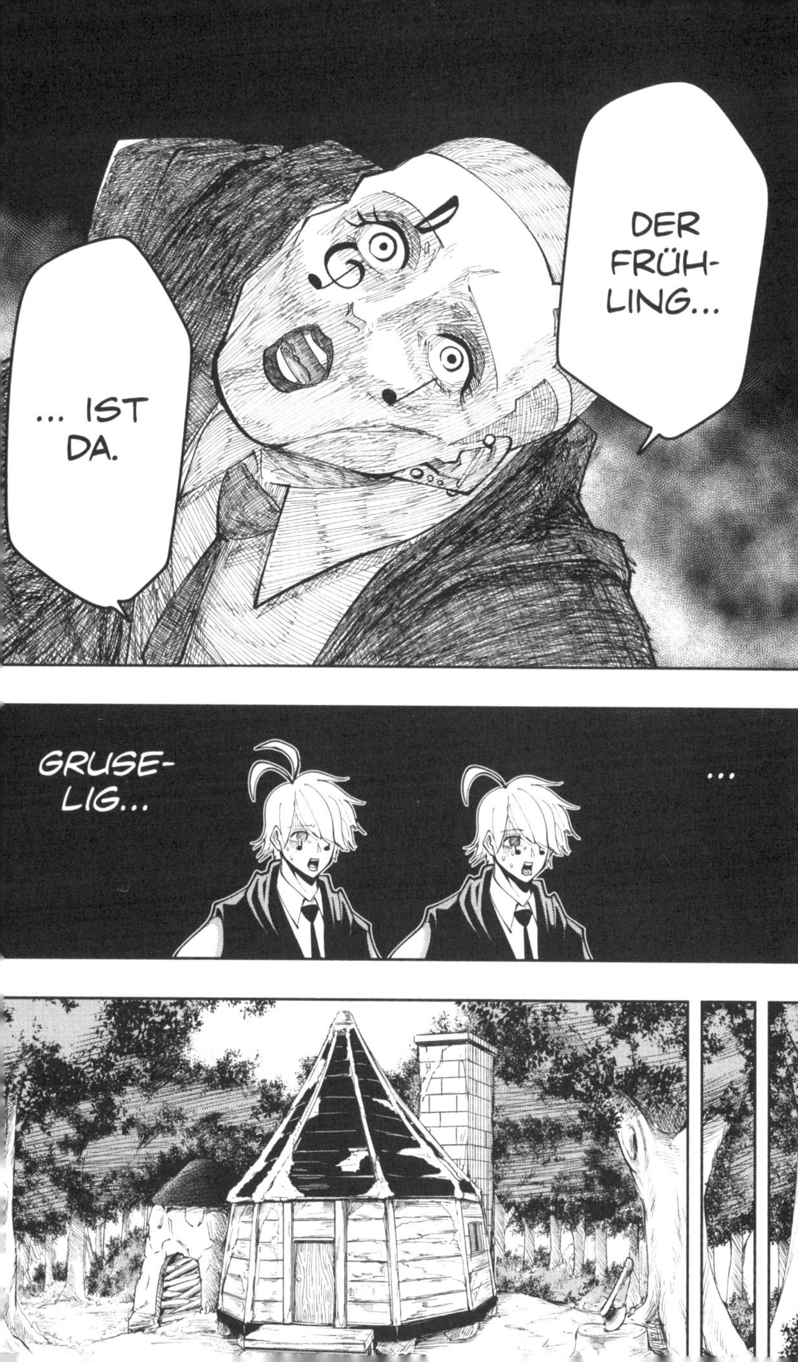
DER FRÜHLING...
... IST DA.
...
GRUSELIG...

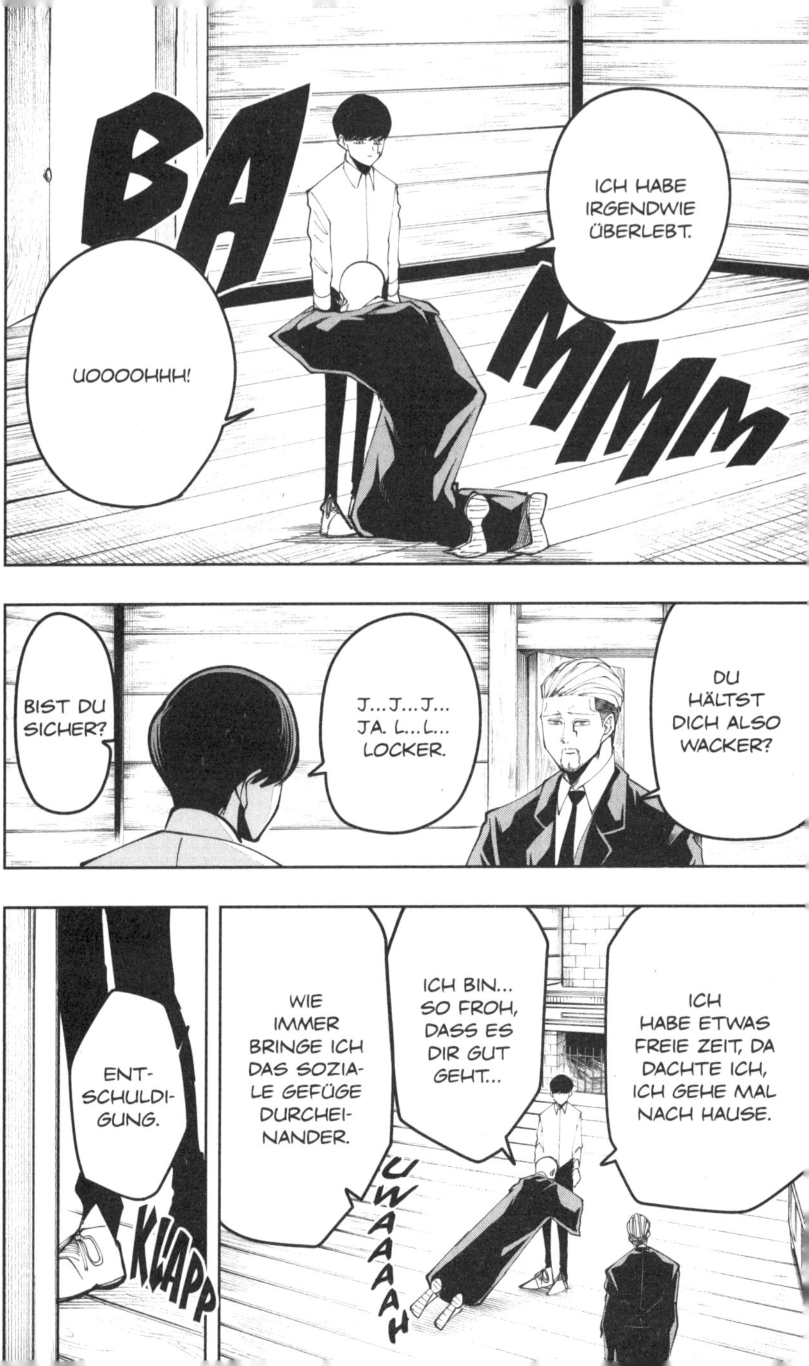
ICH HABE IRGENDWIE ÜBERLEBT.
BAMMM
UOOOOHHH!
DU HÄLTST DICH ALSO WACKER?
J...J...J... JA. L...L... LOCKER.
BIST DU SICHER?
ICH HABE ETWAS FREIE ZEIT, DA DACHTE ICH, ICH GEHE MAL NACH HAUSE.
ICH BIN... SO FROH, DASS ES DIR GUT GEHT...
UWAAAAAH
WIE IMMER BRINGE ICH DAS SOZIALE GEFÜGE DURCHEINANDER.
ENTSCHULDIGUNG.
KLAPP

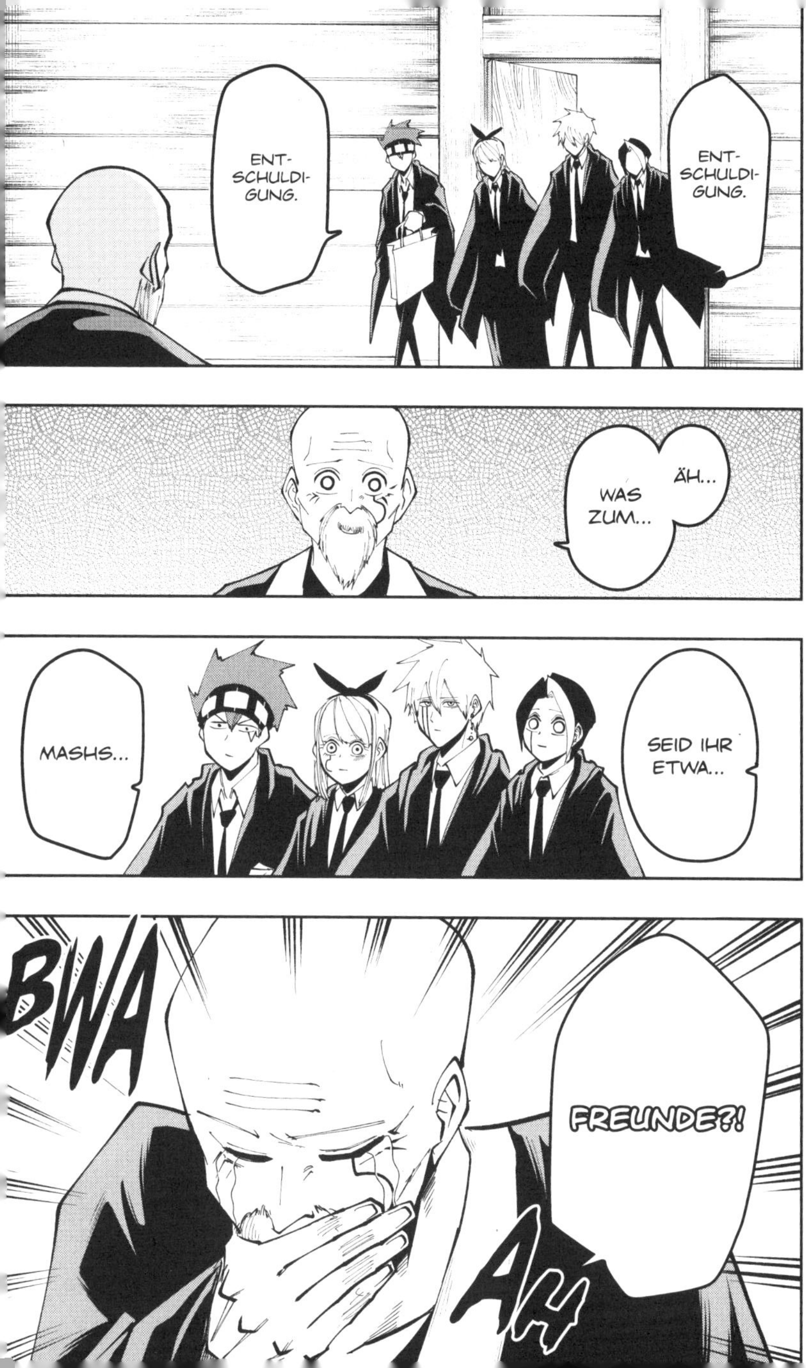

ENT-SCHULDI-GUNG.
ENT-SCHULDI-GUNG.
ÄH... WAS ZUM...
SEID IHR ETWA...
MASHS...
FREUNDE?!
BWA
AH

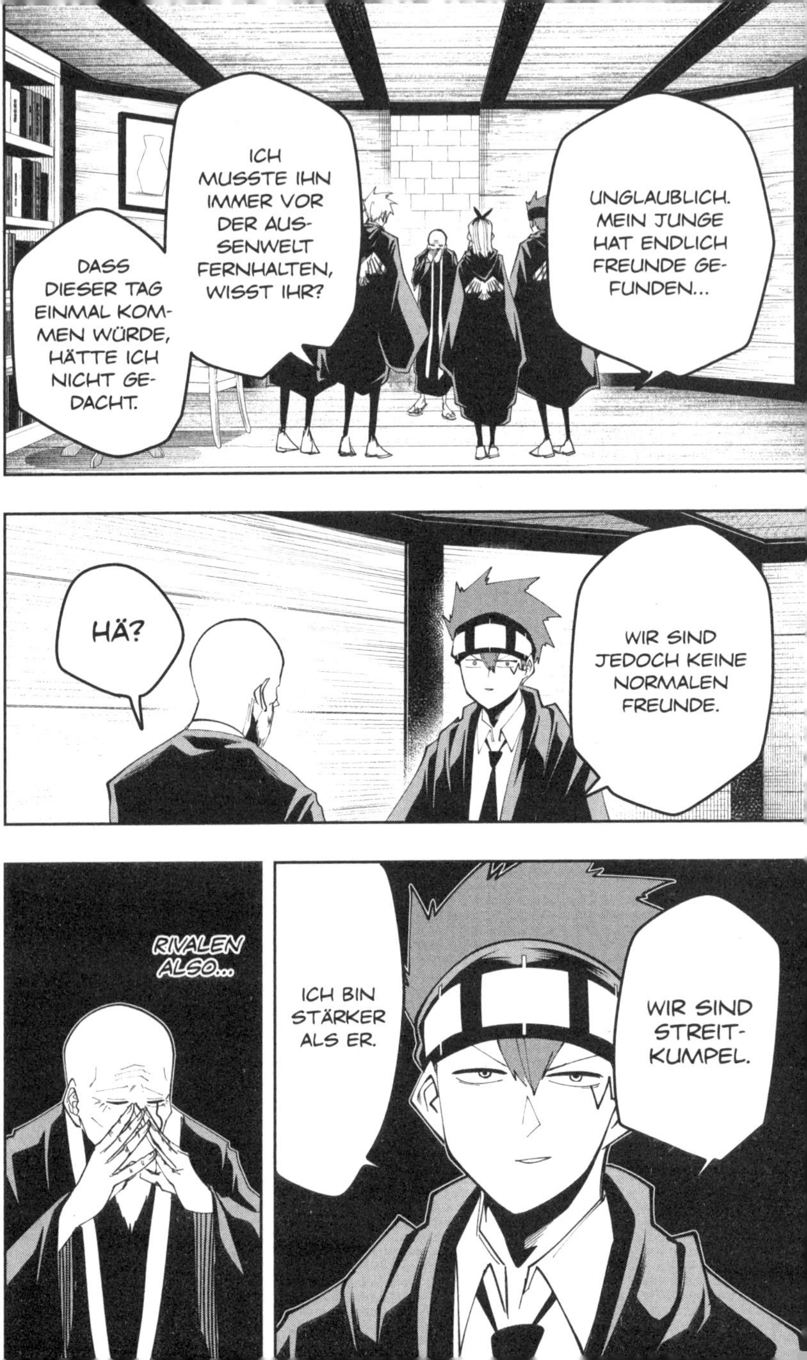

UNGLAUBLICH. MEIN JUNGE HAT ENDLICH FREUNDE GEFUNDEN...
ICH MUSSTE IHN IMMER VOR DER AUSSENWELT FERNHALTEN, WISST IHR?
DASS DIESER TAG EINMAL KOMMEN WÜRDE, HÄTTE ICH NICHT GEDACHT.
WIR SIND JEDOCH KEINE NORMALEN FREUNDE.
HÄ?
WIR SIND STREITKUMPEL.
ICH BIN STÄRKER ALS ER.
RIVALEN ALSO...

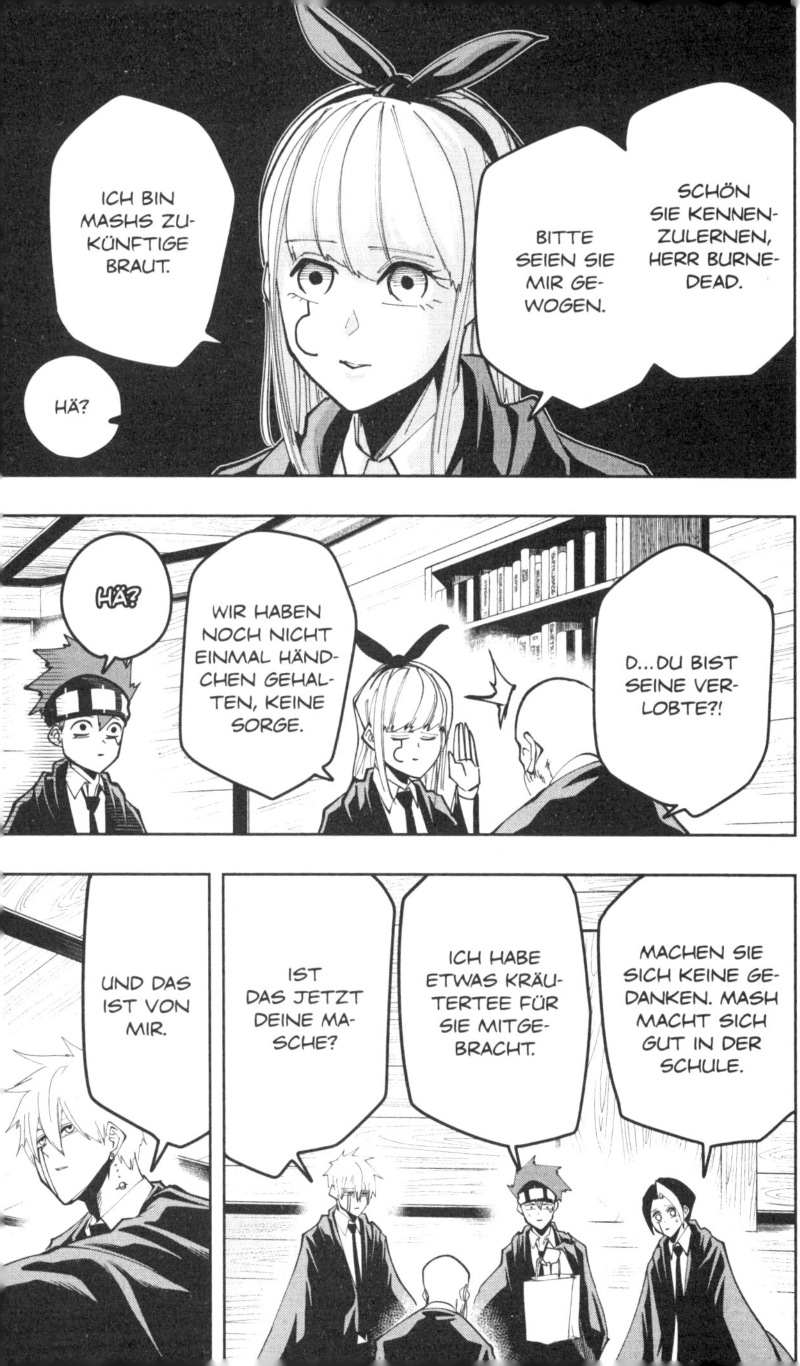
SCHÖN SIE KENNENZULERNEN, HERR BURNEDEAD.
BITTE SEIEN SIE MIR GEWOGEN.
ICH BIN MASHS ZUKÜNFTIGE BRAUT.
HÄ?
D...DU BIST SEINE VERLOBTE?!
WIR HABEN NOCH NICHT EINMAL HÄNDCHEN GEHALTEN, KEINE SORGE.
HÄ?
MACHEN SIE SICH KEINE GEDANKEN. MASH MACHT SICH GUT IN DER SCHULE.
ICH HABE ETWAS KRÄUTERTEE FÜR SIE MITGEBRACHT.
IST DAS JETZT DEINE MASCHE?
UND DAS IST VON MIR.

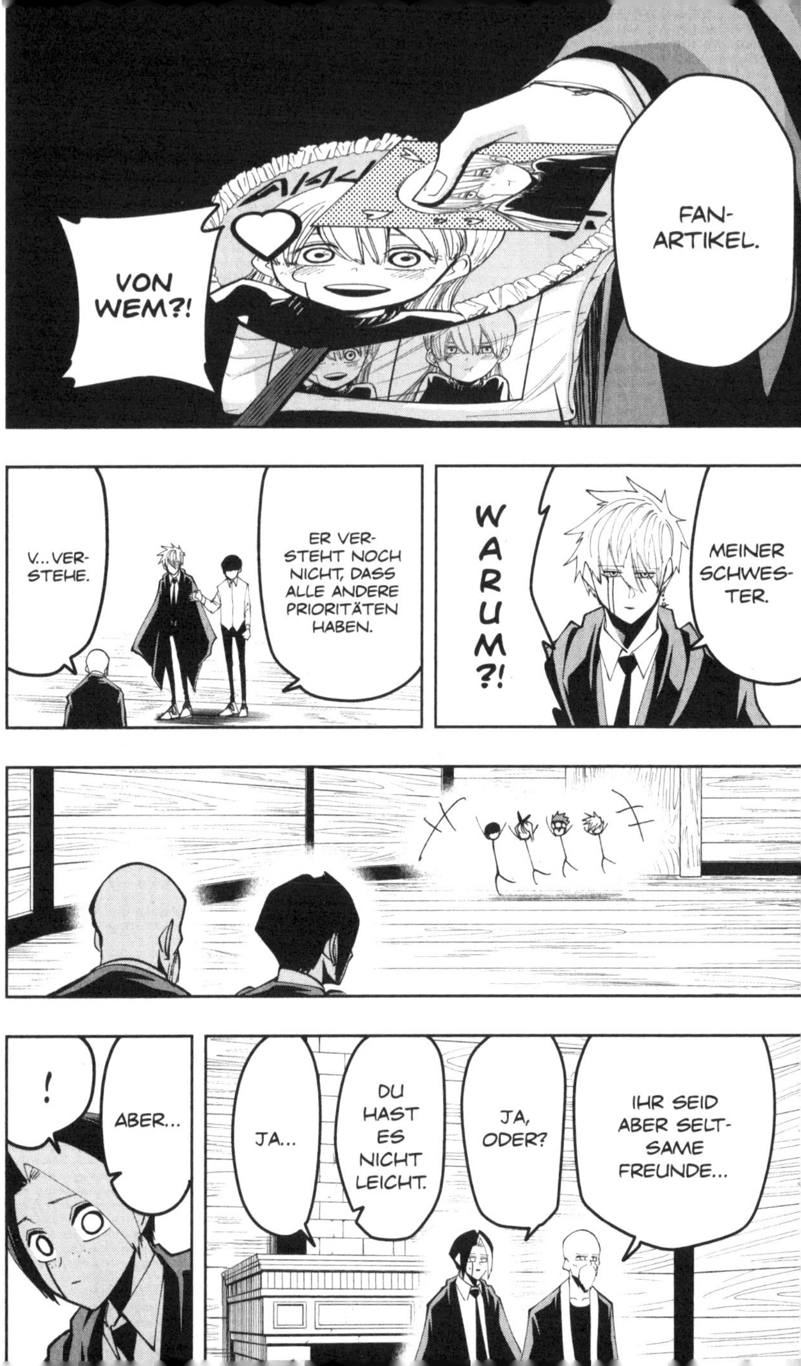
FAN-ARTIKEL.
VON WEM?!
MEINER SCHWES-TER.
WARUM?!
ER VER-STEHT NOCH NICHT, DASS ALLE ANDERE PRIORITÄTEN HABEN.
V...VER-STEHE.
IHR SEID ABER SELT-SAME FREUNDE...
JA, ODER?
DU HAST ES NICHT LEICHT.
JA...
ABER...
!

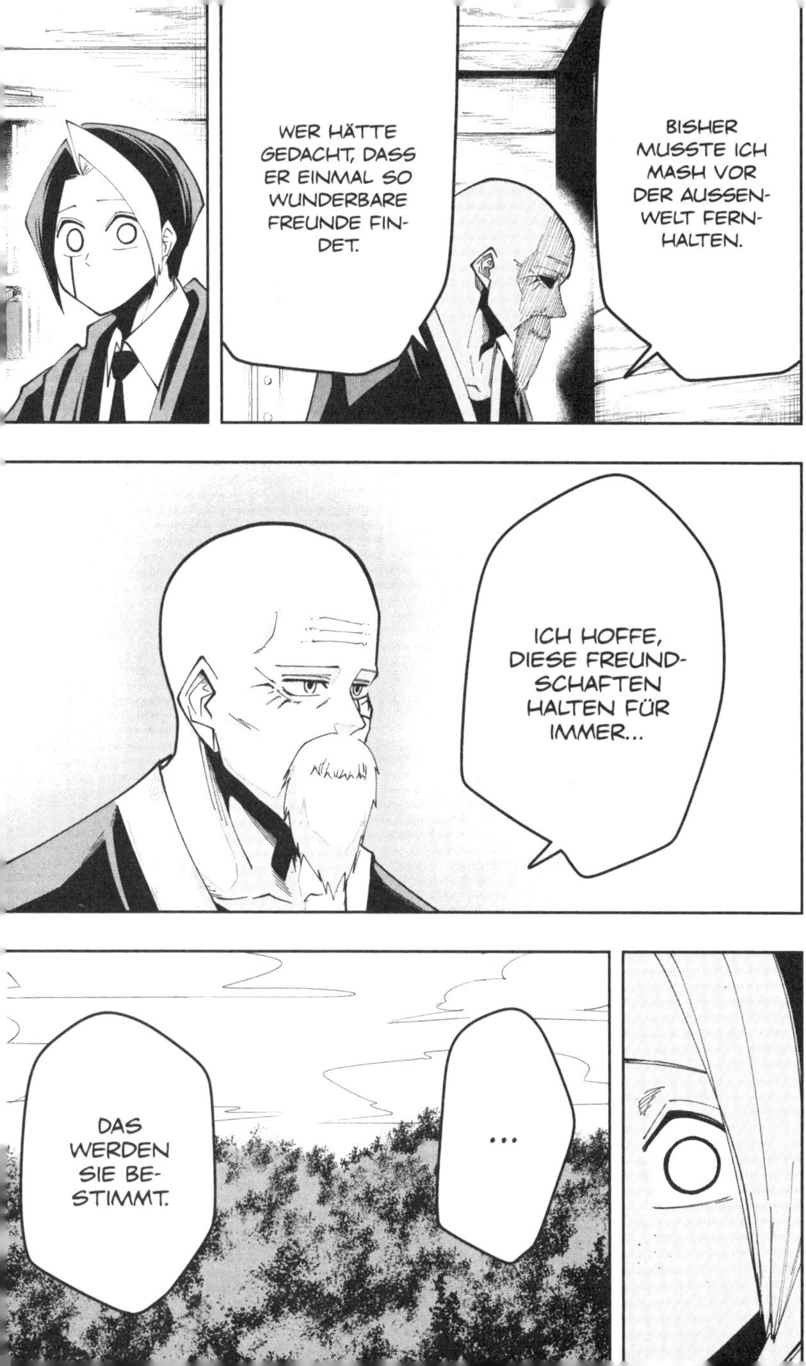
BISHER MUSSTE ICH MASH VOR DER AUSSEN-WELT FERN-HALTEN.
WER HÄTTE GEDACHT, DASS ER EINMAL SO WUNDERBARE FREUNDE FIN-DET.
ICH HOFFE, DIESE FREUND-SCHAFTEN HALTEN FÜR IMMER...
...
DAS WERDEN SIE BE-STIMMT.

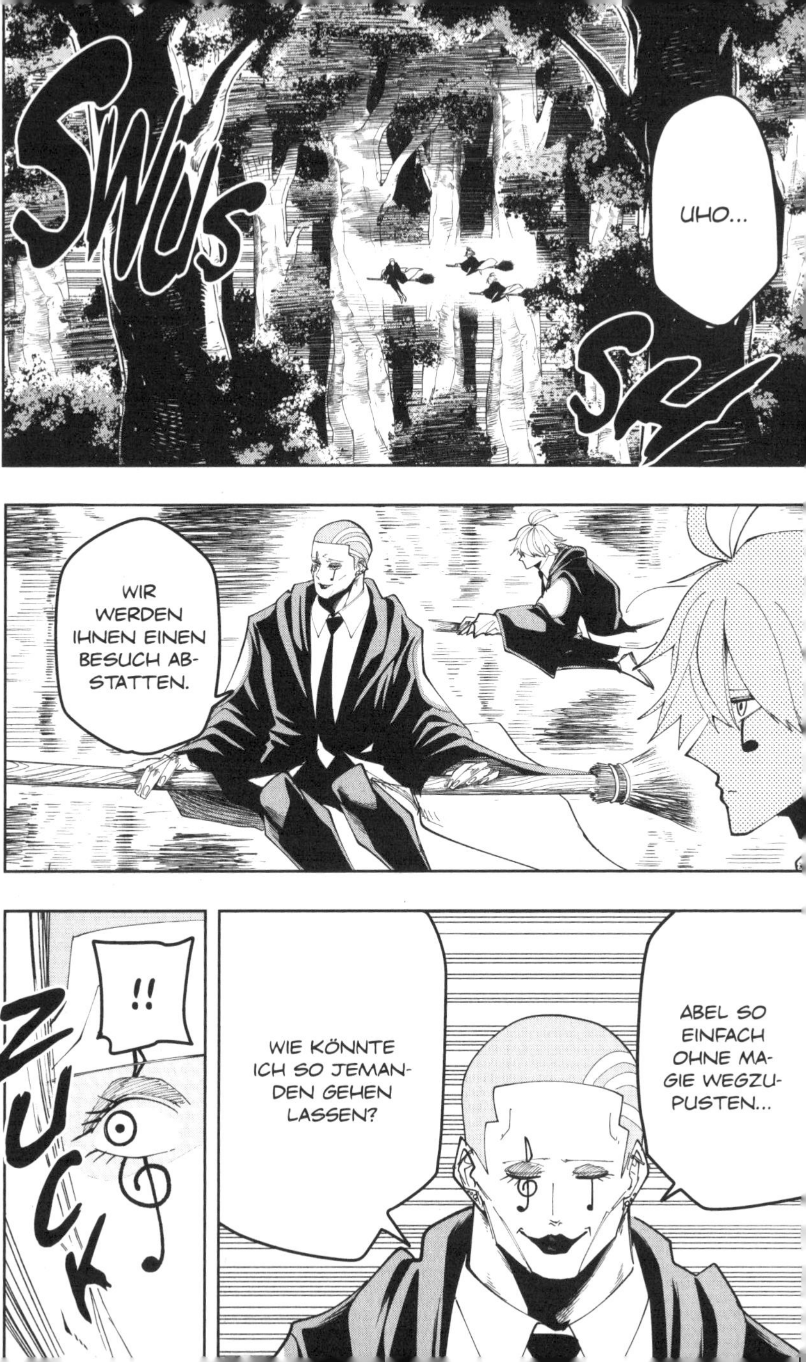
UHO...
SWUS
WIR WERDEN IHNEN EINEN BESUCH AB-STATTEN.
ABEL SO EINFACH OHNE MA-GIE WEGZU-PUSTEN...
WIE KÖNNTE ICH SO JEMAN-DEN GEHEN LASSEN?
!!
ZUCK

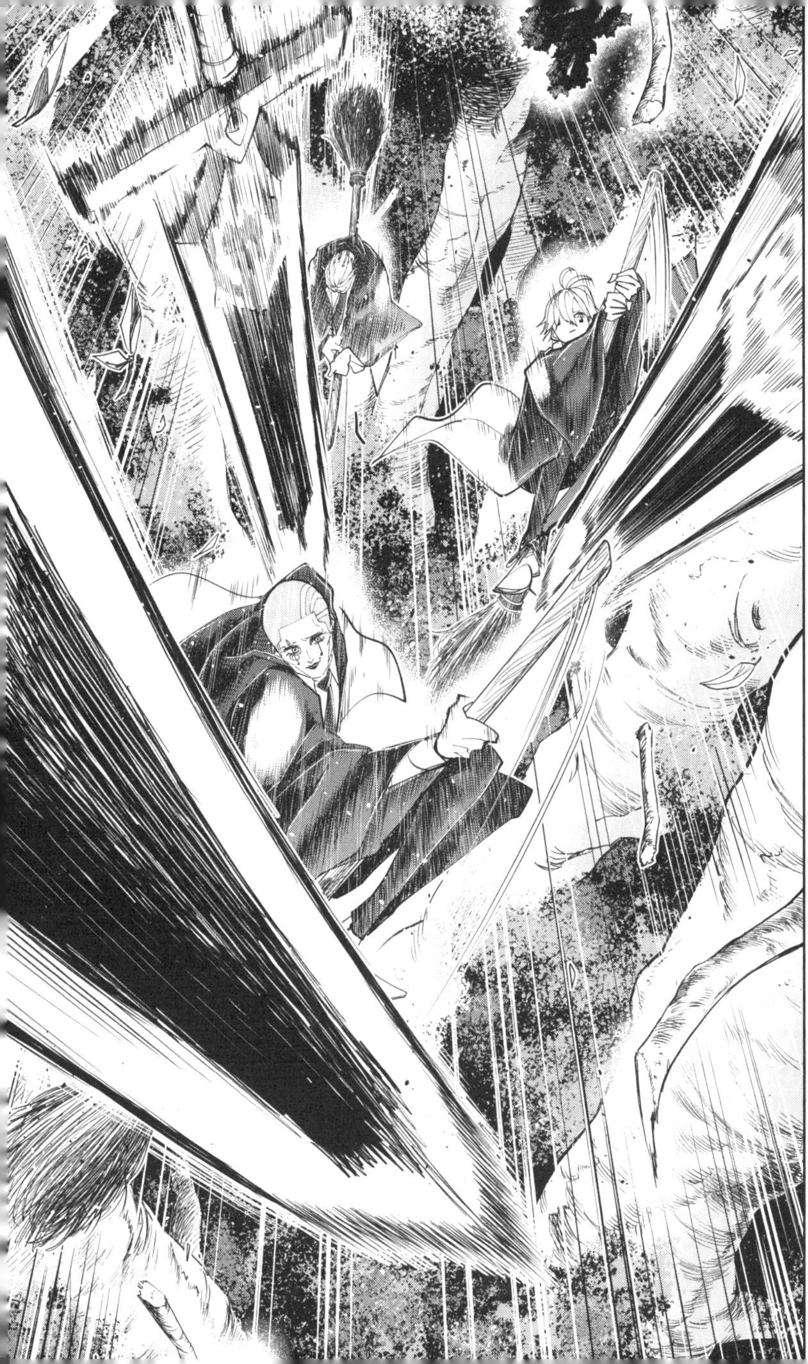

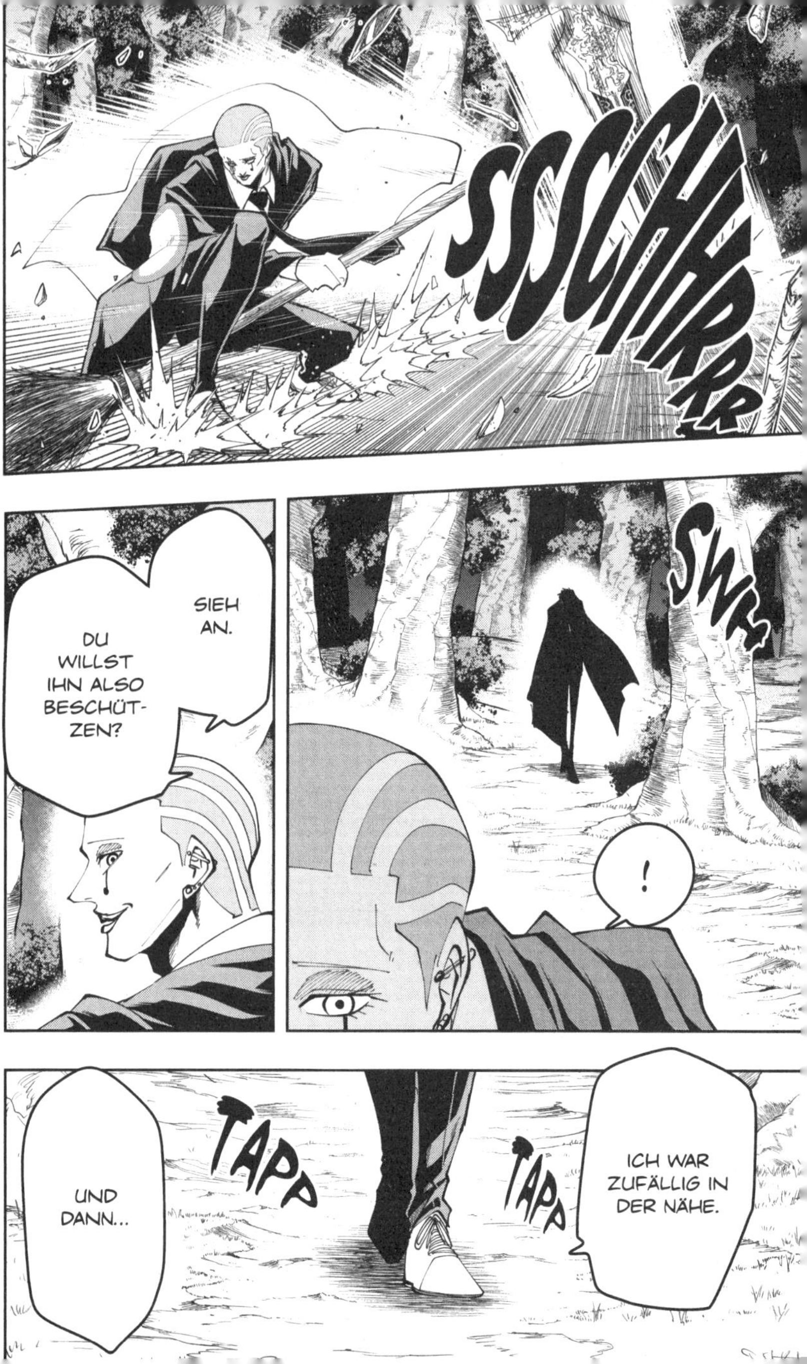
SSCHHRRR
SWH
!
SIEH AN.
DU WILLST IHN ALSO BESCHÜTZEN?
ICH WAR ZUFÄLLIG IN DER NÄHE.
TAPP
TAPP
UND DANN...

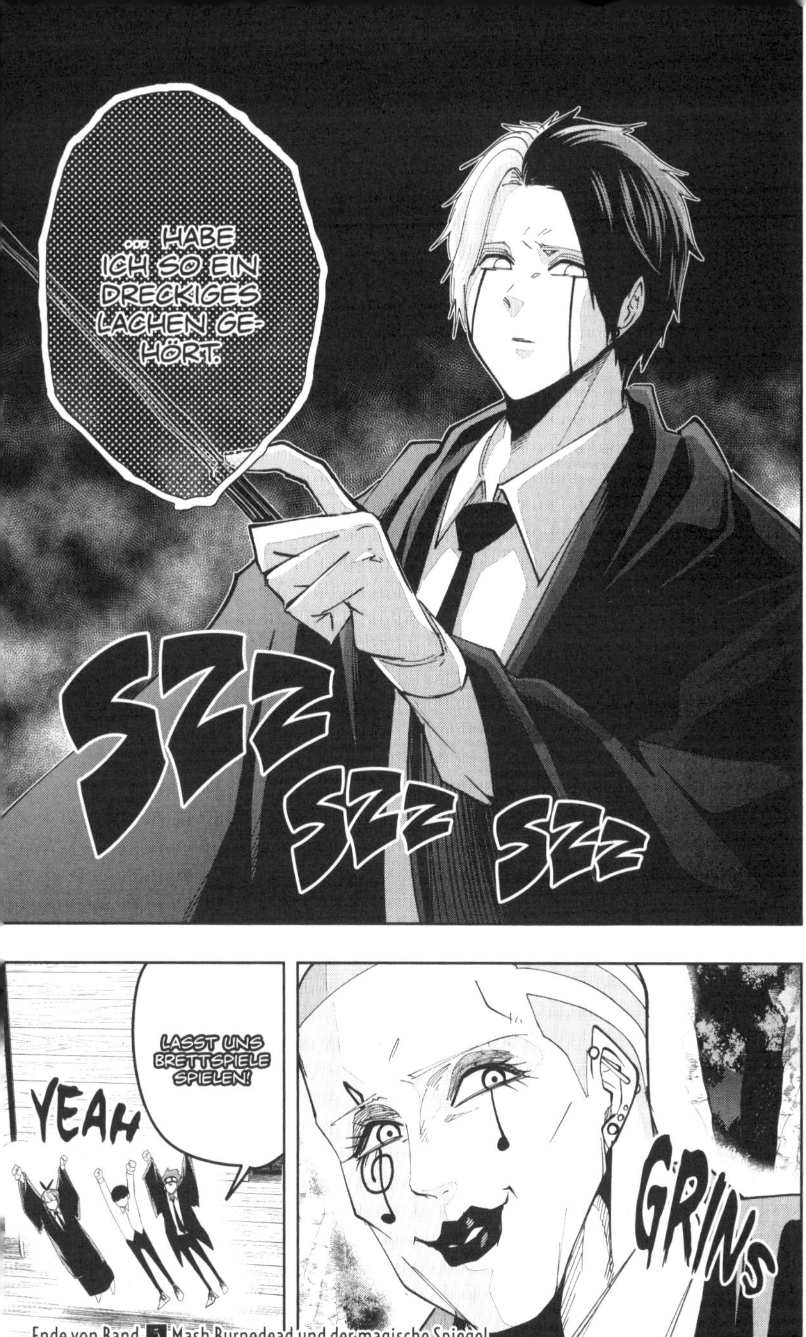

Ende von Band 5 Mash Burnedead und der magische Spiegel

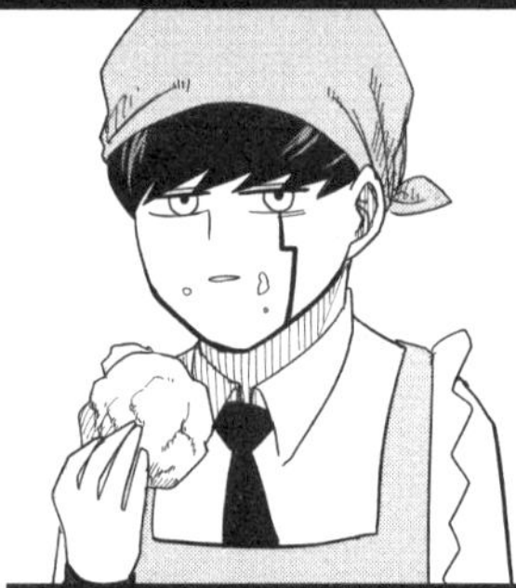

Frage-Antwort-Ecke

Q&A

F.1 WIE GING DER KAMPF ZWISCHEN RAYNE UND DEM TODESKANDIDATEN AUS?

A.1 Der Todeskandidat war nur dort, um Zeit zu schinden. Danach verschwand er.

F.2 GEGEN WEN HAT LANCE GEKÄMPFT?

A.2 Gegen einen der Todeskandidaten. Wie bei Rayne hat er sich nach einiger Zeit aus dem Staub gemacht. Ich würde gerne zeigen, was passiert ist, wenn ich die Gelegenheit bekomme.

F.3 WOHIN IST DIE MIT DEN ZWEI ZÖPFEN, NACHDEM CELL WAR AUFTAUCHTE?

A.3 Sie rannte so schnell wie das Licht davon.

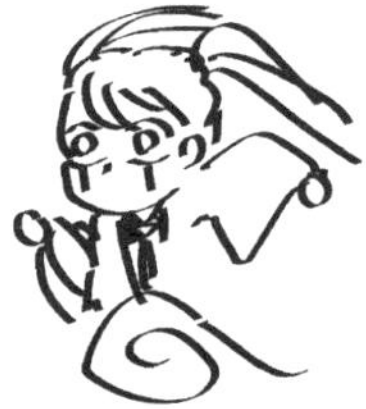

F.4 WEISS DIE GANZE SCHULE, DASS MASH NICHT ZAUBERN KANN?

A.4 Momentan ist es ein Gerücht. Die Meinung der Schüler ist zur Hälfte geteilt.

F.5 WIE WAR DAS VERHÄLTNIS ZWISCHEN ABEL UND INNOCENT ZERO?

A.5 Meister Abel sucht die Schüler mit der größten Zauberkraft.

↕

Innocent Zero verleiht ihm konzentrierte Magieessenz und künstliche Male, um ihn stärker zu machen.

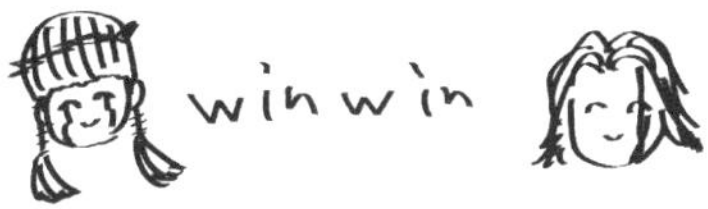

F.6 WIE LAUTEN RAYNES TITEL UND ABTEILUNG?

A.6 „Stab des Schwertes". Er ist zuständig für magische Gegenstände.

F.7 WANN SIND DIE GEBURTSTAGE VON ALLEN?

A.7 Mash, 11. November
Dot, 1. April
Lemon, 7. Juli
Lance, 3. Februar
Finn, 23. Januar

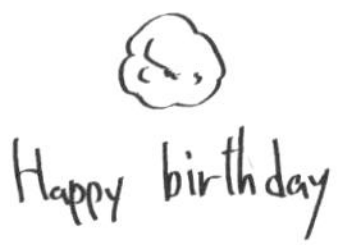

F.8 IST LANCE EHER DER DIREKTE TYP?

A.8 Er ist direkt, komisch und besessen von seiner Schwester.

F.9 WIE HAT DIE MAGISCHE ESSENZ IN BAND 3 GESCHMECKT?

A.9 Nach Lipovitan D.

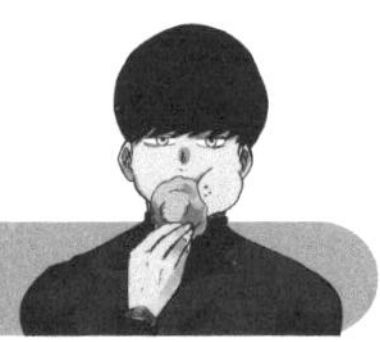

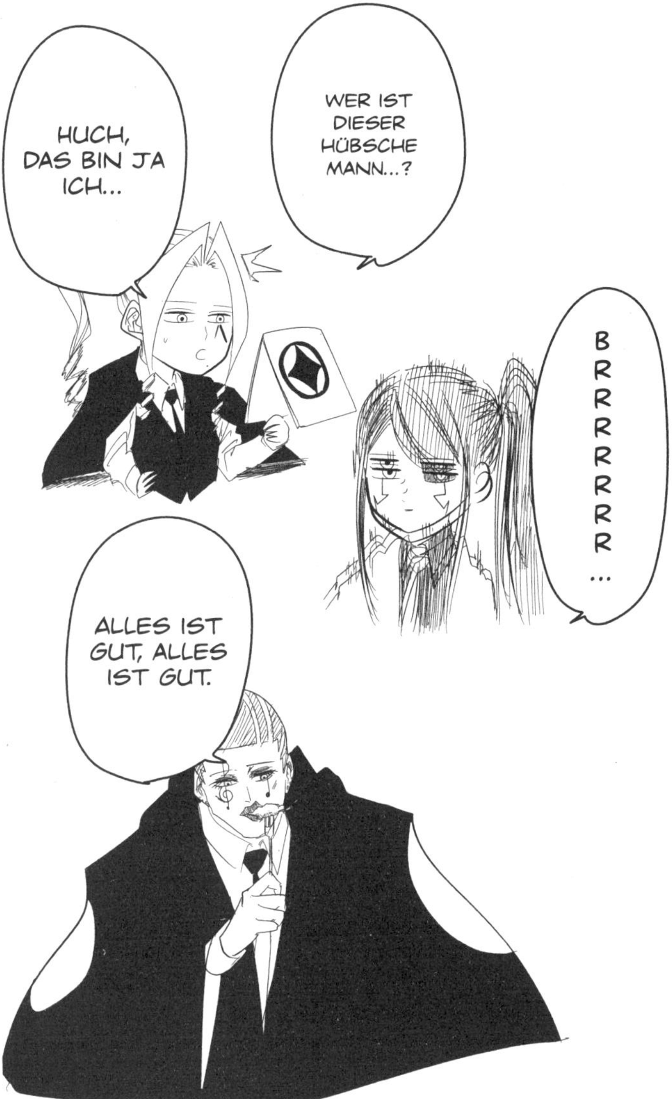
WER IST DIESER HÜBSCHE MANN...?
HUCH, DAS BIN JA ICH...
BRRRRRRRR...
ALLES IST GUT, ALLES IST GUT.

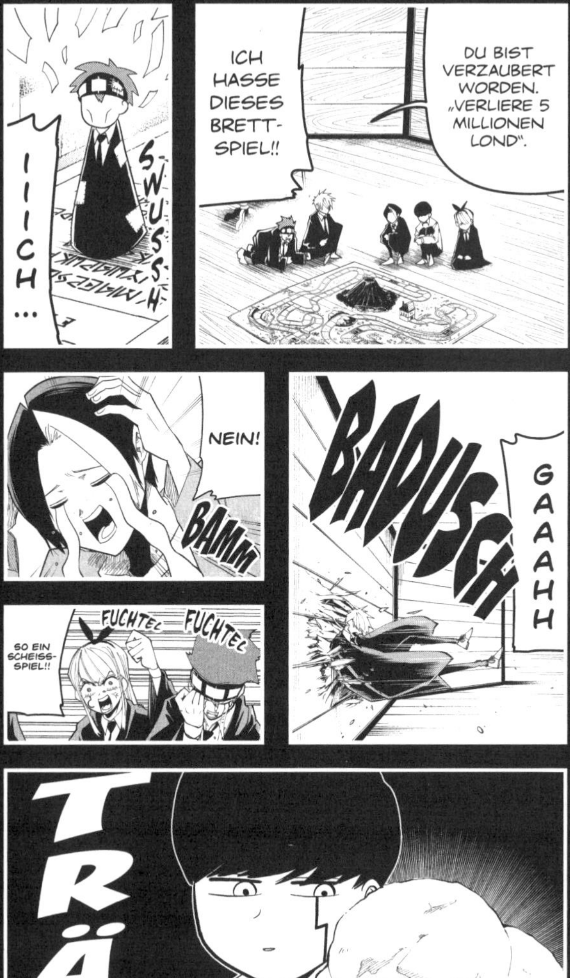

ENTFLIEHT MASH DER REALITÄT, INDEM ER NACH HAUSE GEHT?!

MASHLE 6

DIE ERWARTETE AUSWAHLPRÜFUNG STEHT AN. BRING DIE WELTANSCHAUUNG ZU FALL!!

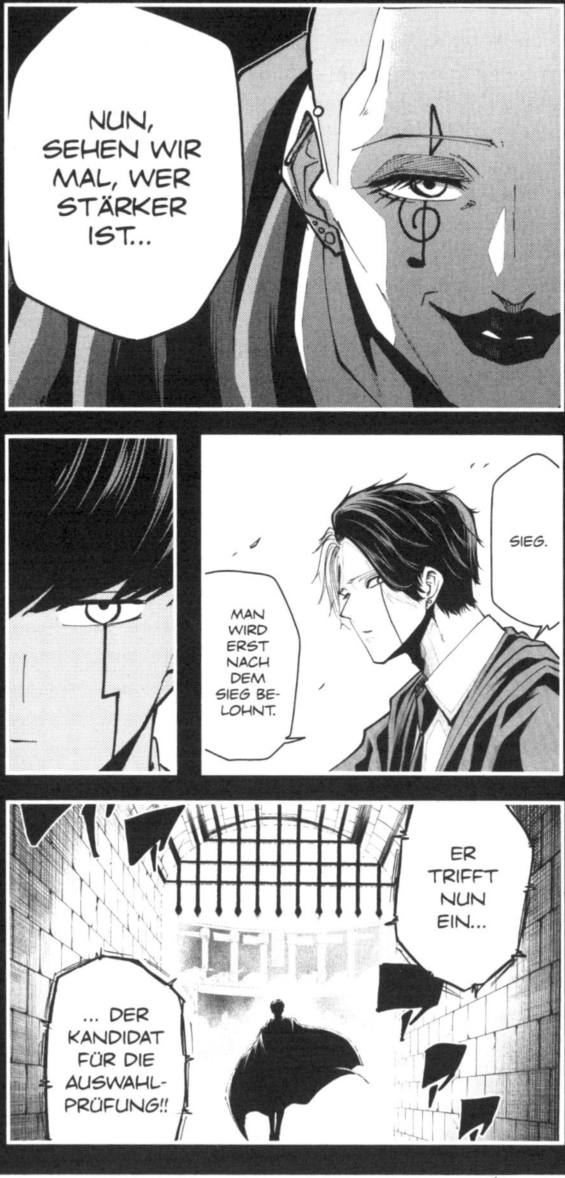

DAS ALLES UND NOCH MEHR IN

MISSION: Yozakura Family

HITSUJI GONDAIRA

VORHANG AUF FÜR DIE SCHRÄGSTE UND GEFÄHRLICHSTE FAMILIE DER WELT!

Taiyo Asano ist ein extrem schüchterner Oberschüler. Die einzige Person, mit der er unbeschwert reden kann, ist seine Kindheitsfreundin Mutsumi Yozakura. Doch dann stellt sich heraus, dass Mutsumi ein Geheimnis hat, das Taiyos Leben völlig auf den Kopf stellt: Ihre Familie besteht aus lauter Superspionen! Und als wäre das nicht schon aufregend genug, trachtet Mutsumis großer Bruder ihm auch noch nach dem Leben! Wie weit wird Taiyo gehen, um seine Haut zu retten?

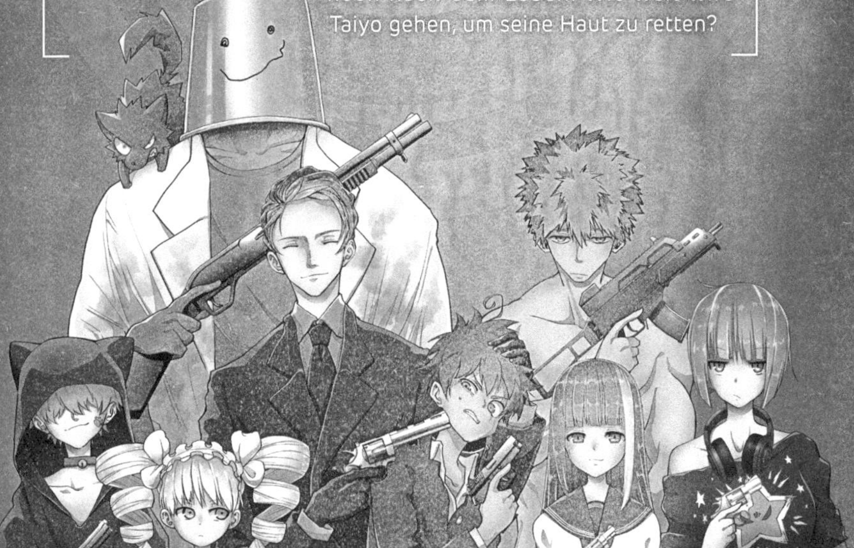

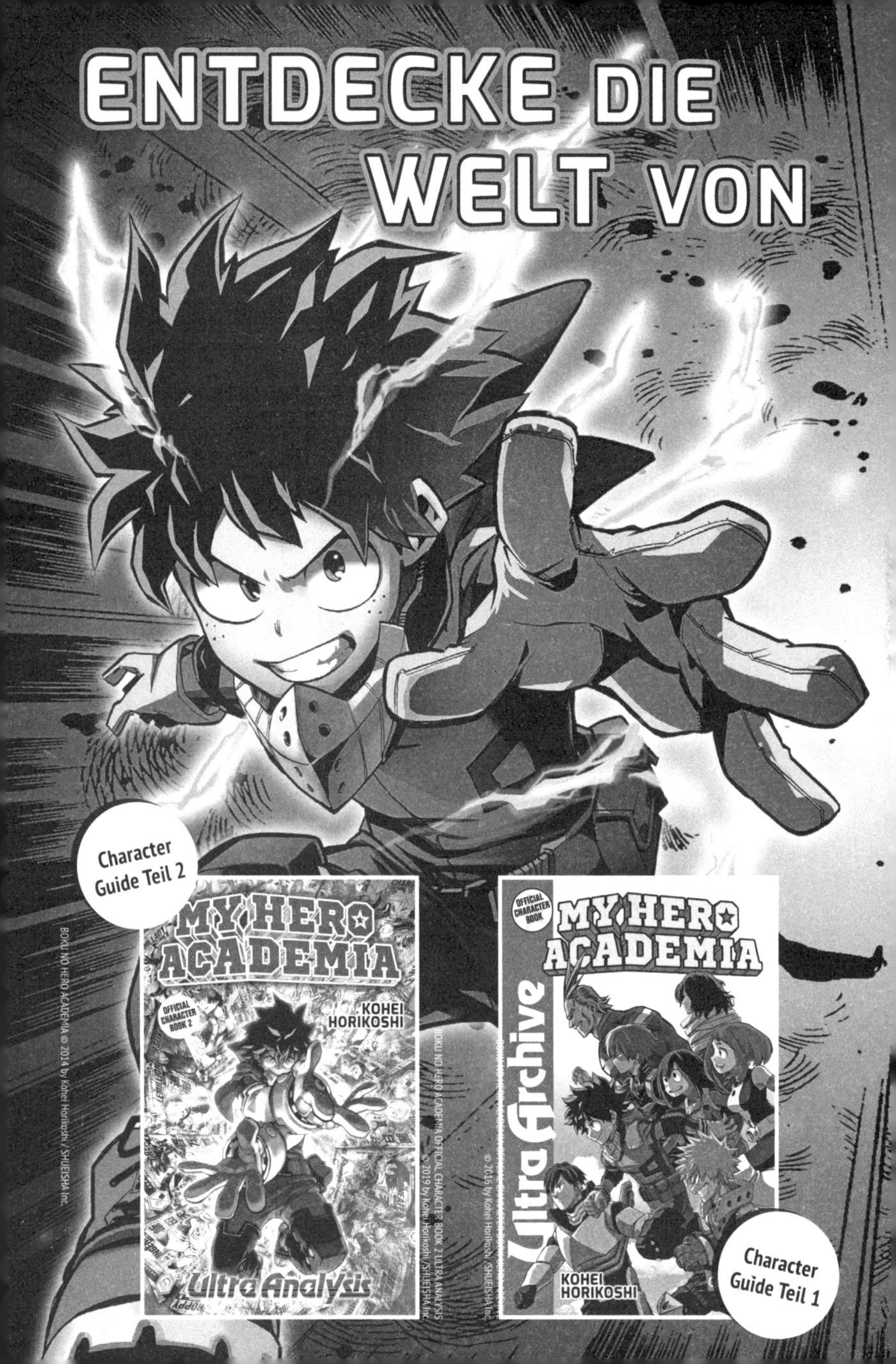
ENTDECKE DIE
WELT VON
Character Guide Teil 2
MY HERO ACADEMIA
OFFICIAL CHARACTER BOOK 2
KOHEI HORIKOSHI
Ultra Analysis
OFFICIAL CHARACTER BOOK
MY HERO ACADEMIA
Ultra Archive
KOHEI HORIKOSHI
Character Guide Teil 1
BOKU NO HERO ACADEMIA © 2014 by Kohei Horikoshi / SHUEISHA Inc.
BOKU NO HERO ACADEMIA OFFICIAL CHARACTER BOOK 2 ULTRA ANALYSIS © 2019 by Kohei Horikoshi /SHUEISHA Inc.
© 2016 by Kohei Horikoshi /SHUEISHA Inc.

reiche Serien

Boruto
von Masashi Kishimoto, Ukyo Kodachi und Mikio Ikemoto

Narutos Sohn Boruto gilt als Wunderkind und ist genauso rebellisch wie einst sein Vater. Er bittet Sasuke ihn zu trainieren, um ein besserer Ninja als Naruto zu werden…

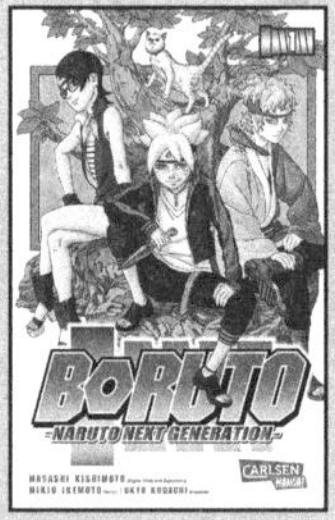

Naruto
von Masashi Kishimoto

Naruto will der beste Ninja der Welt werden. Weil in ihm ein mächtiges Geheimnis schlummert, wird er von vielen bösen und gefährlichen Ninja verfolgt…

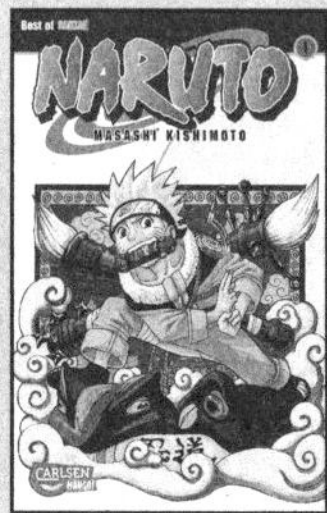

Fairy Tail
von Hiro Mashima

Verrückte Magier, geflügelte Katzen und gefährliche Monster – das ist die Welt von »Fairy Tail«. So nennt sich eine Gilde von sympathischen Outlaws, die mit ihren Zauberkünsten gegen das Böse in der Welt kämpfen, dabei aber mehr als einmal über das Ziel hinausschießen.

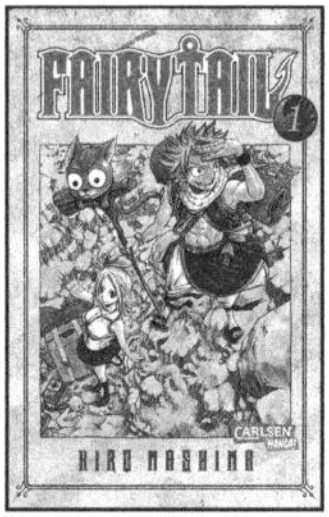

Edens Zero
von Hiro Mashima

Im Reich der Träume, dem Vergnügungspark Granbell, lebt Shiki allein unter Robotern, doch dann treffen die ersten Gäste seit 100 Jahren ein: Rebecca und ihre blaue Katze Happy. Die drei verstehen sich auf Anhieb gut und werden Freunde… Allerdings birgt dieses kleine Aufeinandertreffen große Veränderungen für ihr Schicksal!

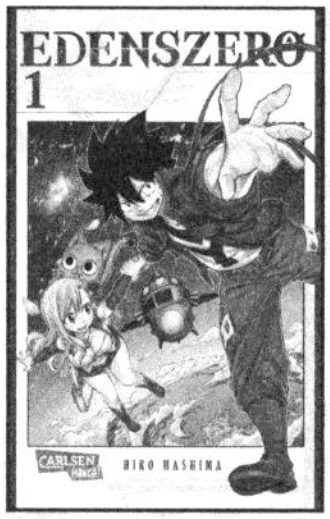

Assassination Classroom
von Yusei Matsui

Ein übermächtiges Tentakelmonster mit Smileygesicht droht die Erde zu zerstören. Aber erst nächstes Jahr … Bis dahin unterrichtet das Monster die Klasse 9-E der Kunugigaoka Junior Highschool.

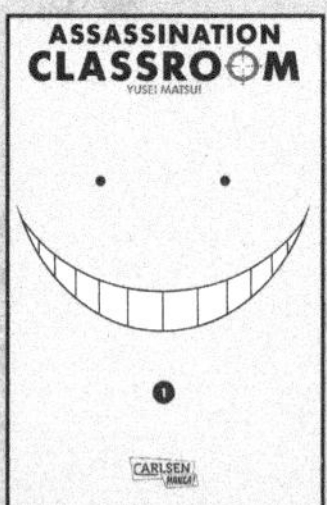

Soul Eater Massiv
von Atsushi Ohkubo

Maka ist Waffenschmiedin in einer spezieller Ausbildung. Ihre Sense namens Soul Eater hat ein Eigenleben und nimmt außerhalb des Kampfes die Gestalt eines ultracoolen Jungen an.

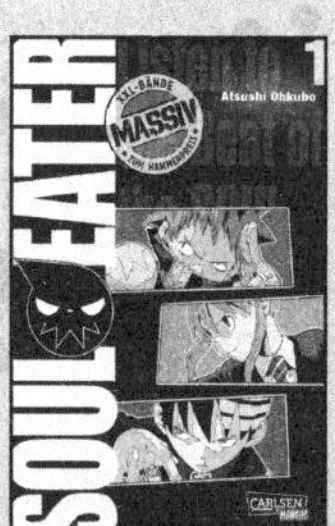

Manga Heroes Action

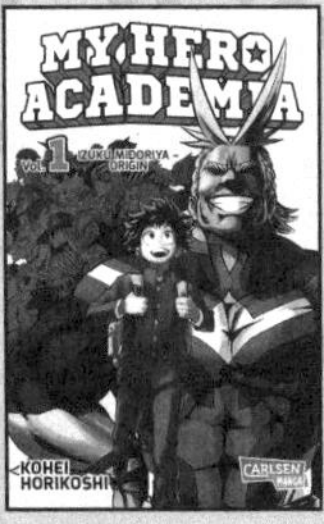

My Hero Academia

von Kohei Horikoshi

In der Welt von Izuku Midoriya besitzt 80% der Bevölkerung Superkräfte.
Doch wie und wo könnten die Helden lernen, ihre Fähigkeiten, die sogenannten »Macken« (jp. Kosei) effizienter zu nutzen? Natürlich an der MY HERO ACADEMIA!

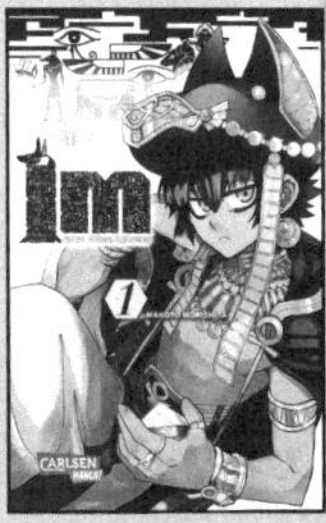

IM – Great Priest Imhotep

von Makoto Morishita

Der Hohepriester Imhotep aus dem antiken Ägypten weilt wieder unter den Lebenden. Im modernen Japan gestrandet, ist er ein Jäger, der die Menschen vor dem uralten Übel der Magai bewahren soll – gottgleichen Wesen, die nach der Vernichtung der Menschen trachten.

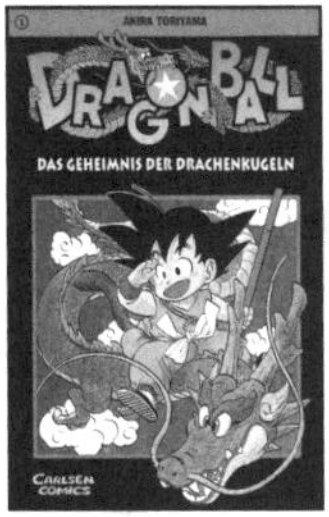

Dragon Ball

von Akira Toriyama

Der Legende nach gibt es sieben »Dragon Balls« auf der Welt. Bringt man alle zusammen, so erscheint der mächtige Drache Shenlong und erfüllt einen Wunsch. Nicht auszudenken, was passiert, sollten die »Dragon Balls« in falsche Hände geraten …

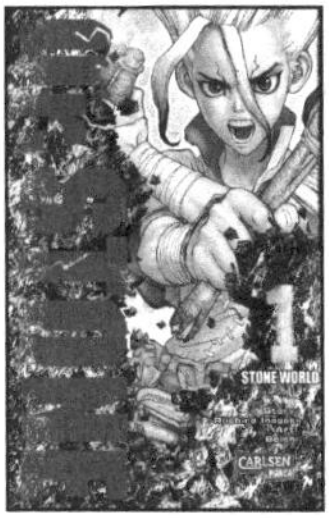

Dr. Stone

von Riichiro Inagaki und Boichi

Ein Augenblick, und die Menschheit erstarrt auf mysteriöse Weise zu Stein. Als die beiden Highschool-Schüler Senku und Taiju mehr als dreitausend Jahre später erwachen, beschließen sie, die menschliche Zivilisation im Alleingang neu aufzubauen!

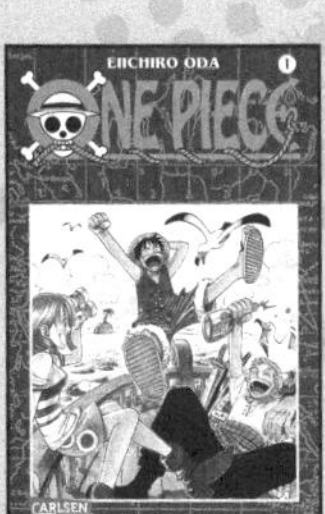

One Piece

von Eiichiro Oda

Monkey D. Ruffy und seine lustige Piraten-Crew sind auf der Suche nach dem größten Schatz der Welt: dem One Piece! Klar, dass sie da nicht die einzigen Piraten auf den Meeren sind…

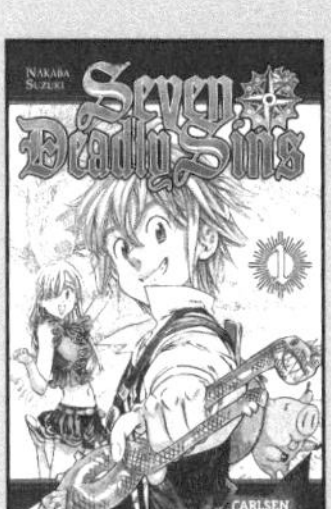

Seven Deadly Sins

von Nakaba Suzuki

Die »Seven Deadly Sins« gelten als die schlimmsten Verbrecher Britannias, Prinzessin Elisabeth macht sich dennoch auf die Suche nach ihnen, denn sie braucht dringend ihre Hilfe…

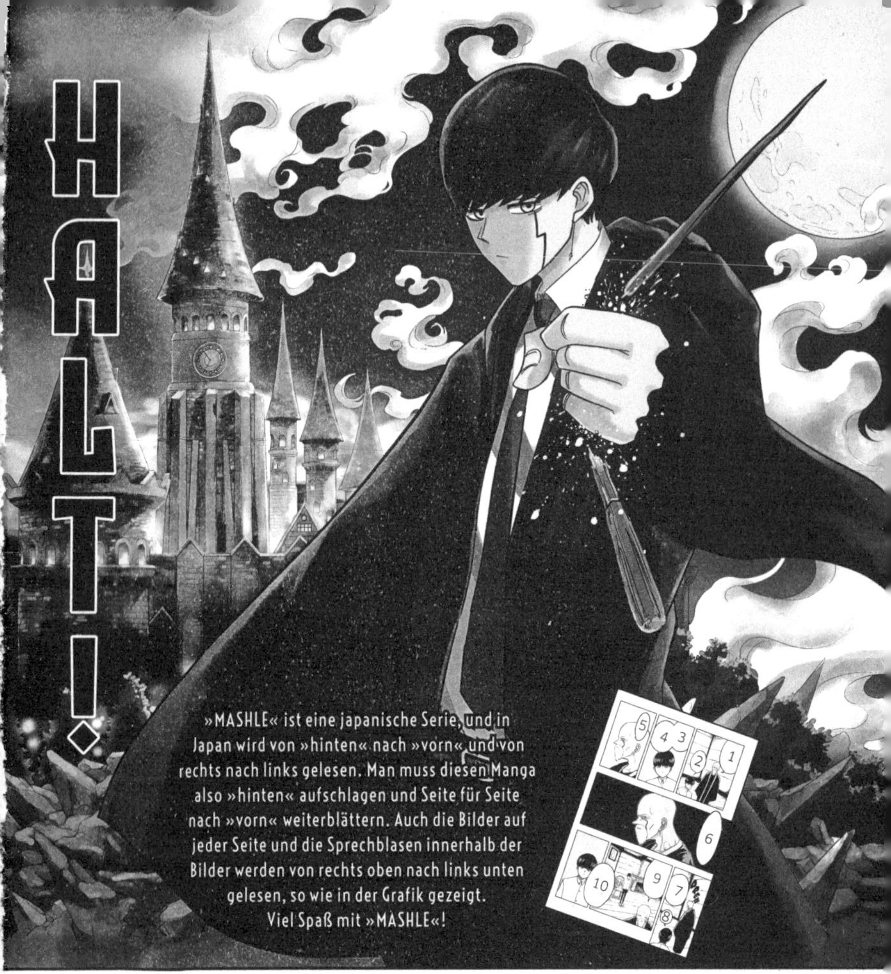

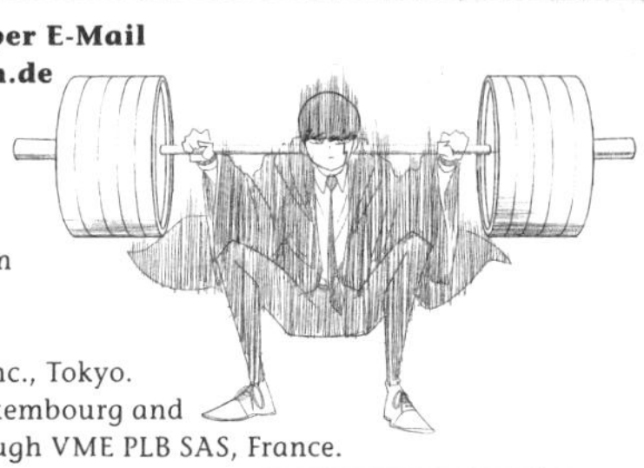

CARLSEN MANGA
Deutsche Ausgabe/German Edition

Aus dem Japanischen von Katrin Stamm

First published in Japan in 2020 by SHUEISHA Inc., Tokyo.
German translation rights in Germany, Austria, Luxembourg and German-speaking Switzerland arranged by SHUEISHA Inc. through VME PLB SAS, France.
Redaktion: Philipp Nakata
Textbearbeitung: Steffi Korda
Herstellung: Tobias Hametner

ISBN: 978-3-551-02478-7